# 古典文獻研究輯刊

## 三七編

潘美月・杜潔祥 主編

## 第23冊

## 禹貢長箋

〔清〕朱鶴齡 著

鍾雲瑞、姜曉奕 點校

國家圖書館出版品預行編目資料

禹貢長箋／鍾雲瑞、姜曉奕　點校 -- 初版 -- 新北市：花木蘭
文化事業有限公司，2023〔民 112〕
目 2+196 面；19×26 公分
（古典文獻研究輯刊 三七編；第 23 冊）
ISBN 978-626-344-486-7（精裝）
1.CST：書經　2.CST：注釋
011.08                                                    112010523

ISBN-978-626-344-486-7

9 786263 444867

古典文獻研究輯刊
三七編　第二三冊                    ISBN：978-626-344-486-7

## 禹貢長箋

作　　者　鍾雲瑞、姜曉奕（點校）
主　　編　潘美月、杜潔祥
總 編 輯　杜潔祥
副總編輯　楊嘉樂
編輯主任　許郁翎
編　　輯　張雅淋、潘玟靜　美術編輯　陳逸婷
出　　版　花木蘭文化事業有限公司
發 行 人　高小娟
聯絡地址　235 新北市中和區中安街七二號十三樓
　　　　　電話：02-2923-1455／傳真：02-2923-1452
網　　址　http://www.huamulan.tw 信箱 service@huamulans.com
印　　刷　普羅文化出版廣告事業
初　　版　2023 年 9 月
定　　價　三七編 58 冊（精裝）新台幣 150,000 元　　版權所有・請勿翻印

# 禹貢長箋

鍾雲瑞、姜曉奕　點校

作者簡介

　　鍾雲瑞，男，山東壽光人。山東理工大學文學與新聞傳播學院副教授，碩士生導師，山東省高校優秀青年創新團隊帶頭人，山東大學中國古典文獻學博士，師從許嘉璐先生、杜澤遜教授，主要研究方向為《尚書》學。目前主持國家社科基金項目、教育部人文社科青年項目、全國高校古委會項目各一項，出版專著一部，整理古籍十餘部。

　　姜曉奕，女，山東煙臺人。山東理工大學文學與新聞傳播學院碩士研究生，主要研究方向為中國古典文獻學。

提　　要

　　朱鶴齡，字長孺，號愚庵，吳江（今江蘇吳江）人，明朝諸生。生於明神宗萬曆三十四年（1606），卒於清康熙二十二年（1683），年七十七歲。初專力詞賦，著有《愚庵詩文集》。長於箋疏之學，嘗箋注杜甫、李商隱詩，纂有《杜工部集輯注》《李義山集箋注》，影響較大。後轉治經學，著有《尚書埤傳》《禹貢長箋》《易廣義略》《詩經通義》《春秋集說》《讀左日鈔》等。他在江南遺民團體中享有較高聲譽，與錢謙益、吳偉業、曹溶、朱彝尊等皆有交往，與黃宗羲、顧炎武、李顒並稱「海內四大布衣」。

　　《禹貢長箋》十二卷，專門注解《尚書·禹貢》一篇。前列《考定禹貢九州全圖》等二十三圖，導山、導水之圖皆備。正文首列經文，逐節注釋，援今據古，博採眾說，而以己意折衷之。《禹貢》自宋元以來，注釋者不下數十家，以清代胡渭《禹貢錐指》最稱善本。《禹貢長箋》作於胡渭《禹貢錐指》之前，雖不及《錐指》薈萃精博，但旁徵博引，亦多創解。是書於古今貢道、漕河經由脈絡，最為留意，較他書可謂詳盡。

　　本次整理以文淵閣《四庫全書》本為底本。書中異體字、俗體字，徑改為規範繁體字。避諱字徑改回本字，不出校。

山東省高等學校青創團隊
「出土簡帛《尚書》文獻綜合研究」成果。

# 目

# 次

# 欽定四庫全書提要

　　臣等謹案：《禹貢長箋》十二卷，國朝朱鶴齡撰。鶴齡有《尚書埤傳》諸書，已著於錄。是編專釋《禹貢》一篇，前列二十五圖，自《禹貢全圖》以及導山、導水皆備，次隨文詮解，多引古說，而以己意折衷之。《禹貢》自宋、元以來，注釋者不下數十家，雖得失互見，要以胡渭之《禹貢錐指》為最善。此書作於胡渭之前，雖不及渭之薈粹精博，而旁引曲證，亦多創獲。如解「碣石」，取袁黃及《永平志》之說，謂在撫寧縣西南海中，頗為確核。視胡渭取文穎說，以為在盧龍之南者，轉若勝之。又解「浮於濟漯」，以為從濟入漯，從漯入河。雖本鄭曉舊說，而執之頗有定識。又於灘、淄二水，則辨東南西北之分途；於沱、潛，則辨是江、漢之別流，而非谿谷之水，正項安世之誤；於「涇屬渭汭」，力主汭為水曲；於漆、沮，取程大昌雍地四漆沮，而三派之說，皆有所見。惟解「治梁及岐」，力主狐岐為冀州之境，則於理未合。蓋岐實雍地，當時水之所壅，於雍為甚，故治冀必先治雍，而後壺口可得而疏。孔《傳》所云壺口在冀州，岐在雍州，從東循山治水而西。此語最為明晰，鶴齡所以反其說者，殆以冀州之中不當及雍地。不知冀為天子之都，何所不包。古人文字原未嘗拘泥，如荊州云「江漢朝宗于海」，荊固無海，亦不過推江漢所歸言之耳。即此可以為例，又何必斤斤致疑乎？至其於「三江」一條，既主鄭康成「左合漢，右合彭蠡，岷江居中」之說，而又兼取蔡《傳》，以韋昭、顧夷所謂「三江口」者當之，亦殊無定見。又古之黑水聯絡雍、梁，而鶴齡必區而二之；蜀、漢之山本相連，而鶴齡謂蜀之嶓非雍之嶓，俱未為精審。又於「敷淺原」兼取禹過之及江過之二說，尤屬騎牆。此類皆其所短，要之瑕瑜參半，節取可資。

且其於貢道漕河、經由脈絡，最稱留意，亦較他本為詳盡焉。乾隆四十五年六月恭校上。

總纂官臣紀昀、臣陸錫熊、臣孫士毅
總校官臣陸費墀

# 禹貢長箋原序

　　《記》稱《書》教為疏通知遠。夫推之時務有不宜，非通也；試之異代或不驗，非遠也。逖覽史籍，凡職方、地理、河渠、田賦諸書，其文皆祖《禹貢》。蓋經國鴻規，莫備於此，後之人以為文焉而已。即哆口自命專門者類，亦苟安舊聞，弗加深考。九河兩漢，眩若追風；四列三條，迷如辨霧。此以攻經生章句，猶隔重山，況望其斟酌曩今，坐而論作，而行卓然，稱有用之儒哉？夫自禹迄今，陵谷代變，山川往跡，難以深求。幸而漢、唐以來，諸儒辯論各出，以及乘志圖經，約略可據。雖其間甲乙齟齬，往往有之。然而考今證古，析同合異，亦存其人。若復矜一家之言，狥千載之惑，襲舛仍訛，曷可殫詰？予竊慭焉。兵燹餘生，屏居無事，爰取《注疏》《大全》與百氏之說，條貫而衷斷之。大約體宗詁訓，而旁及史家，求為通今適用之學。所媿身未履乎方州，力止憑乎書卷，支離紕繆，敢謂必無，惟望博雅君子論定而是正焉。嗟乎！農政不修，漕渠日壞，轉運困而搜括頻，此世變之所以益亟也。有能慨然慕古，寬平休息，以上合於底慎成賦之意，庶幾宛委遺文，猶不至磨滅天壤哉！朱鶴齡題於艾園。

# 凡例十則

一、古人讀書，圖先於史。山川曲折，尤不可廢。《宣和畫譜》有晉、唐人所為《大禹治水圖》，惜不傳。海鹽鄭端簡公圖本頗多疎誤，今博採諸家，更加訂定，庶稱備觀。

一、此書正注多用二孔氏《傳》《疏》、蔡氏《集傳》及《大全》、諸儒之說，其與本義相發明者，雖別解亦收，或入圈外注。至於參合時事，有關經濟者，則另提一行以別之。

一、漢人去古未遠，山川地域，皆以孔《傳》、班《志》及桑欽《水經》為據，酈道元《注》多從節錄。蓋水道既明，則地形亦曉，夾漈所謂「今之地理，以水為主」也。《山海經》雖云怪罔，自是秦、漢以上之書，今存其可信者。

一、地名水道，今古懸殊，故於辨注特詳。近代則考之《一統志》、各省通志及郡邑記載諸書。

一、子瞻《書傳》為朱子所稱，其合解者備載之。若《書傳》外旁引，仍稱蘇氏。

一、先儒稱氏仍存名，不沒其人也。近代著述名家，從《大全》例稱氏，餘則直標姓名。

一、《禹貢》專行之書，昔推程大昌《圖論》與鄭端簡《圖說》，近茅光祿有《匯疏》單行，網羅綦博，俱夢散冗複，不便覽觀。今則汰其繁稱，存其獨解，貫其支緒，庶令讀者了然。

一、書中所引載籍，有全錄者，有節略者；有取其意而更其詞者，有合諸家之說而裁以鄙見者。或妄為駁辨，或竊有發明，則以「愚按」字別之。

一、天文地理，二者相參。今於各州之後，先列《天官》諸書，次及《職方》《地志》《皇輿》，以《一統志》為準。

一、山川形勢，用兵所必爭，談史所必究，今備論於各州之下，歷代都會邊防，亦並及焉。若河工水利、賦稅漕渠，考核尤費苦心，此外無關經文，不敢妄擴。

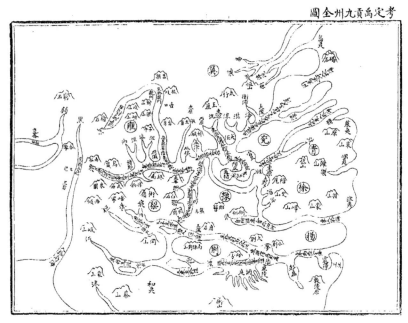

考定《禹貢》九州全圖

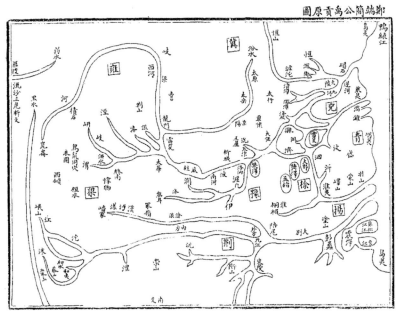

鄭端簡公《禹貢》原圖

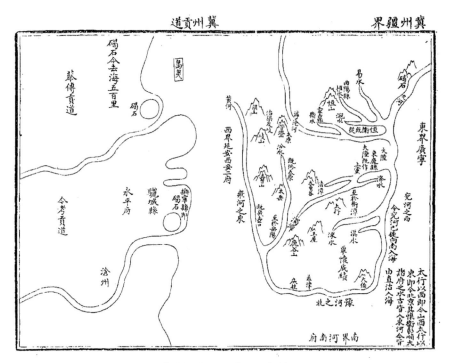

冀州疆界　　冀州貢道

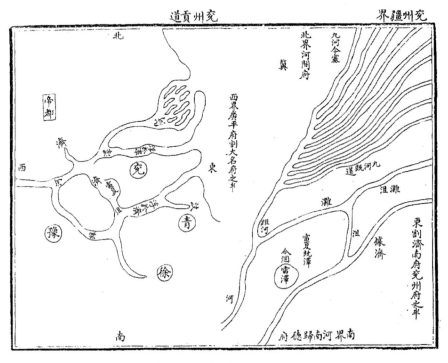

兗州疆界　　兗州貢道

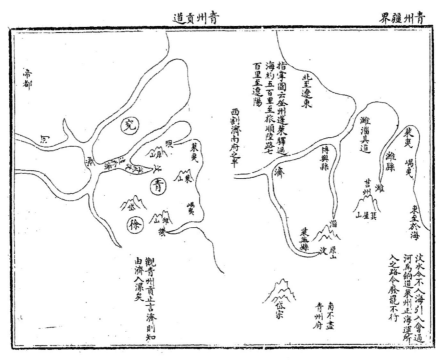

青州疆界　青州貢道

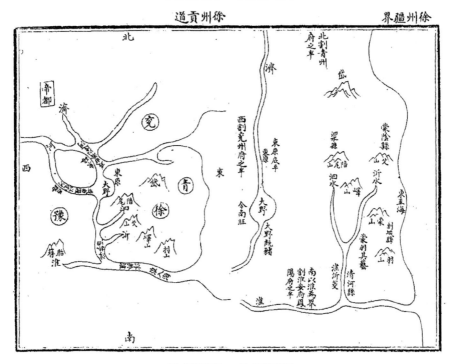

徐州疆界　徐州貢道

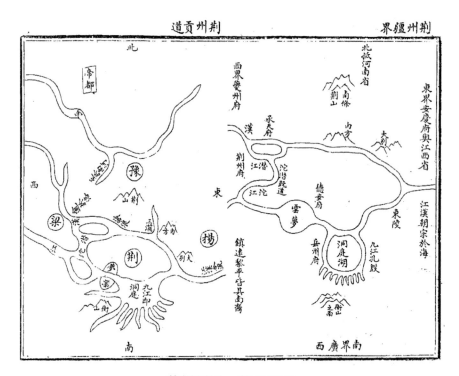

荊州疆界　荊州貢道

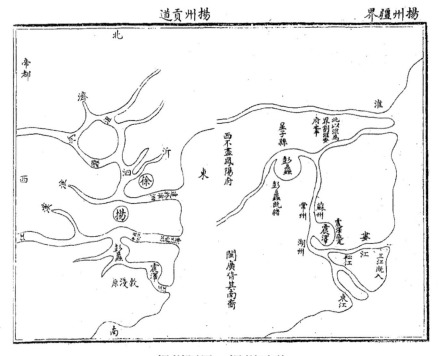

揚州疆界　揚州貢道

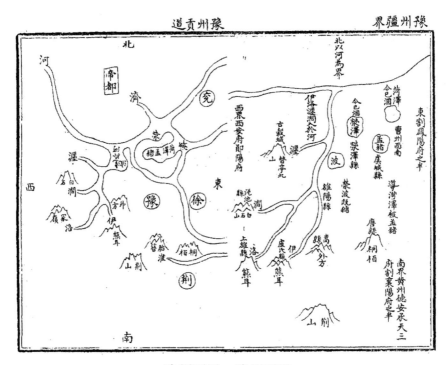

豫州疆界　豫州貢道

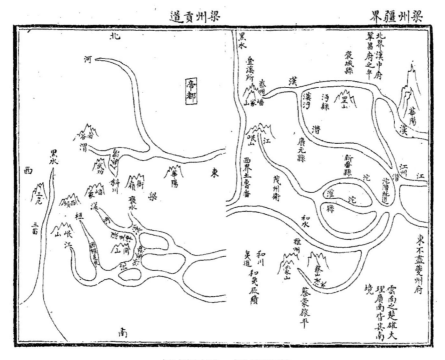

梁州疆界　梁州貢道

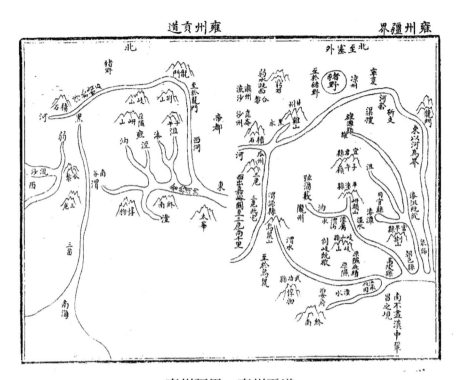

雍州疆界　雍州貢道

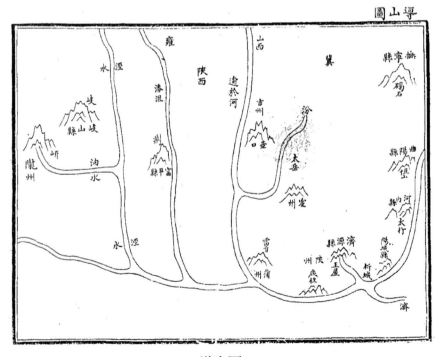

導山圖

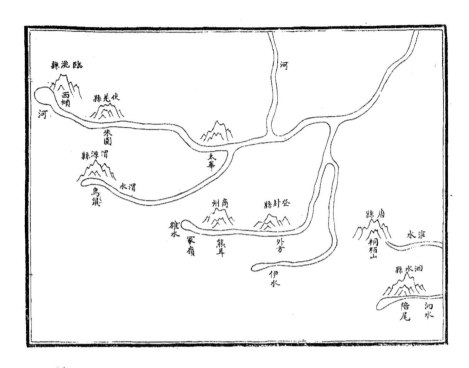

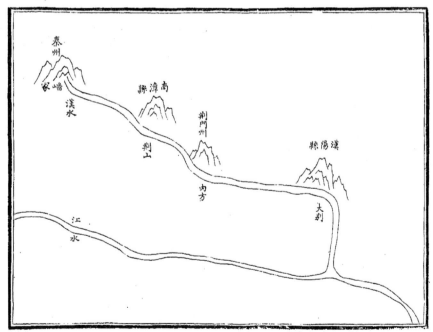

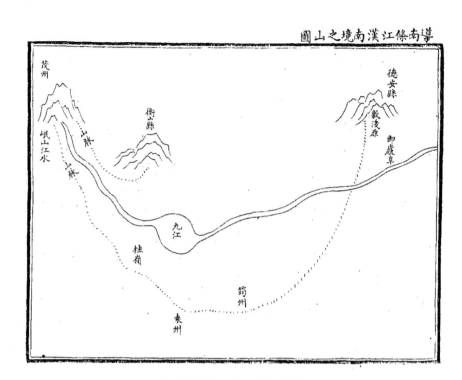

導南條江漢南境之山圖

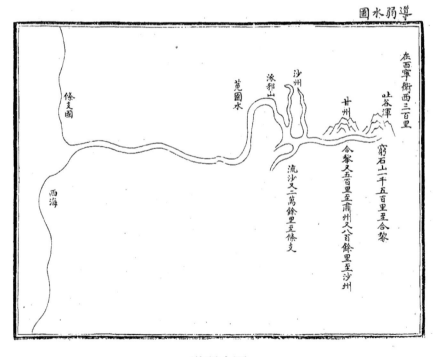

導弱水圖

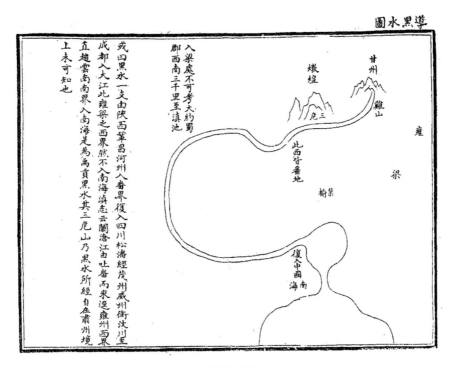

戎曰黑水一支由陝西鞏昌河州入番界復入四川松潘經茂州威州衛汶川至成都入大江比雒梁之西界然不入南海滇志云瀾滄江由吐番而來遶雍州西界直趨雲南南界入南海是為貢黑水共三危山乃黑水所經自在蘭州境上未可知也

入梁處不可考大約蜀郡西南三千里至滇池

導黑水圖

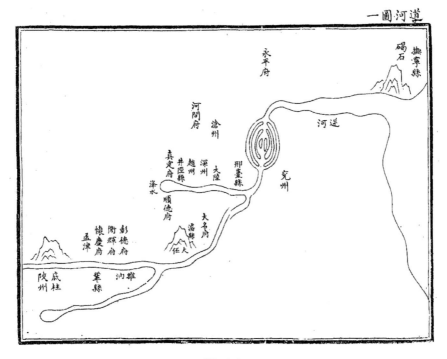

導河圖一

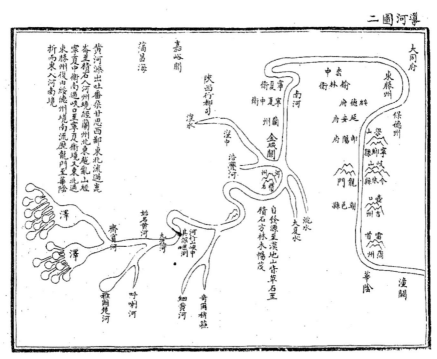

導河圖二

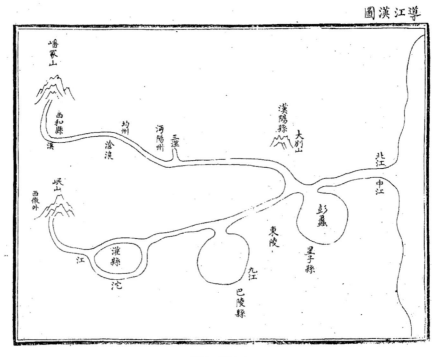

導江漢圖

導濟圖

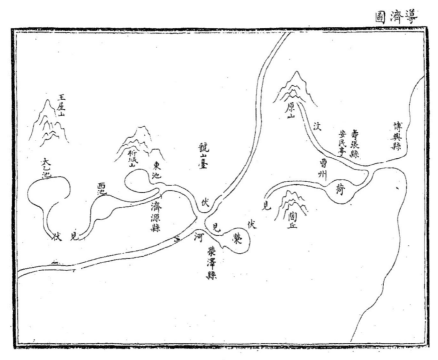

導濟圖

導淮圖

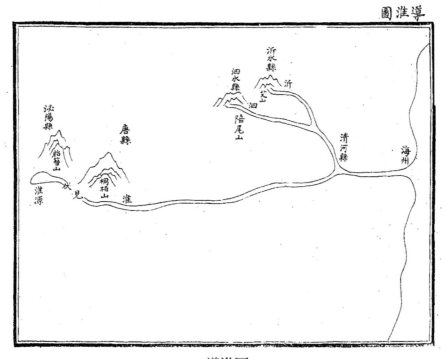

導淮圖

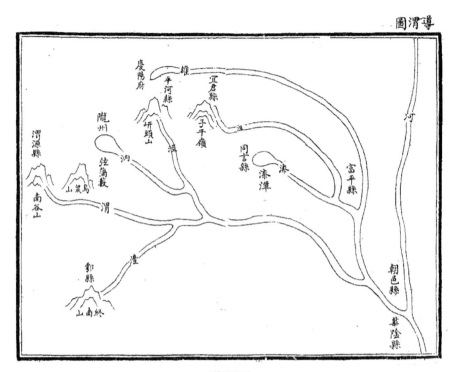

導渭圖

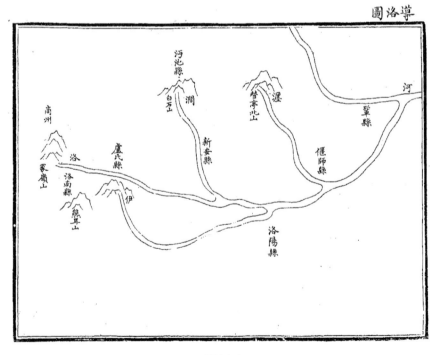

導洛圖

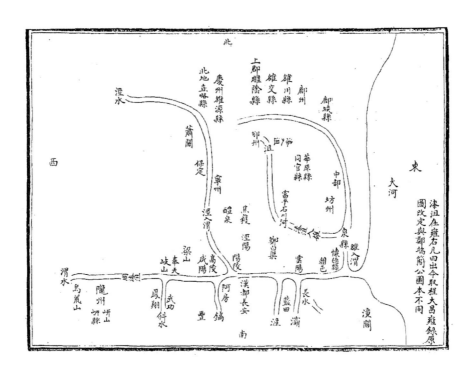

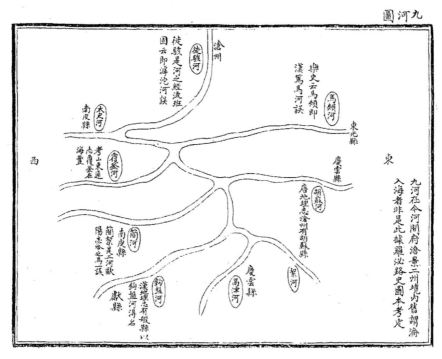

九河圖

# 禹貢長箋卷一

## 夏書

金氏履祥曰：《禹貢》《禹謨》舊皆名《夏書》，以夏史之所述也。夫子升《禹謨》於《虞書》，以著三聖相傳之道；冠《禹貢》於《夏書》，以明大禹有天下之本。按：《國語》：禹賜姓姒氏，曰有夏，及有天下，遂以為號。《路史》云：禹封高密，以處於櫟，是為有夏，曰夏伯。《世紀》云：夏，今陽翟。《地志》亦云：陽翟，夏禹國，今開封府禹州。

## 禹貢

王氏炎曰：賦者，諸侯以供其國用；貢者，諸侯以獻於天子。挈「貢」名篇，有大一統之義焉。林氏之奇曰：《禹貢》實典之體。貢是賦稅之總稱，田、賦、包、篚，皆在其中。丘濬曰：水土既平，始可任土作貢，分田定稅。禹成功後，條九州所有以為定法。孔子刪《書》，特載於《夏書》之首，以示訓天下，俾後世取民之制，視此為準焉。凡外此別為名目，如進奉、和買、勸借之類，皆非經常之法也。

**禹敷土，隨山刊木，奠高山大川。** 敷，《說文》作尃。刊，《漢書》作栞。

蔡《傳》：敷，分也。分別土地以為九州。曾氏曰：《祭法》：共工氏霸九州，其來久矣。《周公職錄》：黃帝受命，風後授圖，割地布九州。洪水湮沒，禹治水，復分別之。舜即位分為十二州，冀東為並，東北為幽、青，東北為營。至商又但言九圍、九有。《爾雅》九州有幽、營而無青、梁，其商制歟？《周禮·職方氏》有幽、并而無徐、梁、營，則周制也。鄭曉曰：敷土者，經之

為九州，孰卑治當先，孰高治可緩；緯之為五服，孰近治宜詳，孰遠治宜略也。

愚按：分州是治水綱領。孔《疏》作命官布治，不可從。林氏謂水性順下，敷土而散之，順其條理，所以成功。其說本之《考工記》：凡溝逆地防謂之不行，水屬不理孫謂之不行。鄭注：防謂脈理。屬讀為注。孫，順也。言造溝必察土之脈絡，順土之條理，逆之水必不行。近袁黃亦主之，然不如蔡《傳》之當。

《正義》：於時平地盡為流潦，鮮有陸行之路，故將欲治水，隨行山林，斬木通道，以望觀所當治者，則規其形而度其功焉。蘇《傳》：隨山者，隨其地脈而究其終始也。山行多迷，刊木以表之，且以通道。《史記》：行山表木。鄭曉曰：隨山刊木是治水之節目。隨岍、岐以至碣石，隨西傾以至陪尾，隨嶓冢以至大別，隨岷山以至敷淺原，孰為塞水之源而當疏，孰為壅水之流而當導，蓋林木阻絕，不惟水勢難達，抑亦人力難通也。《正義》：《禮》定器於地，通名為奠。是奠為定也。曾氏曰：禹別九州，非用私智。天文地理，區域各定。故星土之法則有九野，而在地者必有高山大川為之限隔，風氣不通，民生其間亦各異俗。故禹因高山大川所限別為九州，又定其山之高峻、水之深大者為其州之鎮，秩其祭而使其國主之也。

愚按：高山大川不專五嶽四瀆，五嶽：嵩、岱、衡、華、恒。四瀆：江、河、淮、沛。孔《傳》謂定其差秩祀禮，所視如《王制》，五嶽視三公，四瀆視諸侯，其餘視伯、子、男。然實以為一州之紀綱，蔡氏所謂別州境是也，鄭樵曰：郡縣之設，有時而更；山川之形，千古不易，所以《禹貢》分州必以山川定界。使兗州可移而濟、河之兗不能移，梁州可遷而華陽、黑水之梁不能遷，是故《禹貢》為萬世不易之書。後之史家主於州縣，州縣移易，其書遂廢。馬端臨曰：堯時禹別九州，至舜分為十二州，《周·職方》復分為九州，而又與禹異。漢承秦，分天下為郡國，而復以十三州統之。晉時分州為十九。自晉以後，為州彌多，所統彌狹，且建治之地，亦不一所。姑以揚州言之，自漢以來，或治歷陽，今和州。或治壽春，今壽州。或治曲阿，今丹陽。或治合肥，今合肥，或治建業。而唐始治廣陵，至南北分裂之後，務為誇大，僑置諸州，以會稽為東揚，京口為南徐，廣陵為南兗，歷陽為南豫，歷城 今濟南府歷城。為南冀，襄陽為南雍。魯郡 今兗州府。在禹跡為徐州，而漢則屬豫州所領。陳留 今開封府。在禹跡為豫州，而晉則屬兗州所領。離析磔裂，循名失實，而《禹貢》之九州不復可考矣。

## 冀州：

《爾雅》：兩河間曰冀州。郭璞《注》：自東河至西河。《釋名》：其地有險有易，帝王所都。孔《傳》：帝都不言境界，以餘州所至可知。晁氏說之曰：亦所以尊京師，示王者無外之意。

愚按：《爾雅》：燕曰幽州。郭璞云：自易水至北狄。《禹貢》則合之於冀，蓋商分冀為二，冀、幽。周分為三，冀、幽、并。成氏申之曰：冀三面距河，河自積石東北流入中國，則折而南流，雍州在其西，故曰西河。至華陰折而南流，豫州在其南，故曰南河。至大伾又折而東北流，兗州在其東，故曰東河。冀在東河之西，西河之東，南河之北，地最廣，今河東、河北皆是，居天下四分之一。舜分為幽、并。幽州，今燕、薊、幽、涿、朔、莫等州是也。并州，今太原、澤、潞、晉、代、汾、絳等州是也。

熊氏曰：冀州北距長城，依山為塞，外即北狄之境，玁狁、匈奴、突厥、契丹皆居其地。有天下者定都建邑，長安、洛陽之外，此亦一都會也。

愚按：堯治平陽，堯始封於唐，今保定府唐縣。後徙晉陽即帝位，都平陽，今平陽府臨汾縣。舜治蒲坂，今平陽府蒲州。禹治安邑，今平陽府安邑縣，縣西有鳴條岡。三都相去各二百里。《漢書》言河東土地平易，饒鹽鐵。曹操亦因河東資實平關中。朱子則以平陽、蒲坂其地磽瘠樸陋，非堯、舜不能都。此據後世而論耳。幽、薊在鴈門、碣石之間，於《易》東北為艮，萬山峙北，萬水宗東，所謂成始成終之地。後世言建都者，形勢之雄無踰於此。班固配十二次，班固取《三統曆》十二次配十二野。自胃七度至畢十一度為大梁之次，費直《周易分野》起婁十度，蔡邕《月令章句》起胃一度。《爾雅》：大梁，昴也。昴，一名旄頭。於辰在酉，趙之分野，屬冀州。自尾十度至南斗十一度為析木之次，費直起尾九度，蔡邕起尾四度。《爾雅》：析木謂之津。箕斗之間，漢津也。於辰在寅，燕之分野，屬幽州。自危十六度至奎四度為娵訾之次，費直起危十四度，蔡邕起危十度。娵訾，一名豕韋。《爾雅》作娵觜。於辰在亥，衛之分野，《左傳》：星孛及漢。申須曰：漢，水祥也。衛，顓頊之墟。其星為大水是也。屬并州。《春秋緯·文鉤耀》：太行以東至碣石、王屋、底柱，屬樞星。《晉·天文志》：昴、畢，趙、冀州。魏郡入昴一度，鉅鹿入昴三度，常山入昴五度，廣平入昴七度，中山入昴一度，清河入昴九度。信都入畢三度，趙郡入畢八度，安平入畢四度，河間入畢十度，真定入畢十三度。尾、箕，燕、幽州。涼州入箕中十度，上谷入尾一度，漁陽入尾三度，右北平入尾七度，西河、上郡、北地、遼西東入尾十度，涿郡入尾十六度。渤海入箕一度，樂浪入箕三度，玄菟

入箕六度，廣陽入箕九度。營室、東壁，衛、并州。安定入營室一度，天水入營室八度，隴西入營室四度，酒泉入營室十一度，張掖入營室十二度。武都入東壁一度，金城入東壁四度，武威入東壁六度，燉煌入東壁八度。按《左傳》：帝遷實沈於大夏，主參。成王滅唐而封太叔焉，故參為晉星。趙，故晉地，而《天文志》以觜、參屬益州。衛本受封河內，其郡邑皆在冀、兗之間，而《天文志》以娵訾為衛，屬并州，且以安定、天水等郡繫之，而雲中、定、襄等郡乃列雍州，皆不可曉。又《帝王世紀》云：四方方七宿，合一百八十二星。東方蒼龍三十二星，七十五度；北方玄武三十五星，九十八度；西方白虎五十一星，八十度；南方朱雀六十四星，一百一十二度。共為十二次，一次三十度有奇，各以附其七宿，每度二千九百三十二里。近世袁黃頗譏其謬，謂每度略廣四百餘里。說亦無據。

《周職方氏》：河內曰冀州，其山鎮曰霍山，其澤藪曰陽紆，按《爾雅》：秦有陽紆。《淮南子》：禹治洪水，具禱陽紆。高誘《注》亦以為秦藪，《職方》則屬冀州，未詳所在。其川漳，其浸汾、潞。《通考》：潞水在今密雲縣。按：潞水有二：一在上黨，一在密雲。此以汾、潞並言，當是上黨之潞。東北曰幽州，其山鎮曰醫無閭，在今廣寧衛西。其澤藪曰貕 音兮。養。鄭玄云：貕養，在長廣。《漢志》：長廣屬琅邪。一云在萊陽。其川河、濟，其浸菑、時。鄭玄云：菑出萊蕪，時出般陽。按：菑即青州濰淄之淄。《漢志》：萊蕪屬泰山，般陽屬濟南。正北曰并州，其山鎮曰恒山，其澤藪曰昭餘祈，在太原府祁縣，久涸。鄭玄云：在鄔縣。其川滹沱、水出鴈門。鄭玄云：出鹵城。嘔 音甌。夷，鄭玄云：出平舒。其浸淶、易。《通典》：舜以冀州南北闊大，分衛水以西為并州，燕以北為幽州。其分野兼得秦、魏、衛之交。秦置郡為鉅鹿、邯鄲、上谷、漁陽、右北平、遼西、河東、上黨、太原、代郡、鴈門、雲中，及三川郡之北境。漢武置十三州，此為冀州、幽州、并州，後漢、魏並因之。《漢地理志》：河東本唐堯所居，《詩·風》唐、魏之國也。周成王封弟叔虞於唐，有晉水，及叔虞子燮為晉侯。魏亦姬姓，在晉之南河曲，晉獻公滅之，以封大夫畢萬。《詩譜》：唐地在冀州太行、恒山之西。魏地在冀州雷首之北、析城之西，南枕河曲，北涉汾水。《史記》：唐在河、汾東，方百里。《正義》曰：魏城在陝州芮城縣北五里。芮城，今屬平陽。至文公，遂有河內。河內本殷舊都，周分為三國，即三監，今彰德衛輝地。《詩·風》邶、墉、衛是也。衛為狄滅，更屬於晉，後韓、魏、趙自立，是為三晉。趙地北有信都，景帝時為廣川國，後復今真定府南宮縣。真定、光武併入常山。常山、故城在今真定府西南。中山，今真定府定州。又得涿郡之高陽、鄭州鄉。東有廣平、光武併入鉅鹿。鉅鹿、今為縣，屬順德。清河、今東昌府恩縣。其廣平清河縣乃漢之信成縣，清河屬邑。河間，內清河郡，《通考》入兗州。又得渤海郡之東平、舒中邑、文安、束州、

成平、章武河以北也。南至浮水、繁陽、內黃、斥丘，浮水屬渤海，餘屬魏郡。西有太原、定襄、本平城故城，在今大同府城西北二十八里。雲中、故城在今大同府城北。五原、上黨，皆趙分。內五原應入雍州。《史記正義》：上黨以北皆太原地。邯鄲　趙郡，今為縣，屬廣平。北通燕、涿，南有鄭、衛，漳、河之間一都會也。其土廣俗雜，大率精急，高氣勢，輕為奸。徐堅曰：三卿分晉，自蒲州、略河東至懷州屬魏。自澤、潞而南至衛州，盡太原以北屬趙。按《史記正義》：華陰、蒲坂、同、丹、鄜、延、銀、綏等州，盡河西濱、洛之地，七國時屬魏，自惠王從安邑徙大梁，而河西、上郡皆納於秦。嵐、勝以南，石州、藺、離石，趙邊邑也。隔河即秦晉絳、澤、潞等州，皆韓地，趙西境也。東至瀛州東北，即營州之境，東胡烏丸之地。又武靈王略中山至寧葭，西北至樓煩、榆中，則邊患趙獨當之，故長城之築，始於趙也。燕地東有漁陽、故城在今密雲縣。右北平、故城在今薊州。遼西、故城在今盧龍縣東。遼東，西有上谷、代郡、故城在今蔚州東。鴈門、代州，南得涿郡之易、容城、范陽北、新城、故安、涿縣、良鄉、新昌，及渤海之安，次皆燕分。樂浪、玄菟，亦宜屬焉。薊　燕都，今薊州。南通齊、趙，渤、碣之間一都會也。上谷至遼東，數被胡寇，俗與趙代相類，有魚鹽棗栗之饒，北際烏丸、夫餘、顏師古曰：烏丸，本東胡也，為冒頓所滅，餘類保烏丸山，因以為號。夫餘，在長城北，去玄菟千里。夫，音扶。東賈、真蕃之利。蘇秦曰：燕東有朝鮮、遼東，北有林胡、樓煩，西有雲中、九原，南有滹沱、易水。按：林胡、樓煩在嵐、勝以北，今朔州即林胡，今鴈門即樓煩，今朵顏山後之夷即鮮卑東胡地。《後漢·郡國志》：冀州刺史　治鄗，今高強縣。部郡國九：魏郡、故城在今臨漳縣。鉅鹿、常山、中山、安平、故信都。明帝名樂成，安帝更安平。今為縣，屬真定。河間、清河、趙國、今真定府趙州。渤海。今河間府滄州。并州刺史　治晉陽，今太原。部郡國九：上黨、太原、上郡、西河、五原、雲中、定襄、鴈門、朔方。內上郡、五原、朔方，皆應入雍州。幽州刺史　治薊。部郡國十一：涿郡、高帝分上谷，置今涿州。廣陽、故燕國。昭帝改為郡，故城在今良鄉縣。代郡、上谷、漁陽、右北平、遼東、遼西、玄菟、樂浪、遼東屬國，而河內、河東二郡為司隸校尉部。司隸治河南。《唐·地理志》：河東道，採訪使治蒲州。古冀州域。河中、河東郡，本蒲州。絳、絳郡。晉、平陽，本臨汾郡。慈、文成，亦曰南汾州。隰、太寧。石、昌化、太原、本并州。汾、西河，本浩州。忻、定襄析，樓煩置。潞、上黨。澤、高平。沁、陽城。遼　樂平析，并州置。為實沈分；代、鴈門。雲、雲中。朔、馬邑。蔚、安邊。武、今朔州西境。新、今保安州。嵐、樓煩，本東會州。憲　本樓煩監牧，嵐州刺史領之。為大梁分。府二，河中、太原。河北道，採訪使治魏州。古幽、冀二州域。孟、析河南府置。懷、河內。澶、析魏州置。衛，汲郡。及魏、

魏郡。博、博平析，魏州置。相　鄴郡，本魏郡。之南境，為娵訾分；邢、鉅鹿，本襄
國郡。洺、廣平。惠、本磁州析，相、洺二州置。貝、清河。冀、信都。深、饒陽析，瀛、
冀、定三州置。趙、趙郡。鎮、常山，本恒州。定，博陵，本高陽郡。及魏博相之北境，
為大梁分；滄、景城，本渤海郡。景、析滄州置。德，平原。為玄枵分；瀛、河間。
莫、文安析，瀛、幽二州置。幽、范陽，本涿郡。易、上谷。涿、析幽州置。平、北平。
媯、媯川，析幽州置。檀、密雲。薊、漁陽析，幽州置。營，柳城，本遼西郡。為析木津
分。都護府一，安東內魏、博、德、滄、貝五州，《通典》入兗州。《初學記》：河東道，即
并、冀二州地，西南距河，北盡朔，垂幽、冀、營三州及兗州北界。今並為河北道，南距河，
東至海，北盡幽、營。按：唐安東府，即漢遼東郡也。漢樂浪、玄菟，又在遼東郡之東，唐悉
為東夷地。《宋史》：古冀州境為河北東路，府一：河間，州四：冀、莫、雄、
本涿州。霸，軍三：乾寧、信安、保定；河北西路，府四：真定、中山、本定州。
信德、本邢州。慶源，本趙州。州八：相、懷、衛、洺、深、磁、祁、保，軍四：
安肅、永寧、廣信、順安；河北路合《禹貢》兗、冀、青三州之域，而冀、兗為多，南濱
大河，北際幽、朔，東瀕海、岱，西壓上黨。河東路，府三：太原、隆德、平陽，州十
一：絳、澤、代、忻、汾、遼、憲、嵐、石、隰、慈，《函史》又有麟、府、豐三
州。軍八：慶祚、屬平陽。威勝、平定、岢嵐、寧化、火山、本嵐州地。保德、亦
嵐州地。晉寧；河東路合《禹貢》冀、雍二州之域，而冀州為多，西控党項，東際常山，南盡
晉、絳，北控雲、朔。陝西路，府一：河中，州一：解，軍一：慶成，屬河中。及
金人以燕京及涿、易、檀、順、景、薊六州來歸。宣和四年，增置燕山府路。
《大明一統志》：古冀州域在山西省，則太原、春秋屬晉，戰國屬趙，秦置太原、鴈
門二郡，漢兼置并州，唐為太原府，曰北都，五代唐曰西京，宋徒太原，治陽曲，元為冀寧路。
其地左有恒山之險，右有大河之固，襟四塞之要衝，控五原之都邑。平陽、春秋屬晉，戰國屬
韓、魏，後屬趙，秦、漢為河東郡，三國魏置平陽郡，唐曰晉州，宋置建雄軍，升平陽府，元
曰晉寧。其地背負關、陝，南阻大河，北接汾、晉，西連同、華。大同、春秋北戎所居，戰國
屬趙，秦置雲中、代二郡，又為鴈門、定襄郡地，漢因之，東漢末郡廢，元魏置北恒州，唐置
雲州，石晉賂契丹，號西京。其地東連上谷，南達并、恒，西界黃河，北控沙漠。潞安、周赤
狄潞子國，戰國韓別都，後屬趙，秦置上黨郡，唐曰潞州，置昭義軍節度，宋升隆德府。其地
居天下之脊，當河、朔之喉。汾州　戰國魏西河地，後屬趙，秦、漢屬太原，三國魏置西河郡，
晉為西河國，唐、宋曰汾州，元屬太原路。其地山河險固。五府，沁、戰國屬韓，後屬趙，
秦、漢屬上黨，隋置沁州，宋曰威勝軍。澤、戰國屬韓，後屬趙，秦屬上黨，漢屬上黨、河東，
唐、宋為澤州。其地全有太行之險。遼　戰國屬韓，後屬趙，秦、漢屬上黨，唐置遼州。其地

居太行絕頂。三州，在河南省；則彰德、春秋屬晉，戰國魏鄴地，秦屬邯鄲，漢置魏郡，治鄴，東漢徙冀州，治焉，曹操、石虎、慕容儁、東魏、北齊並都之，唐曰相州，五代置彰德軍。其地西澤、潞，東大名，南衛輝，北洺、滋，平廣為天下要。衛輝、春秋屬衛，戰國屬魏，秦屬東郡，漢屬河內，三國魏置朝歌郡，晉改汲郡，北魏置義州，徙治枋頭，唐、宋曰衛州。其地南濱大河，西際上黨。懷慶　春秋屬晉，戰國魏、衛之境，秦屬三川郡，漢置河內郡，唐曰懷州，治野王，元改懷孟路。其地負太行，襟大河，舟車都會。三府，在北直隸；則順天、秦屬上谷、漁陽，漢為燕國分，置涿郡，已為廣陽郡，晉為范陽國，唐置范陽節度，遼曰南京，金曰中都，元曰大都。其地左環滄海，右擁太行，北枕居庸，南襟河、濟。保定、戰國屬趙，秦屬上谷、鉅鹿郡，漢屬涿郡，及中山信都國，晉屬范陽、高陽、中山、安平、河間國，隋屬上谷、博陵、河間三郡，宋為保雄等州，元改保定路。其地四野平坦，當倒馬、瓦橋、紫荊三關之會，新城、白溝河，宋與遼分界處。河間、春秋屬晉，戰國為燕、趙、齊三國之境，秦屬上谷、鉅鹿，漢置河間國及渤海郡，隋、唐曰瀛州，宋置瀛海軍，後升河間府。其地西倚太行，南枕滹沱，東瀕滄海。真定、春秋鮮虞地，戰國屬趙，秦屬鉅鹿，漢置中山、恒山二郡，及真定國，唐為鎮、趙二郡，升成德軍節度，宋置保定府，為重鎮。其地面滹水，背恒山，左接瀛海，右抵太行，當燕、趙之郊。順德、春秋屬晉，戰國屬趙，漢屬鉅鹿、常山，置信都國，石勒所都，隋置邢州，唐因之，宋升信德府。其地依太行，阻漳水。廣平、春秋赤狄地，後屬晉，戰國趙所都，秦置邯鄲郡，漢置廣平國，隋曰武安，唐、宋曰洺州。其地肘翼太行、漳河都會。永平　古孤竹國，春秋山戎所居，戰國屬燕，秦屬遼西、右北平，二漢因之，晉、隋、唐曰平州，五代後屬遼，金、元改平灤路。其地四塞險固，山如遊龍，所謂盧龍塞也。各府，及延慶、秦、漢屬上谷，晉置廣甯郡，唐曰媯州。其地險要，南居庸關，北龍門所。保安州、古幽州北境，戰國燕、趙地，秦、漢為上谷郡，唐曰新州。其地在雲中之東。萬全都司，戰國屬燕，秦、漢屬上谷，唐曰武州，元曰宣德。其地前望京都，後控沙漠，左居庸，右雲中，北陲重鎮。其大名府，春秋晉、衛之境，戰國屬魏，秦屬東郡，漢屬魏郡，三國魏分置陽平郡，唐為魏州，宋曰北京。其地襟山帶河，征討必爭之地。則冀、兗二州域；滑縣、濬縣、開州、長垣，屬冀州。遼東都司，戰國屬燕，漢襄平、遼東地，唐征高句驪，置蓋、遼二州，以安東都護統之，後入契丹，號東京。則冀、青二州域。舜分冀東北為幽州，秦以幽州為遼西郡，今冀寧以西是，當屬冀州。

曹學佺曰：堯都平陽，河正在西，故以河為西河，而地曰河東。山西者，太行山之西，秦、晉兼得而言。三家分晉以後，秦併吞之，則燕、齊、韓、趙、魏之地，皆為山東矣。國朝以齊為山東，晉為山西，蓋自太行首、尻、目之云。平陽、蒲、絳是太行盡處。

朱子曰：冀州山脈從雲中發來，雲中正高脊處，自脊以西之水入龍門、西河，自脊以東之水則東流入於海。冀州，黃河環繞，華山聳於右為虎。自華來至中為嵩山，是為前。案：遂去為泰山，聳於左為龍。淮南諸山為第二重。案：江南諸山及五嶺，又為第三、四重。案：魏校曰：大地之脈，咸祖崑崙，而南、北二絡最大。北絡發於崑崙之陰，折而東行，其背為北狄，其面為中國，其中結為冀都，其左結為燕京、冀都。則恒山祖脈，若從天降，下為平陽，大河三面環之，以截龍氣。天文，北極不動而眾星共。冀都正北，南面以臨天下，上應微垣，乃第一都會，堯、舜、禹由是興焉。北絡極於幽、燕，而大河至此入海，與鴨綠江會，按：鴨綠江，班《志》作馬訾水，出女直界之長白山，在朝鮮國城西北，斜迤東南入海。胡三省曰：金人謂鴨綠水，為混同江。東夷為其下沙，此山水一大交會也。其北崇岡千疊，而其前平夷千有餘里，泰山聳於南，誠國家萬年之基。但今河徙而南，氣不交固，又以漕渠，故淮泗諸流，皆拂經於人事，無乃有未盡乎？《帝都論》北龍有燕山，即今京師，以燕然山脈盡此，故曰燕山。程大昌《北邊備對》：漢竇憲大破北單于稽落山，遂登燕然山，去塞五千餘里，刻石紀漢威德而還。燕然山在速邪烏之地，速邪烏在漠北，非薊之燕山也。其龍發崑崙之中派，綿亙數千里，至于闐，歷瀚海，出夷入貊，又萬餘里始至燕然山，入中國為燕雲。北京為山前曰燕，大同為山後曰雲。復東行數百里，起天壽山，乃落平洋，方廣千餘里。遼東、遼西兩支關截，黃河前繞，鴨綠後纏，而陰、恒、太行諸山，與海中諸島相應，近則灤河、在盧龍縣。桑乾河、自渾源州流至宛平縣，為盧溝河。易河，即古易水。並諸小水，界限分明。桂文襄萼所謂辰山帶海，有金湯之固。

石晉所賂契丹十六州地，幽、今順天地。薊、今薊州。瀛、今河間地。莫、今任丘縣。涿、今涿州。檀、今密雲縣。順，今順義縣。七州在山前；新、今保安州。媯、今延慶州。儒、今永寧縣。武、今朔州西境。雲、今大同地。應、今應州。寰、今馬邑縣。朔、今朔州。蔚、今蔚州。九州在山後，合契丹所取劉仁恭平、今永平地。營、今昌黎縣。灤  今灤州。三州，中國共失州十九。周世宗復關南地，即瀛、莫二州，實失州十七。宋宣和時，與金人約攻遼，止求石晉故地，而不及營、平、灤。後金人復背初議，止許宋燕山六州。燕山之地，易州西北乃金坡關，即今紫荊關。昌平之西乃居庸關，順州之北乃古北關，景州東北乃松亭關，平州之東乃榆關，即今山海關。榆關之東乃金人來路。凡此諸關隘，為蕃漢之限，必得諸關，燕山之地始可守。然平、營、灤，遼為平州路；檀、順諸州，遼為燕京路。海上之盟但雲燕、雲兩路，初謂得燕山可盡有關內之地，殊不知平州與燕山自成兩路。

由是破遼之後，金人復據平州，據平州，則蕃漢雜處，雖得燕山，無所用之。幹哩雅布遂自平州進攻，此當時議割燕、雲，不明地理之誤也。輯《文獻通考》。

愚按：宋宋琪言：國家取燕，於雄霸直入，非我戰地，當令大軍於易州循孤山、涉涿水，抵桑乾河，出安保寨，則東瞰燕城，繞及一舍，此周德威取燕之路。不知山後諸州，乃幽、薊肩背。德威取燕之易，實因李嗣源先下山後八軍，守光坐守孤城，故能以偏師克之。元人取金，亦道由雲中，則其形勢可見矣。太宗伐遼，本命潘美出鴈門，先趨雲、朔山，後未定而曹彬急圖幽州，故有岐溝之敗，其失豈在由雄霸進師乎？

丘濬曰：今山前、山後，皆吾中國地。山前七州，今為畿甸，太行西來，連岡疊嶂，北歷居庸，而東極於醫無閭，以為內藩籬。山後諸州，自永寧四海冶，在宣府鎮。西歷雲、代，重關列戍，以為外藩籬。苟得人守禦，可無他患。惟昌平以東，遵化、永平一帶，往者有大寧都司、興營義會等衛在山後，為外障，其後移入內地。靖難後，烏梁海內附，徙大寧都司於保定，以大寧全地與之，即諾延三衛也。自此遼東、宣府聲援隔絕。藩籬單薄，異時外患未必不由於此。又曰：今日京師勢大，非漢、唐都關中比。關中地被山，此則被乎太行一帶之險；關中帶河，此之所襟帶者，則大海也。然漢邊在北，咸陽去朔方千餘里；唐邊在西，長安去吐蕃亦千餘里。嘗觀元人進《金史表》，曰：勁卒擣居庸關，北拊其背；大軍出紫荊口，南扼其吭，此都燕者防患之炯鑒。今京師北抵居庸，東北抵古北口，西南抵紫荊關。近者百里，遠者不過三百里，所謂居庸則吾之背也，紫荊則吾之吭也。據關中者，將以搤中國之吭而拊其背；都幽、燕者，切近北狄，又恐其反搤吾之吭而拊吾之背也。勞堪曰：秦、漢所急在西北，上谷、北平為緩；本朝所急在東北，甘肅、寧夏為緩。秦塞起臨洮，漢武置朔方，緩東北也。故誘匈奴入，則於馬邑開玄菟、樂浪，當時非之，本朝反是。又曰：今邊鎮有九，五在冀州之域，遼東、薊鎮、宣府、大同、山西鎮也。薊鎮即大寧鎮，山西鎮即三關鎮。三關，偏頭、寧武、鴈門也。自真定以北至永平關口，不下百十，而居庸、紫荊、居庸在順天府北，紫荊在大同。山海、喜峰、古北、黃花鎮，俱在薊鎮。險阨尤著。夫舜分冀為幽、并，以此二州捍蔽，使不得接畿甸，所以壯京師之藩衛也。國家自豐勝淪沒，宣大已失屏蔽，興寧內徙，薊北遂為危疆。烽煙羽檄之警，靡歲蔑有，豈非守險之道失乎？

《正義》：水性下流，治水皆從下為始。冀州，帝都，於九州近北，故首從冀起，而東南次兗，而東南次青，而南次徐，而南次揚。從揚而西次荊，從

荊而北次豫，從豫而西次梁，從梁而北次雍。雍地最高，故在後也。自兗以下，皆準地之形勢。從下向高，從東向西，青、徐、揚三州並為東偏。雍高於豫，豫高於青、徐，雍、豫之水從青、徐而入海也。梁高於荊，荊高於揚，梁、荊之水從揚而入海也。兗在冀東南，冀、兗二州之水各自東北入海也。冀州之水不經兗州，以冀是帝都，河為大患，故先冀而後兗。

王氏炎曰：九州之序，《禹貢》始於冀，次以兗，而終於雍；《職方氏》則始於揚，次以荊，而終於並者，蓋《禹貢》言治水之序，《職方》言遠近之序也。序治水，自下而上；序王化，先遠而近。

林氏之奇曰：洪水泛濫，其始必相水之大勢，順地高下，漸次導之，下文所紀導山、導水之序是也。此序九州，但各記一州之事，及其山川所在、施功之曲折，非謂先治一州之水既畢，更治一州也。

## 既載壺口，

蔡《傳》：經始治之曰載。《漢·地理志》：壺口在河東北屈縣　春秋晉屈邑，今平陽府吉州大寧縣。東南。《一統志》：壺口山在吉州西七十里。金氏履祥曰：冀、雍之交，夾河而南皆山也。壺口乃受河之口，龍門則河南出之門也。

愚按：河自積石北行，出塞外，阻陰山，乃折而東行，凡二千里；又折而南下，壺口當其衝。鄭曉曰：壺口在梁、岐二山之南，正河流北來南注處。禹治冀州之水，經始於壺口，然必先導碣石、九河，以達其入海之路。下流既疏，則上壅自殺，是故龍門可鑿，伊闕可排也。孔《傳》「既載」連「冀州」讀，云先施貢賦役，載於書。蔡《傳》始連「壺口」讀，云經始壺口，以殺河勢。蓋本朱子。

## 治梁及岐，

蔡《傳》：呂梁山在石州離石縣　今太原府石州。東北。司馬彪曰：在離石縣西山西。《通志》：在石州東北一百里，俗名殺積山，接交城縣界。《水經注》：河水自楨陵縣　《漢志》：屬雲中郡，北去雲中城一百二十里。南流，徑鴈門郡治，又經西河，今汾州府。歷呂梁山而為呂梁洪。呂梁巨石崇竦，河流盪激。昔呂梁未闢，河出孟門之上，孟門山，即龍門之上口，在今石州西。蓋大禹所鑿以通河也。蔡《傳》：狐岐山，在汾州介休縣。今汾州府介休縣。《通志》：在汾州孝義縣西八十里，一名薛頡山。《水經注》：勝水出西狐岐之山，《山海經》：狐岐之山，勝水出焉。東徑六壁城南。魏朝舊置六壁於其下，防離石諸胡，因為大鎮，後置西河郡焉。蔡《傳》：二山實古河徑之險阨，治之所以開河道也。先儒謂雍州梁、岐，非是。《正義》：

梁山在左馮翊夏陽縣西北，岐山在右扶風美陽縣西北。夏陽，今西安府韓城縣。美陽，今鳳翔府扶風縣。《困學紀聞》：治梁及岐，晁氏謂冀州之呂梁狐岐山，蔡氏《集傳》從之。

愚按：雍州梁、岐在河西，此在河東。梁山之見於經者不一，「弈弈梁山，韓侯受命」，今韓城縣之梁山也。「太王踰梁山」，今岐山縣之梁山也。《春秋》：成五年，梁山崩，壅河三日不流。杜預《注》：在馮翊夏陽。此即韓城梁山。春秋時屬秦、晉之界，晉為霸主，故得望而祭之，《傳》所謂晉望是也。蔡《傳》引以證此之呂梁山，恐未合。黃度謂《禹貢》冀界逾河，自梁至岐，包漢三輔於其中。若然，則《禹貢》可不立雍州，且龍門之河，何以謂之西河耶？此蓋因《傳》疏而誤耳。

陳氏大猷曰：《魏志》：梁山北有龍門，禹所鑿。河莫險於龍門，呂梁疏闢，疑就狹處鑿而廣之，未必如賈讓所謂隳斷天地之性也。

茅瑞徵曰：壺口在冀西南，河下流；梁、岐在冀西北，河上流。壺口疏鑿寬廣，下流既通，二山始可施功。又曰：壺口，孟門之東山也；梁山，龍門之南山也。禹於壺口之西闢孟門，而始事於壺口；於梁山之北闢龍門，而終事於梁山。

呂氏祖謙曰：孟子謂禹行其所無事，如鑿龍門、析底柱、闢伊闕。豈無事哉？鑿所當鑿，不憚難而止，乃是行所無事也。若避難趨易而謂行無事，可乎？

金氏履祥曰：凡山言治者，或水道之衝有疏闢之功，或表山以該水土也。言藝者，剪其翳鬱，與民種藝，《傳》所謂以啟山林也。言旅者，祭之以為其州之鎮望，《記》所謂取材出云為雨者也。

**既修太原，至於岳陽。**岳，《漢書》作嶽。

孔《傳》：高平曰太原，今以為郡名，《正義》：《釋地》云：廣平曰原，高平曰陸。孔以太原地高，故言高平。按：今太原府太原縣，漢太原郡治。金氏曰：太原亦險阻，但榆次與平定諸處為高平。即春秋晉陽。岳，太岳霍山也。《漢·地理志》：河東彘縣東 彘，周厲王所奔。有霍太山。《一統志》：霍山，在平陽府霍州東南三十里，接趙城界，為中鎮。蔡《傳》：太嶽，在太原西南。山南曰陽。程大昌云：陽，日也。日出天東，凡山南、水北皆先受照，故山以南為陽，水以北為陽。今岳陽縣地，今平陽府岳陽縣。按：岳陽，謂霍太山之陽，其地所包者廣。蔡專指岳陽縣言之，非是。堯所都，揚雄《冀州箴》「岳陽是都」是也。汾水出太原，經太岳，東入於河，此則導汾水也。

愚按：今河北多有鯀堤，太原、岳陽，帝都所在，鯀必極意崇防，禹因其舊而修之，成先績也。然不以此為始事者，蓋必河道通而汾水之來，始有可受。

禹急於河之大，鯀急於河之小，此成功所以殊爾。

《漢·地理志》：汾水出太原郡汾陽縣　今太原府治陽曲縣。北山西南，至河東汾陰縣　今平陽府榮河縣。入河，過郡二，太原、河東。行千三百四十里。《水經》：汾水出太原汾陽縣北管涔山，《山海經》：管涔之山，汾水出焉，西流注於河。管涔山，在今靜樂縣。西至汾陰縣北，西注於河。按：汾水入河在龍門口，故《山海經》《水經注》俱作西注。蔡《傳》：東入於河。疑誤。鄭樵曰：汾水出忻州，歷太原、汾、晉、絳、蒲等州。

愚按：汾源出靜樂天池，經趙城、洪洞、襄陵、絳州、稷山、榮河界。智伯謂汾水可浸平陽，宋取北漢，亦壅汾水灌太原。是汾水為河東害甚大，禹治之自不容緩，豈獨以帝都所在哉？

茅瑞徵曰：凡言既者，皆據成功。創造曰治，沿緒曰修；道里附近曰及，有所包曰至，皆書法。

**覃懷底績，至於衡漳。**漳，《漢書》作章。

孔《傳》：覃懷，近河地名。《漢·地理志》：河內郡有懷縣，在河之北。今懷慶府河內等縣地。曾氏曰：覃懷，平地，在孟津之東、太行之西，淶水出其西，淇水出其東。淶水，《水經》作拒馬河，出代郡廣昌縣淶山東，至東平舒入海。《地理志》：東南至涿郡容城入河。淇水，一名清水。《水經注》：出林慮縣西、大號山東，至黎陽界南入河。廣昌，今屬大同。東平舒，今順天府大城縣。容城，今屬保定。黎陽，今大名府濬縣。懷襄之時，平地致功為難，故曰底績。金氏履祥曰：太行為河北脊，其山脊諸山皆山險，至太行山盡，地始平廣，田皆腴美，俗稱小江南，古覃懷也。《漢·地理志》：濁漳水出上黨長子縣　今屬路安府。鹿谷山，《御覽注》：漳水出鹿谷山，與發鳩山連麓而在南。東至魏郡鄴縣，今彰德府臨漳縣。合清漳。清漳水出上黨沾縣　今太原府樂平縣。大黽谷《一統志》：出樂平縣沾嶺。東北，至渤海郡阜城縣　今屬河間府。縣有胡盧河，即古衡漳別名。入大河。過郡五，考《水經》，漳水經上黨、魏郡、廣平、信都、河間、渤海，凡六郡。行千六百八十里。《水經》：濁漳水出長子縣發鳩山《山海經》：發鳩之山，漳水出焉。東北，過東平舒縣南，東入海。清漳水出沾縣西北少山《山海經》：發鳩東北百二十里曰少山，清漳水出焉。大黽谷，東至武安　今屬彰德府。入濁漳。酈《注》：漳水於武安縣東，清水自涉縣東南來注之，謂交漳口。涉縣，今屬彰德。沈括曰：水清濁相糅為漳。漳者，文也，別也。二漳合於上黨，包如蟠蜧，數十里方溷，如圭璋之合。《正義》：衡，古橫字。漳水橫流入河，故曰橫漳。漳在懷北五百餘里。曾氏曰：地形東西為橫，南北為從。河自大伾北流，漳水

東注之，則河從而漳橫矣。應劭曰：漳水出斥漳縣治，北入河。其國斥鹵，故曰斥漳。馬端臨曰：漳水橫流入河，在今廣平郡西北肥鄉縣界。易氏曰：洺州洺水縣，本漢斥漳縣地，屬廣平國，有衡漳，故瀆俗名阿難渠。按：斥漳，今廣平府威縣，隋洺水。阿難渠，是魏將阿難所導以利衡漳者，見《水經注》。茅瑞徵曰：衡漳蒙底績之文，蓋指旁地言。

蔡《傳》：桑欽　漢江南人，著《水經》。以二漳合流歸海，唐人亦言漳水能獨達於海，請以為瀆，而不云入河者，蓋禹之導河，自洚水、大陸至碣石入海，本隨西山　杜佑曰：西山，即太行、恒山。下東北去。周定王五年，河徙砱礫，音伶歷。則漸遷而東。漢初，漳猶入河，其後河日東，取漳水益遠。至欽時，河自大伾而下，已非故道，而漳自入海矣。

愚按：今二漳合流彰德之林縣，經安陽、磁州、臨漳　俱屬彰德。至東昌府館陶界入衛河。衛河，在館陶縣西一里，漢名屯氏河，隋疏為永濟渠，亦曰御河。萬曆初，漳水北徙入曲周釜陽河，而舒流遂絕。自《地理志》云洚水發源屯留，下亂漳津，《水經》：漳水東北過鉅鹿縣東。酈《注》：漳水，又北洚瀆出焉，即枯洚。鉅鹿，今屬順德府。故張洎謂洚水即濁漳，而酈道元又謂徒駭瀆連洚漳。按《水經》，漳水至阜城縣北與滹沱河會，班固誤以徒駭河即滹沱河，故此云徒駭瀆連洚漳也。今故渠湮徙，不可復究。至闞駰以潞水即漳水。考潞水在潞城縣東微子城發源，西流合濁漳，則潞與漳其非一水明矣。

愚按：魏襄王時，史起為鄴令，引漳水灌鄴而河內以饒。夫起能用漳以富魏，不過師周公溝防蓄泄之法耳。嗣後鄭國導涇水而谷口興禾黍之謠，鄭當時通渭渠而關中足溉灌之利。又《地志》所載南海有海浦官，江夏有雲夢官；《溝洫志》言汝南、九江諸郡可引淮，朔方、酒泉諸郡可引河。夫水政無不修則地力無不舉，豈獨一漳水為可用哉？

### 厥土惟白壤，

孔《傳》：無塊曰壤。《說文》：壤，軟土也。《正義》：《九章筭術》：穿地四，為壤五。壤為息土，則壤是土和緩之名。陳氏大猷曰：水去而後土性復，色質辨，始可興地利，定賦法。夏氏曰：《周官·大司徒》：辨十有二壤之物而知其種，以教稼穡樹藝，以土均之法辨五物九等，制天下之地徵。則教民樹藝與因地制貢，固不可不先於辨土。白，以辨其色；壤，以辨其性也。《周禮》：草人掌土化之法以物地，凡糞種，騂剛用牛，赤緹用羊，墳壤用麋，渴澤用鹿，鹹瀉用貆，勃壤用狐，埴壚用豕，疆檻用蕡，輕㸌用犬。檻，音檻。㸌，音浮。曾氏曰：冀州之土，豈盡白壤？土會之法，從其多者論也。《周禮》：以土會之法，辨五地之物生。五地，謂

山林、川澤、丘陵、墳衍、原隰。茅瑞徵曰：九州言厥土而總結以庶土，庶土則凡土皆在內。《禹貢》未嘗有穀土之說，桑土則於兗州特言之。

### 厥賦惟上上錯，厥田惟中中。

蔡《傳》：賦，田所出穀、米、兵、車之類。魏了翁曰：上頒其式曰賦，下以供上曰貢。賦通人力所出，貢止是地所產。孔《傳》：上上，第一等。錯，雜也。雜出第二等。中中，第五等。《正義》：高下肥瘠，共相參對，通九州言之。以為九等。又云：多者為正，少者為錯。冀州言上上錯者，少在正下，故先言上上而後言錯。豫州言錯上中者，少在正上，故先言錯而後言上中。上言厥土，此言厥田者，鄭玄云：地能吐生萬物曰土，據人功作力所得則為田也。朱子曰：賦入既有常數，而又間出他等者，歲有豐凶，不能皆如其常，故有錯法以通之。然則夏法亦未嘗不通也，而孟子以為不善者雖間有通融，不若商、周之全通於民也。林氏之奇曰：冀州先賦後田者，冀，王畿之地，天子所自治，並與場圃、園田、漆林之類而徵之，徐常吉曰：今山西未嘗產漆林，說失考。如《周官》載師所掌，賦非盡出於田也，故以賦屬於厥土之下，餘州皆田之賦也，故先田而後賦。

《正義》：冀州甸服，為天子治田入穀，故不獻貢篚，差異於餘州。陸樹聲曰：《禹貢》九州，曰貢者八，曰篚者三，曰包者二，甈者一，而冀州獨無之。蓋畿內之地，其物之所有皆屬於王，則虞衡、澤虞、牧人、罟人掌之，何貢之為？《周官》以九貢致邦國之用，用於諸侯，而王畿之內，則太宰掌其九職、九賦而已，亦未嘗言貢也。按：穀米、兵車之賦，常賦也。《周禮》之九賦，又不在常賦之數。

孔氏穎達曰：《禹貢》之貢，與《周禮》太宰九貢不殊，但《周禮》分之為九耳。其賦與《周禮》九賦全異，彼賦謂口率出錢。按：古民無賦箅口錢，貢禹謂起自武帝，鄭樵謂起自秦孝公，《疏》似誤。楊慎曰：劉眈云：井牧始於黃帝。《左傳》謂：井衍沃，牧皋隰也。井，即助法；牧，即貢法。孟子云：五十而貢。考《夏小正》，三農服於公田。由此觀之，雖夏亦助也。井田，黃帝良法，不應自禹廢之。或洪水方割，未遑復舊，姑從民宜，如《禹貢》所稱，有天下之後，又重定其制。衍沃則井之，皋隰則牧之，未可知也。

賦出於田，而九州之田與賦不並等者，何哉？冀、豫沃衍之區，荊、揚魚鹽之海，他物所出，利倍於田，所以田輕而賦重也。青、徐土狹民瘠，雍、梁地險患多，田土之外，雜出不厚，所以田重而賦輕也。至夏、商、周，取民皆什一，而授田多寡不同。羅泌謂禹時沉菑未遠，人功未盡修，而可耕之地尚少，

故家授五十。沿歷夏、商，人力浸廣，疆土益闢，是故商七十而周則百。其言固然，要以古之百畝，非今之百畝也。周制六尺為步，步百為畝。自秦至今，皆二百四十步而一畝。顧野王云：秦孝公以二百三十步為畝。周尺當宋尺八寸四分，當今營造尺八寸，織造尺六寸四分，則周人百畝為今二十二畝有奇耳。夏田視周之半者，亦以尺度代更，非田有多寡也。夏十寸為尺，周八寸為尺，蔡邕《獨斷》云：夏十寸為尺，殷九寸為尺，周八寸為尺。若亦以六尺為步，百步為畝，則夏之五十畝，當今田二十四畝有奇，視周田略等矣。夫務廣地者荒，數口之家，治田五十畝，必至鹵莽，多至百畝，必至蕪棄。古聖王之厚民也，躬教之稼，敬授之時，使之繁碩穎栗，少田之入，當多田之收，故田野治而民用足。夏后氏之五十，殷七十，周百畝政，限制之使不得廣種而鮮收也。且井田之制，世業世祿，相傳已久，溝塗經界，為力甚難。三代革命，若皆一一更張，不太煩擾乎？度其時，不過更易尺度，以為一代之典。曰五十，曰百，止易其名數，不易其封植，亦略舉成數言之耳。董穀曰：古百步為畝，以今弓準之，一畝當今四分強耳。后稷為田，一畝三畎，廣尺、深尺，是橫過一弓直，長一百弓也。古一夫百畝，當今四十一畝。播種之區，一畝三畎，通計百畝三十丈闊，六十丈長。

漢制三十稅一，似甚輕，然田賦之外有口賦，民年三歲出口錢二十，至十四而止。有筭賦。十五歲出筭錢百二十，至五十六而止。武帝征伐四夷，又增口為二十三，而更賦代錢月二千，已非文景之舊矣。唐因口分、世業，唐制：人授田一頃八十畝為口分，三十畝為世業。為租庸調之法，受田者丁歲輸粟二斛、稻三斛，謂之租。隨鄉所出，歲輸絹二疋、綾絁二丈、綿三兩、麻三斤。非蠶鄉則輸銀十四兩，謂之調。每丁歲役二十日，不役者，日折絹三尺，謂之庸。以人丁為本。開元以後，戶籍散亂，田畝賣易，楊炎遂作兩稅。夏輸無過六月，秋輸無過十一月。

鄭介夫曰：自古天下之田，無不屬官。先王使貧富強弱無以相過，各有其田，得以自耕，故天下無甚貧甚富之民。至成周時，其法大備，畫地為井，八鳩五規，二牧九夫，以等其高下；溝澮畝澮，川塗畛徑，以立其堤防。疆井既定，無得侵奪。商鞅開阡陌，開者，廢壞之。乃有豪強兼併之患，然未明以田與民也。官不得治，民乃自占為業耳。迄於漢亡，兵燹之餘，人稀土曠，天下之田，既不在官，亦不終在民。但隨力所能，至而耕之。元魏行均田，稍近古，唐因而損益之。為法雖善，然令民得賣其口分、永業，始有券信。日漸一日，公田盡變為私田，而井田永不可復矣。蘇氏轍曰：唐制：授民田有口分、永業，皆取之於官；斂民財有租庸調，皆計之於口。其後變為兩稅。戶無主客，以見

居為簿；人無丁中，以貧富為差。田之在民，其漸由此。貿易之際，不復可知。貧者急於售田，則稅多而田少；富者利於避役，則稅少而田多。僥倖一興，稅役皆弊。馬端臨曰：隨田之在民者稅之，而不復問其多寡，始於商鞅；隨民之有田者稅之，而不復視其中下，始於楊炎。井田之良法，壞於鞅；租庸調之良法，壞於炎。二人之事，君子羞稱，而後之為國者，莫不一遵其法。一或變之，則反至於煩擾無稽，國與民俱病，則古今異宜故也。又曰：《禹貢》甸服有米粟之輸，而餘四服皆無之，說者謂王畿之外八州，皆以田賦當供者市易貢物，故不輸粟。然則土貢即租稅也。王樵曰：諸侯食其稅於國，則稅名為祿；納其賦於王，則賦名為貢。漢、唐以來，任土作貢，著之令甲，猶曰當其租入。然季世苛賦，往往租自租而貢自貢矣。丘濬曰：三代貢助徹只是視田而賦之，未有戶口之賦。夫定稅以丁，稽考為難；定稅以畝，檢覈為易。兩稅以資產為宗，未必全非也。但立法之初，謂兩稅外毫無科率。兵興費廣，不能不於稅外別有徵求。國初稽古定制，以天下之墾田，定天下之賦稅，因其地宜為等，則夏稅秋糧，歲有定額。惟逐戶編為里甲，十年一輪差，其法一定而可守。今制為賦者二：夏曰稅，秋曰糧。此用楊炎之兩稅。為役者三：曰里甲，曰均徭，曰雜泛。而又有銀與力之不同，蓋兼用宋人差雇之法。

### 恒、衛既從，大陸既作。

《漢·地理志》：恒水出常山上曲陽縣 今真定府定州曲陽縣。恒山北谷，《寰宇記》：大茂山在真定縣西南界，即恒山別名，《禹貢》恒水所出。東入滱水。《水經》：滱水出代郡靈丘縣高氏山，東南過上曲陽縣北，恒水西來注之，又東北入易水。《地理志》：東至渤海文安入大河。按酈《注》：滱水即溫夷水。朱謀瑋云：當作嘔夷，見《周禮》。《一統志》：嘔夷水出大同府靈丘縣西北高氏山，今名唐河。薛氏肇明曰：恒水入滱水，至瀛州高陽縣 今屬保定府。入易水。《水經注》：易水出涿郡故安縣閻鄉西山，東入濡水，出北新城，北合滱水，東過束州縣南，東入於海。故安，今保定府易州北新城，《漢志》屬中山國。束州，今河間縣地。晁氏說之曰：今恒水西南流至真定府行唐縣，東流入滋水，《地理志》：滋水出常山南行唐縣牛飲山白陸谷，東至鉅鹿新市縣入滹沱水。《一統志》：滋水在真定府城北三十里。又南流入衡水，非古徑矣。《漢·地理志》：衛水出常山郡靈壽縣 今屬真定府。東北，東入滹沱河。《地理志》：滹沱河自代郡鹵城至渤海文安入海。按：滹沱河出太原府繁畤縣泰戲山下，經靈壽、平山、晉州、深州、衡水、武邑，至直沽入海。班固謂即九河之徒駭，大誤。薛氏肇明曰：衛水合滹沱河，過信安軍，入易水。《真定府志》：衛水在靈壽縣東北十里，俗呼雷溝河。《爾雅》十藪，晉有大陸。《漢·地理

志》：在鉅鹿郡鉅鹿縣 今屬順德府。北。杜佑曰：大陸澤在鉅鹿、饒陽縣界。
《唐志》：鉅鹿縣屬邢州，饒陽縣屬深州。蔡《傳》：孫炎曰：大陸，鉅鹿北廣阿澤，
河所經也。程氏曰：鉅鹿去古河絕遠，河未嘗經邢以行鉅鹿之廣阿。非是。按
《爾雅》：高平曰陸。大陸者，四無山阜，曠然平地。蓋禹河自澶、相以北，
皆行西山之麓，及其已過信澤《漢志》：冀州信都縣有澤水，故曰信澤。詳導河。之北，
則西山勢斷，曠然四平。以此地謂之大陸，乃與下文「北至大陸」合。故隋改
趙之昭慶以為大陸縣，《一統志》：趙州隆平縣本漢廣阿縣，隋改大陸縣。唐又割鹿城
置陸澤縣，《唐志》：陸澤縣屬深州。皆疑鉅鹿之大陸不與河應，而求之向北之地。
杜佑、李吉甫以邢、趙、深三州 邢州，今順德府地。趙、深二州，今屬真定府。為大
陸者，得之。徐常吉曰：導河「北過澤水，至於大陸」，《漢志》：冀州信都
有澤水。夫既過冀州信都，則已越邢、趙而之北矣，又安得求大陸於二州之境
耶？繼之曰：又北播為九河，九河既在滄、景間，則大陸當求之於冀之下、滄
之上，以深州當之可耳。隋人改大陸縣，安知非屬附會？《正義》：《春秋傳》：魏
獻子田於大陸，焚焉；還，卒於甯。杜氏以為汲郡修武縣吳澤。甯即修武也，與此大陸異所而
同名。蘇《傳》：二水已復故道，則大陸之地可耕作。蔡《傳》：恒、衛水小
而地遠，大陸地平而近河，故其成功在田賦之後。

茅瑞徵曰：記此於田賦後，可得帝王經畫畿輔之深意。是時京師既無輓漕，
歲入不過千里，使野多曠土，何以佐經費？又賦額最重，寧忍厲民取盈！如覃
懷、大陸一帶，彌望沃野，皆堪耕作。而洪水初退之時，因之樹藝，其收必倍，
故記之，以見力穡為天下倡，亦以實京師而壯根本也。連言衡漳、恒、衛者，
大河之旁，其地最苦，崩囓橫決，得一二支水疏引穿渠，以便灌溉，尤於耕作
為易，禹不云乎「濬畎澮距川」，此又記衡漳、恒、衛之旨也。

愚按：恒、衛二水，《水經》不載，郡志亦略。班《志》稱衛水出靈壽，
入滹沱。今衛河合淇、漳諸水，過臨漳，分為二：其一北流，至武邑，屬真定
府。合滹沱；其一東流，經大名、臨清至直沽，在順天府武清縣。會白河入海。
袁黃曰：白河源出口外白石塘嶺，經密雲、順義、通州至衛河入海。茅瑞徵疑即經所云衛
水。然考衛河，即漢屯氏河，出衛輝府輝縣之蘇門山，與衛水源派各別，未
可強合而為一也。又考各志，束鹿縣 屬保定府。在晉、深二州間，本大陸地。
隆平縣 屬真定府。在趙州東南百里，亦大陸地。又甯晉縣 屬真定府。東南十
里有大陸城，雖與《禹貢》大陸未必悉合，然漳水、滹沱環之，其地皆沃衍
可耕。

**島夷皮服，**島，《漢書》作鳥。

孔《傳》：海曲謂之島。《釋名》：海中可居曰島。王肅曰：島夷，東北邊夷。《說文》：東北夷曰薉貉。顏師古曰：貉在東北方，三韓之屬。按：三韓，馬韓、卞韓、辰韓也。今朝鮮地本遼東外徼。皮服，即《爾雅》所謂東北方之文皮。林氏之奇曰：諸夷不責其必貢，欲效誠，亦不拒也，如卉服、織皮之類。

**夾右碣石，入於河。**

《漢·地理志》：碣石在北平郡驪城縣　今永平府撫寧縣。西南。《水經注》：驪城枕海當山，巔有大石，如柱形，立巨海中，世名天橋柱。漢武嘗登之以望海，韋昭　三國吳人。指為碣石也。《山海經》：碣石之山，繩水出焉，而東流注於河。韋昭曰：碣石舊在河口海濱，後水溢，漸淪入海，遂去岸五百里。按：杜佑謂碣石在漢樂浪郡遂城縣，東截遼水而入高麗。《禹貢》右碣石在平州南三十里，則高麗中為左碣石也。考《漢志》，遂城無碣石，且「夾右」二字相連，佑謬。蘇《傳》：河自碣石山南、渤海之北入海。《正義》：導河入於海。《傳》云：入於渤海。渤海郡當以此海為名。計渤海北距碣石五百餘里。漢渤海郡，今河間府滄州。夾，挾也。自海入河，逆流而西，右顧碣石，如在挾掖。袁黃曰：碣石在今撫寧縣西南海中，《永平府志》：碣石在昌黎縣西北二十里。離岸三十里。蓋古滄州與平州相對，自滄州望之，則離岸五百里；自平州言之，止三十里耳。北邊貢賦之來，在五百里之海內行舟，則碣石政在其右。蔡《傳》謂離岸五百里，應止據《滄州志》而言。又謂遼、濡、滹、易之水，皆中高不與河通，此引程氏說。亦誤。濡、易、滹沱諸水，去帝都近，縱使入河，亦不由行遼水；又在塞外，安得由之？《水經》：濡水出涿郡故安縣西北獨山，東合易水，注拒馬水。遼水出塞外衛皋山東南，至遼東安布縣入海。朱子曰：冀州三面距河，其建都實取轉運之利，朝會之便，故九州之終皆言達河，以紀入都之道。冀，帝都，亦曰入河者，為北境絕遠者言之，明海道亦可至也。按：注疏以入於河作禹還都白帝說，大誤，朱、蔡始正之。

鄭曉曰：碣石當河入海之衝，自河旁地淪海，碣石遂去岸五百里。其地今為遼東西南小海，漢王橫所言「大風海溢西，南浸數百里」，即今小海。辨詳青州。其西即冀河入海故道，山海關至薊州、豐潤一帶是也。未有小海時，遼東亦不屬兗者，蓋必入山海關，從永平、薊州方至兗，遠矣。若屬青州，片帆可達。故唐虞時，遼東屬青，遼西屬冀。韓邦奇曰：今永平府撫寧縣西南，即昌黎縣。有山穹窿似冢，山頂有石，特起如柱，此碣石也，離海三十里。又曰：東海至永平府南發出一洋，東西百餘里，河從此洋之西自北注之。此洋正逆河也，碣石在右轉

屈之間。碣石在海洋北，洋闊五百餘里。自洋南遠望，如在海中，實未淪入於海也。按：此與韋昭說不同。然碣石淪海，實不可信。今《一統志》亦云離海三十里，則非在海中明矣。徐常吉曰：孔穎達疑渤海北距驪城五百餘里，河入海處遠在驪城、碣石之南，其言近似，而未得其要。今觀《禹貢》所謂「至於碣石，入於海」，則自言導山，而非言導水。導河但言「同為逆河，入於海」，而初不言碣石。後世相沿，以為河自碣石入海者，誤也。河自在渤海、靜海　靜海，宋縣，今屬河間。之間入海，想在今衛河入海之處。今京師以東地靜海一帶為下，轉而之北，為永平、昌黎，則地勢漸高，陵谷易遷而地形不改，禹時之地，當亦不異於今，則河水決無由驪城入海之理也。夫所謂「夾右碣石，入於河」者，海水漫漶，入河之道難認，碣石高峙其右，由海入河望之，如在右腋。此史曲寫其由海入河之形，而非謂河自碣石入海也。程尚書大昌雖有辨而亦糾結於諸家之說，其他剿說雷同，則又不足道矣。按：此與朱、蔡說不同，然極有理。

今碣石在山海關。關在撫寧，其北為山，其南為海。山自居庸而東，其勢漸南；海自直沽而東，其勢漸北。轉入遼境，金復州南岸，即登、萊二府界也。秦始皇起黃、腄、《地理志》：黃縣、腄縣，屬東萊。琅邪負海之粟，轉輸北河。在朔方。唐時亦通海運於此。杜甫詩「雲帆轉遼海，秔稻來東吳」，此其證也。明初，山東之賦浮海給遼。今山海城泊舟遺址猶存，而運道久廢，不復講矣。遼東蓋州衛有梁房關，海運舟由此入遼河。金州衛有旅順關，海運舟由此登岸。

又曰：王畿不制貢，碣右與島夷連書，此即島夷入貢之道也。鄭端簡主此說。夫帝王之制中外，限山截海，各分疆域。三代之時，北狄憑陵，而肅慎入貢楛砮，亦以隔在遼海之外。內地夷險，無由習知，其制之亦易也。後世三韓來助梟騎，漢高祖。始資其力矣。鮮卑易種遼西，晉武帝。始弛其防矣。資其力，則彼之求難厭；弛其防，則我之情易得。久而伺隙乘便，禍亂遂深。乃知島夷制貢，紆道海曲，既使就我戎索，又不使狃我井疆，其為中國慮，豈不至深遠哉？

鄭曉曰：冀州河水盤旋而繞其三面，鄭樵曰：自河南徙懷慶，以下穿豫入徐，僅繞冀州西南之半。羣山拱抱而析為數支。禹之治水，始於西北，壺口、梁、岐，遂至太原，而南盡岳陽。諸山皆列峙於大河之東，與雍州隔境。自此而又東，則有覃懷、衡漳。蓋平曠之區，非山麓之阻，大抵與豫州對境。若恒、衛、大陸，又皆直在帝都之東境，而與兗州接壤矣。宋時自雄州　今保定府雄縣。東際於海，多積水，遼人患之，不敢由此入寇。蓋宋失燕、薊，以內地為邊，故恃塘濼以限戎馬，亦因以溉田而積穀。元泰定中，虞集言京師之東瀕海數千里，

北極遼海，南濱青齊，萑葦之場也。海潮日至，淤為沃壤，請用浙人法築塘捍水為田。丘文莊以潞、白諸水於直沽直瀉入海，灌溉不多，欲於沿海諸處，依《禹貢》逆河法截斷河流，築長堤以攔鹹水之入，疏溝澮以導淡水之來，此即虞伯生遺意。聽富民欲得官者，合其眾，分授以地。能以萬人耕者，授以萬人之田，為萬夫長、千夫、百夫，亦如之。三年視其成，以地之高下定額，以次漸徵之；五年有蓄積，命以官，就所儲給之祿；十年不廢，得世襲，如軍官之法，則東海民兵數萬，可以近衛京師，外禦島夷，遠寬東南民力。順帝時，托克托以京畿近水地，西自西山，南自保定、河間，北抵檀、順東，及遷民鎮，若募江南人耕種，歲入必多，不煩海運。明徐貞明言京都輔郡皆負山控海，負山則泉深而土澤，控海則潮淤而壤沃。諸州邑泉從地湧，一決即通，皆可田。其言十四利甚悉。今北方但地平廣，有水泉可引處，皆堪種稻。《周官》設稻人，掌稼下地，蓋為此也。況在甸服之內，治農尤根本重務。昔北齊稽曄曾開幽州督亢舊陂，在今涿州。歲收稻粟數十萬石。誠得若人而任之，因水陸之便，建阡陌，濬溝渠，廣灌溉，數年之後，地無遺利，豈至以西北之人全仰食於東南哉？輯諸家說。

禹貢長箋卷一

# 禹貢長箋卷二

濟、河惟兗州，濟，《漢書》作泲。兗，《史記》作沇。沇，即兗。

《爾雅》：濟、河間曰兗州。郭璞《注》：自河東至濟。《釋名》：兗州，取沇水為名。孔《傳》：東南據濟，西北距河。《正義》：據，謂跨之。距，至也。濟、河之間，相去路近。兗州之境，跨濟而過，東南越濟水，西北至東河也。鄭曉曰：《注》言至者，正至其處；據者，過其處；距者，不及其處。熊氏禾曰：兗州當河下流，西距河，東距濟，北濱海，南接徐、豫之境。茅瑞徵曰：濟，古文作泲。《說文注》：此兗州之泲，即沇水也。其從水從齊者。《地志》：出常山郡房子縣贊皇山，山在今真定府贊皇縣。東至鉅鹿郡廮陶縣 今真定府寧晉縣。入泜。然《水經注》云：二濟同名。則泲之訛為濟舊矣。章俊卿曰：黃河舊道，三代以前，自宋衛州之黎陽縣境折而北流，故北京及河北東路諸州在河之東，即古兗州之域。自周定王時，舊道湮塞，秦、漢以還，河堤屢壞，乘上流之勢決而東下，故兗州之域隔在河北，而河東之名乃移在并州。

王氏炎曰：漢元光中，武帝。河徙東郡，更注渤海，繼決瓠子，在今大名府開州西南。又決魏郡之館陶，今館陶縣屬東昌。《一統志》：黃河故道在館陶縣西南五十里。遂分為屯氏河。《地理志》：屯氏河在館陶東北，至渤海章武縣入海。章武，今河間府鹽山縣。大河在西，屯河在東，二河相併而行。永光中，元帝。又決清河靈鳴犢口，《地理志》：河水自靈縣別出為鳴犢河，東北至蓨入屯氏河。靈縣故城在今東昌府博平縣西北三十里。鳴犢河在今東昌府高唐州南三十五里，孔子臨河而歎處。蓨縣，今河間府景州，音條。分流入博州，今東昌府聊城縣。屯河始塞。後又決平原，東入齊，入青以達於海，而下流遂與漯為一。王莽時，河遂行漯川。在今東昌府。夫河不行於大伾之北而

道於相魏 今大名府地。之南，則山澤在河之濱者，支川與河相貫者，悉皆易位而與古不合矣。

愚按：《水經》云：大河故瀆北出為屯氏河。古時深廣與大河等，故酈道元疑即《禹貢》洚水。今衛河經館陶合漳水，說者謂即屯氏故道。自河東南流，道淮入海，而衛河但資百門泉水以通轉漕。

班固配十二次，自軫十二度至氐四度為壽星之次 費直起軫七度，蔡邕起軫六度。《爾雅》：壽星，角、亢也。於辰在辰，鄭之分野。按《左傳》：歲在星紀，淫於玄枵。梓慎以為宋、鄭必飢。鄭地後為韓所都，故《帝王世紀》作韓分野。然考《地理志》，此分野當屬衛與宋，鄭、韓皆無與。屬兗州。《廣雅》：北斗七星，三為機。機為青、兗州。《晉‧天文志》：角、亢、氐，鄭。兗州東郡入角一度，東平、任城、山陽入角六度，泰山入角十二度，濟北、陳留入亢五度，濟陰入氐二度，東平入氐七度。

周《職方氏》：河東曰兗州，其山鎮曰岱山，其澤藪曰大野，《漢書》作泰壄。其川河泲，其浸盧維。鄭玄云：盧，當作雷，即雷夏。維，當作雍，即灉水。顏師古云：盧水在濟北盧縣，鄭注非是。《通典》：兗州衛其分野兼得魏、宋、齊、秦之交，秦置郡為東郡，碭郡之東北境，齊郡之北境，鉅鹿、上谷二郡之東境。漢《地理志》：今東郡及魏郡之黎陽、河內之野王、朝歌，野王、朝歌，禹時屬冀州。皆衛分。衛為狄滅，齊桓公更封衛於河南曹、楚丘，二邑名。《詩傳》：曹、楚丘在滑州。今滑縣。是為文公子。成公徙帝丘，今之濮陽是也。今東昌府濮州。濮陽本顓頊之虛，故謂帝丘。秦滅濮陽，置東郡。後漢《郡國志》：兗州刺史 治昌邑，今金鄉縣。部郡國八：陳留、禹時屬豫州。東郡、東平、故梁國，景帝分為濟東國，宣帝改。任城、章帝分東平置。泰山、濟北、分泰山置，故城在今長清縣西。山陽、故梁景帝分置，故城在今兗州府金鄉縣。濟陰。故梁景帝分置，宣帝別為定陶國。《通考》：漢時為郡國九，郡則東魏、泰山、濟陰、平原、清河、渤海、千乘，東漢更名樂安，故城在今濟南府陽信縣，一云在臨濟鎮。國則東平。唐《地理志》：河南道，採訪使，治陳留。古兗州域。濮為大火分，兗為降婁分，齊、棣為玄枵分，滑為娵訾分，唐河南道合古豫、兗、青、徐之域內。齊州，《通典》屬青州。《通典》：唐分置十五郡，古兗州為河南道靈昌、滑州，本東郡。濮城、濮州。濟陽、濟州。東平 鄆州。等郡，河北道魏郡、魏州。博平、博州。平原、德州。樂安、棣州，析滄州置。景城、滄州。清河 貝州。等郡。《宋史》：京東東路則濟南府，本齊州。京東西路則濮州，京西北路則滑州，河北東路則大名、本魏郡。開德 本澶州。二府，滄、博、棣、德、濱、恩 本貝州。六州，及永靜軍，即景。河北西路則濬州。本通利軍。端

拱初以滑州黎陽縣建通利軍，屬河北路。《通考》又有鄆州，共州十四。明《一統志》：古兗州今山東省東昌府、春秋齊西鄙聊攝地，戰國為魏、齊、趙三國之境，秦置東郡，漢為東郡、濟陰、清河三郡之境，魏、晉屬平原國，隋、唐為博州，宋為濮州。其地南接濟、兗，北連德、景，漕河所經。**濟南府**，《禹貢》青西兗北之地。春秋戰國並屬齊，秦屬齊郡，漢為濟南國，又為平原、千乘、泰山、渤海四郡之境，北魏、隋、唐並為齊州，宋為興德軍，升濟南府。其地東有琅邪、即墨之饒，西有濁河之限，南有泰山，北有渤海。則兗、青二州域；齊河、禹城、臨邑、長清、肥城、青城、陵縣、泰安州、新泰、萊蕪、德州、德平、平原、武定、陽信、海豐、樂陵、商河、濱州、利津、沾化、蒲臺，屬兗州。**兗州府**，春秋魯地，秦為薛郡，漢為魯國及泰山山陽郡，東漢分置任城國，唐曰兗州，宋改襲慶府。其地東盤琅邪，西控鉅野，北走厥國，南馳互鄉，河、濟間一都會。則兗、徐二州域；陽谷、東阿、平陰、東平、汶上、壽張，屬兗州。按：徐州曰東原、底平，則東平恐應入徐州。**北直隸大名府**，詳見冀州。則冀、兗二州域；元城、大名、南樂、清豐、內黃、開州、長垣、東明、魏縣，屬兗州。**河南省開封府**，詳見豫州。則兗、豫二州域。延津、封丘、原武、陽武、項城，屬兗州。

司馬光曰：兗州境，包今之河、朔。漢兗州界在今河陽，非《禹貢》舊境也。馬端臨曰：兗州舊疆介於河、濟，地非險固，風雜數國。兩漢以後，兗州所領郡國，東境則入青州，西境則兼入荊河州。及西晉之末，為戰爭之地。三百年間，傷夷彌甚，其分割不得而詳焉。

愚按：周並徐入青，又分青入兗，自濟以南皆屬焉。則周時之兗，已非《禹貢》疆域。今兗州府略及海岱，東南郡邑在徐州域者十之七八，西北郡邑在兗州域者十之二三。其府治實春秋及漢之魯國與秦之薛郡。

## 九河既道，

孔《傳》：河水分為九道，在此州界，平原以北是。《爾雅》：九河：徒駭一、太史二、馬頰三、覆釜四、胡蘇五、簡六、絜七、鉤盤八、鬲津九。李巡注：徒駭，禹疏九河以徒眾起，故曰徒駭。太史，禹大使徒眾通其水道，故曰大史。馬頰，河勢上廣下狹，狀如馬頰也。覆釜，水中多渚，形如覆釜。胡蘇，其水下流。胡，下。蘇，流也。簡，大也。河水大而深也。絜，苦也。言河水多山石，治之苦絜。鉤盤，言河水曲如鉤，屈折如盤也。鬲津，河水狹小，可鬲以為津也。《正義》：河從大陸東畔北行，而東北入海，冀州東境至河之西畔，水分大河東為九道。漢成帝時，許商上書言：古記九河之名，有徒駭、胡蘇、鬲津，今見在成平、今河間府獻縣。《地理志》：屬渤海郡。東光、今屬河間府。

《地理志》：東光有胡蘇亭，屬渤海郡。鬲縣　今河間府鹽山、慶雲二縣皆是。《地理志》：屬
渤海郡。界中。自鬲津以北至徒駭，其間相去二百餘里，是知九河所在，徒駭最
北，鬲津最南。蓋徒駭是河之本道，東出分為八支。徒駭在成平，胡蘇在東光，
鬲津在鬲縣，其餘不復知也。《爾雅》：九河之次，從北而南。既知三河之處，
則餘六者，太史、馬頰、覆釜在東光之北、成平之南，簡、絜、鉤盤在東光之
南、鬲縣之北也。今河間、弓高　弓高故城在今景州。以東至平原、鬲津，往往有
其遺處。《左傳疏》：九河故道，河間、成平以南，平原、鬲縣以北。呂氏祖謙曰：禹不
惜數百里地疏為九河，以分其勢。善治水者，不與水爭地也。鄭曉曰：河流下
趨，海潮上湧，勢必激盪，須分為九河，在滄州之北，平州之南。姚舜牧曰：
九河原未有道，禹當河水奔衝，疏此道以分其流，故曰禹之行水，水之道也。

　　愚按：九河故道，漢世近古，止得其三；徒駭、胡蘇、鬲津。唐宋人考據，
遂得其七，按：杜佑《通典》云：覆釜在德州安德。李吉甫《元和郡邑志》云：馬頰在德州
平原東南。樂史《寰宇記》云：鉤盤在樂陵東南，從德州平昌來。歐陽忞《輿地記》合簡、絜
為一，云在臨津，並徒駭、胡蘇、鬲津為七。臨津，唐屬景州。而太史竟不知所在。《齊
乘》：清、滄二州之間有古河，堤岸數重，地皆沮洳沙鹵，太史河當在其地。朱子《孟注》
分簡、絜為二，蔡《傳》合之為一，云其一即河之經流。吳氏程謂南皮縣　今
屬河間府。明有簡河，何嘗合絜為一？且徒駭乃河本道，九者之外，安得更有經
流乎？大都、兗地平演無高山，故河患尤甚。禹自下流導之，施功當最先。或
謂治水始於疏壺口、鑿龍門者，非是。

　　鄭樵曰：按圖志，瀛州有成平故城，又有徒駭河，永靜軍　宋屬河北東路。
有東光縣，東連滄州，有胡蘇亭，蓋因河命名，而滄州復有鬲津、鉤盤、太史
河之名。鬲縣故城在德州，與滄比境。舊說禹導河至頓丘　故城在今大名府清豐
縣西南二十五里。分為二渠，一曰漯川，出武陽，至千乘入渤海；一曰北瀆，出
貝丘，今東昌府清平縣。至大陸北播為九河，同為逆河，入於海。鄭氏云：九河，
齊桓公塞之而北瀆。至王莽時亦絕，故世謂王莽河，今在永靜軍。《水經注》：
大河故瀆經元城西北至沙丘，昔禹播九河自此始也。《寰宇記》：大河故瀆在大名府東南三里，
俗名王莽河。《一統志》：大名府元城縣有屯氏大河故瀆，俗云王莽河，一名毛河。然每疑禹
所導無二河。按：武帝元光三年春，河水徙頓丘，東南流入渤海，是為朝城之
漯河。朝城，漢東武陽，今屬東昌府。按《水經注》：洚水東北過濮陽，別出為瓠子河；又東
北過東武陽，為漯河；又東北過大名、館陶，別出為屯氏河；又東北過清河靈縣，別出為鳴犢
河。今皆絕。然則今河之入海者，入渤海耳。《禹貢》所謂入於海者，由碣石之

海。按：孟康云：禹時河入海碣石，不注渤海。晁補之《河議》云：二渠於《禹貢》無見。禹時河入海，蓋在碣石。渤海北距碣石五百餘里，而河入渤海乃漢元光三年河徙東郡所受注也，而言禹時河入渤海，何哉？此鄭說所本。北瀆乃禹所導之河，其後河奔漯川，入於渤海，故瀆遂絕。蓋故瀆在北，漯川在東，河決而東勢則然也，恐非齊桓所塞。自河決漯川之後，北瀆遂微，九流皆絕。王莽河上承北瀆，下入逆河，為一河微通，奈北勢高，故後亦絕，但由漯川爾。

蔡《傳》：滄州之地，北接平州，相去五百餘里，九河當在其地，後為海水淪沒。此據王橫說。酈道元亦謂九河苞淪於海。又前言「夾右碣石」，則九河入海之處，有碣石在其西北岸。今平州正南，碣石尚卓立海中，去岸五百餘里，可以為證。王樵曰：按：九河故道在滄、瀛、景、德之間，說者求於此而不得以為淪入於海，不知河昔北流，故分為九道，後世河中既徙，則九河漸湮，縱非海水淪沒，其故跡可得而復求乎？又鄭玄據《春秋緯·寶乾圖》以為齊桓公填閼八流以自廣，而止存徒駭。夫神禹至齊桓千五百年，支流漸絕，經流獨行，亦理勢如此，非齊桓冒曲防之禁而塞之也。大率河底常高，今於開封府測其中流，冬春深僅丈餘，夏秋亦不過二丈餘。水行地上，初無長江之淵深，故自古瀕河地每有非常之水，河必驟盈，盈則決，每決必彌漫橫流，深者成渠，以漸成河；淺者淤澱，以漸成岸。數年之後，下流既淤，則中流河底又以漸而高，而河又不容於不徙矣。既徙之後，其丈餘深之故跡，風填沙壅，復為平陸，無足怪者，所以不可復尋也。今河間慶雲縣尚有古黃河，廣可三里許，兩岸堤皆高丈餘。慶雲距滄州百四十里，天津三百餘里，九河非海澱，其理明甚。徐常吉曰：今衛河入海之道，即九河入海處。京東地形無有下於此者，古今當不甚遠，特故跡湮沒，不可考耳。凡海水易溢之處，古時皆有捍塘。今淮安、嘉興皆然，獨滄、瀛一帶為沮洳萑葦之場，則北海之未易溢可知。王橫：漢人假令自堯至漢，海溢浸數百里，則自漢至今，滄、瀛之地，桑田當盡為海矣。蔡九峯據之，遂謂九河入海碣石，方九河未沒於海之時。從今海岸東北更五百里平地，夫水勢就下，滄、瀛之地既已濱海，何不遂注之於海，乃又引之向北斜行經五百里，此何為耶？若如所云，是引河以就碣石，初非即碣石以證河，其誤明矣。

韓邦奇曰：古河自鞏縣歷懷、衛、彰、順、名、真數郡，今止長垣、開州、清豐略見其跡，然亦非禹時故道也。今永平府碣石山在海東南之灣，永平謂之南海。此洋東西長而南北狹，古河從此入海，今河徙而洋存。又曰：據《山東

通志》，馬頰在商河，覆釜在海豐，鉤盤在德平，鬲津在樂陵，徒駭在齊河，皆濟南府屬。今真定府南三百里方是濟南北境。真定去濟南，東西六百餘里。古河自洚水直趨而北，至大陸，皆真定地，又北播為九河，固永平、河間地也，不應至大陸折而東反，回流而南，以至濟南之境。《滄州古志》：徒駭在滄州廢清池縣西北，太史在本州島南皮縣治北，馬頰在景州東光縣界，胡蘇在滄州慶雲縣西南，簡、絜在南皮縣城外，鉤盤在獻縣東南，鬲津在慶雲縣。一云在濟南府樂陵縣西二十里。古鬲津當在今河間、濟南之間。其地相去不遠，當是九河故道。《古志》得之土人，可徵也。河雖為冀、兗之界，然兗地最下，九河之分皆在兗地，故「既道」於兗言之。

李垂曰：兩漢而下，言水利者，屢欲求九河故道而疏之。今考圖志，九河並在平原而北，且河壞澶、今大名府開封。滑，今大名府滑縣。未至平原，而上已決矣，九河奚利哉？夏允彝曰：入海之所，固宜分疏之，使速泄下流。速泄則上流不壅，河之利也。若未及於海，則流分力弱，無以刷沙，適壅之矣，故曰河不兩行。兩行猶不可，況九河歟？

**雷夏既澤，**

漢《地理志》：雷澤在濟陰郡城陽縣西北。《水經注》：雷澤在城陽縣故城西北十餘里。《一統志》：雷澤城在東昌府濮州東南一百里，舊曰城陽，北齊廢，隋置雷澤縣，唐、宋因之，今省為鎮。《山東通志》：雷澤在兗州府曹縣東北六十里。今涸。蔡《傳》：雷澤中有雷神，龍身而人頰，鼓其腹則雷。然則本夏澤，因其神名之曰雷夏也。金氏履祥曰：濮州雷澤縣西北有雷夏陂，東西二十里，南北十五里，計古雷夏必大於今。

愚按：諸家以雷夏為濟水所鍾。鄭端簡謂雷夏在濟水之南，與大野不同，故不言「既豬」而言「既澤」，是雷夏乃濟所經，非濟所匯也。考《水經注》，瓠河左經雷澤北，河形如瓠，名瓠河口，發源魏郡白馬。此其下流，在濮州東南七十里。自郓城 今屬兗州府。東北徑范縣，今屬東昌府。與濟渠合，則雷夏在後世又為河、濟二流纏絡。陳師道云：即黃河故道，今呼沙河。《風俗通》：水草交厝曰澤，言潤澤萬物。孫氏覺曰：既澤，向未為澤，今始為澤。既豬，向已為澤，今復舊也。呂氏祖謙曰：治水，川流畎澮相轉而達於海者，使之有所歸也。或不可達海，則捐數百里之地，因其勢以為澤，使之有所容也。王綱振曰：雷夏、大野、菏澤、孟豬、滎，皆濟水也。或為所絕，或為所經，或為所溢，然實分二派，一派出河入海而會於汶，此兗州雷夏、豫州菏澤、孟豬之濟也；一派從淮

入海而合於泗，此徐州大野之濟也。按：古濟不分二派，此據後世之跡耳。考《水經》，菏水亦合泗入淮，則豫、徐之濟，政是一派。

《援神契》云：舜生姚墟。應劭謂與雷澤相近。樂史言姚墟西十三里為雷澤，舜所漁也。今考媯汭、歷山皆在平陽，城陽相去甚遠，不應經此發跡。或云雷首山下有雷澤，近之。

**灉、沮會同。**灉，《漢書》作雍。

《爾雅》：水自河別為灉，濟別為濋。沮有楚音。京相璠曰：六國時，沮、濋同濋字。《說文》不載。王氏炎曰：灉出曹州，今屬兗州府。沮出濮陽，《九域志》：濮州有沮溝，即《禹貢》灉沮之沮。下流相合，二水勢均，故曰會同。周氏曰：會同、朝宗，皆諸侯見天子之禮，而以為喻。《周禮》：時見曰會，殷見曰同。鄭曉曰：河之南，灉水出焉；濟之北，沮水出焉。今亦異流而同歸也。注疏謂二水會合同入雷夏之澤者，誤。

《說文》：灉水在宋，又曰汳水，按《韻會》：汳，皮變切。今作汴，蓋避反字。羅革云：是隋煬帝所易。鄭端簡謂汳音汴，非汴水也。豫別有汴水，似未然。受陳留浚儀 今開封府祥符縣。陰溝，酈道元曰：陰溝水出陽武縣，至大梁合浪蕩渠，東南流，同受鴻溝之水。其川流之會，左瀆東導者，即汳水也。至蒙，今歸德府城南有蒙城。為灉水，東入於泗。《水經注》：汳水出陰溝，東徑梁國睢陽縣北，今歸德府商丘縣。入睢水。睢水出陳留縣西浪蕩渠，《地理志》：浪蕩渠在河南郡滎陽縣西南，首受濟，東南至陳入穎。東南徑下相城，在今淮安府邳州。南入於泗，謂之睢口。《地理志》：睢水首受浪蕩水，東至臨淮郡取慮縣入泗。韓邦奇曰：汳水乃河之別流。浚儀陰溝在祥符縣，蒙在陰溝之東，汳流至此，名為灉，即兗州府曹縣之黃水，《一統志》：黃水，即黃河支流，自開封府流至曹縣界。東歷徐州境，入泗水。古時汳、泗皆在河之東南，故灉入泗。今河徙而南，灉在河西，泗在河東，灉為河截斷，今入河矣。《一統志》：汴水至中牟縣北入黃河。睢水一在開封府陳留縣，經睢州寧陵縣；一在歸德府夏邑縣，經永城縣至鳳陽府宿州，皆流入泗。今二入泗，一入淮，二水皆豫、徐之水，去兗尚遠。經所謂灉乃河之別流兗州者，政如沱、潛二水，或出荊，或出梁也。鄭曉曰：沱、潛、灉、沮，乃江、漢、河、濟支流。兗多灉，豫多沮，梁多沱，荊多潛。

愚按：《爾雅·釋名》：灉反入。反入者，河決出復還入也。《兗州府志》：灉河在曹州東南二十五里。或云即黃水。惟沮無考。《水經注》：濮陽城西南十五里有沮丘城。豈城以水得名歟？古河、濟支流當在曹、濮之間，自河遷濟伏，

今皆塞為平地，諸家多引汳、睢為言。夫兗與豫、徐接界，兗州之水流入豫、徐，此容有之。但經文之「沮」，本子余切，睢水之睢，乃許規切，音雖，漢高彭城之敗，睢水為之不流。音義既殊，津瀾互別。蔡《傳》引曾氏說，疑睢水即沮水，失考故耳。

**桑土既蠶，是降丘宅土。**

蔡《傳》：桑土，宜桑之土。既蠶，可以蠶桑也。蠶性惡濕，故水退而後可蠶。獨於兗言之者，兗地宜桑，後世之濮上桑間猶可驗也。孔《傳》：地高曰丘。大水去，民下丘居平土，就蠶桑。「降丘宅土」與「既蠶」連文，故知是就蠶桑也。《正義》：下丘居土，諸處皆然，獨於此言之者，鄭玄云：此州寡山而夾兩大流之間，其民尤困。水害既除，於是下丘居土，以其免於厄尤喜，故記之。

愚按：《詩譜》：衛地封域東及兗州桑土之野。孔穎達云：濮陽在濮水之地，今濮水在東昌府濮州。是為桑土。《濮州志》：兗之桑，濮為上。入其境，蔭蔽阡陌。王氏炎曰：今德、博、河間產絲最多，《漢志》稱齊人織作冰紈繡綺，冰謂布帛之細，其色鮮潔如冰也。號為冠帶衣履天下。其地宜桑可知。識之者，農桑衣食之本故也。

徐常吉曰：兗地多產土紬，疑是時有野蠶食桑而成繭者。桑土既蠶，則知水患之息，然後降丘宅土而為安居之計。若云蠶桑利興，則當言於降丘宅土之後，而不當言於降丘宅土之先矣。

**厥土黑墳，**音粉。**厥草惟繇，**音遙。**厥木惟條。**

蔡《傳》：墳，土脈墳起也，如《左傳》「祭之地，地墳」。馬融曰：有膏肥也。《方言》：青、幽之間，凡土高且大者謂之墳。繇，茂。條，長也。《正義》：九州惟兗、徐、揚言草木者，三州偏宜之也。兗宜草木，則地美矣，而田非上者，土下濕故爾。

陳氏大猷曰：兗、徐、揚居河、濟、江、淮下流，水未平則為下濕，於草木非宜；水既平則為沃衍，於草木尤宜，故惟三州言草木。

**厥田惟中下，厥賦貞，作十有三載乃同。**載，馬、鄭本作年。

田第六，賦第九。林氏曰：冀州之賦比九州最多，故為上上。兗州之賦比九州之賦最少，故言下下。蔡《傳》：貞，正也。兗賦最薄，言君天下以薄賦為正也。金氏履祥曰：貞字本「下下」字也。古篆凡重字者，或於上字下添「二」。兗賦下下，篆從「下二」，或誤作「正」，通為「貞」。蘇《傳》：貞，正也。隨田高下，

賦之正也。此州田中下，賦亦中下。按：中下是雍州之賦，九州賦為重出，此說非是。金氏說得之。蔡《傳》：兗當河下流之衝，水患雖平，而沮洳未盡去，土曠　按：兗州之境甚狹，不得云土曠。人稀，生理鮮少，必作治十有三載，然後賦法同於諸州。此為田賦言，故其文屬於「厥賦」之下。先儒以為禹治水所歷之年，非是。按《疏》云：作者役功作務，謂治水也。治水十三年，乃有賦法與他州同。朱子謂十三載通始治水八年言之。此州水平後於他州五年，蓋亦用二孔氏說。蔡《傳》主耕作言，為是。鄭曉曰：以人事言，生聚以十年而復；以天時言，氣化以一紀而周。今猶緩之，至十又三年而後取。

朱氏震曰：貞者，隨所卜而後定之名也。兗地最卑狹，水患雖平，盈虛未卜，故必作十有三載，歷歷試之。《史記》：太陰《正義》曰：歲後二辰為太陰。在子，旱，明歲美；至卯，穰，明歲衰惡；至午，旱，明歲美；至酉，穰，明歲衰惡。蓋歷十二辰而豐儉可定，始可得其大同之法也。按《洪範》曰：貞曰悔。又《國語》：貞於陽卜。貞作卜解，其義本此。

**厥貢漆絲，厥篚織文。**篚，《漢書》作棐。

孔《傳》：兗地宜漆林，又宜蠶桑。按《衛風》：「椅桐梓漆」，又「抱布貿絲」，可證漆絲兗為良。織文，錦綺之屬，盛之筐篚而貢焉。《正義》：鄭玄云：貢者，百功之府受而藏之，其實於篚者，入於女工，故以貢篚別之。漢世陳留、襄邑置三服官，使制作衣服，是兗州綾錦美也。蔡《傳》：織文，織而有文，以非一色，故以織文總之。

《九州要記》：睢、渙之間出文章，《水經注》：睢、渙二水出渹蕩渠。《述異記》：睢、渙二水波文皆若五色，一名繢水。天子郊廟御服出焉，所謂「厥篚織文」也。

呂氏祖謙曰：八州之貢，皆衣服器用之物，所謂惟正之供。林氏曰：八州所貢，兗、雍最寡，荊、揚最多。

徐氏常吉曰：《周禮》太宰九貢，一曰祀貢，菁茅是也；二曰嬪貢，絲枲是也；三曰器貢，浮磬是也；四曰幣貢，瑤琨、皮革是也；五曰材貢，杶、栝、栢、篠簜是也；六曰貨貢，龜貝、金珠是也；七曰服貢，絺紵、織文是也；八曰斿貢，羽毛是也；九曰物貢，魚鹽、橘柚是也。

**浮於濟、漯，達於河。**《韻會》：漯字本作濕，或省作㳻。後以濕為乾溼之溼，而漯又轉為漯字。

濟，詳青州及導水。《漢·地理志》：漯水出東郡東武陽縣　今東昌府朝城縣。東北，至千乘入海，過郡三，東郡、平原、千乘，行千二十里。《水經》：浮

水故瀆東北入東武陽東入河，漯水出焉。按酈道元云：漯水上承河水於武陽縣東南。浮水在頓丘縣南，一名繁淵，即澶淵。班《志》：趙南至浮水、繁陽。即此。漯水東北徑千乘縣，又東北為馬常坈，按《玉篇》：坈字，而勇切，地名也。此當是藪澤之名。亂河枝流而入於海。《史記正義》：濟、漯二水上承黃河，並淄、青之北，流入海，在齊西北界。一云在今青州府博興縣入海。

愚按：近說濟南入於河，漯支分於河，或浮濟，或浮漯，各從其便。夫所謂南入河者，以南溢之滎言也。滎澤在豫州，若兗州之貢，必假貢於豫，則入豫州之南河矣。濟水出陶丘而北，即經流兗境。雷澤，濟之鍾也；沮水，濟之別也。至壽張而合汶，至歷下而合濼。今兗、兗州府。濟　濟南府。以北皆濟水也，安在必南溢之滎為可達河耶？古時濟、漯通流，漢以後遂不相屬。孔《疏》云：從漯入濟，自濟入河。與經文所次水道不合，當是從濟入漯，從漯入河。鄭端簡亦云：舊作二道者，非是。黃度曰：《孟子》：禹疏九河，瀹濟、漯而注之海。《史記》：河至大伾，禹以河從來高，湍悍難行平地，廝二渠引河北，載之高地。其言最精確。二渠，濟、漯也。濟通滎、濮、鉅野，旁連菏、孟，為淳涵游緩之勢；漯行魏、博、淄、齊間，透迤千餘里乃入海，皆所以殺河暴怒，然後得引而載之高地也。孟康謂二渠，一漯，一出貝丘西南折，王莽時空，世稱王莽河者，非也。王莽乃是秦、漢間河瀆，自周河徙，故瀆難憑矣。又曰：河過洛、汭，勢當就卑，禹既疏濟，然後引河而東；過大伾，又當就卑，禹又疏漯，然後引河而北，於是河行漳、洚，瀆合滹沱、滱、易，以入海，所謂不逆地防，附屬孫順者也。鄭樵曰：史遷《河渠書》廝為二渠，復禹舊跡，是以二渠出於禹。及考之《禹貢》，河自龍門至於大陸，皆為一流。至秦決魏郡，始有二流。子長之論蓋誤，指秦時所決之渠以為禹跡也。按：此說與黃氏不同，並存待考。王樵曰：《史記》：禹灑二渠引河，其一漯也。《史記注》：自武陽縣東引河入漯水，東北流，至千乘入海。西漢末，河並行漯川，其後河徙而漯亦不復存。或曰：漯即濟水泛濫，湍漯無涯，因名曰漯。二水東北與汶合流而入於海。

愚按：應劭謂漯水入海千乘，河盛則通津委海，耗則微涓絕流，蓋此水固與河相盈涸也。《圖經》載漯河發源頓丘，出東武陽，至博平境，今屬東昌。與《地志》《水經》俱合。《地志》又引桑欽云：漯水出高唐。今東昌府高唐州。酈道元曰：按竹書《穆天子傳》，天子自五鹿　《一統志》：五鹿墟在大名府城東，晉文公受塊處。東征，釣於漯水。尋其沿歷不得，近出高唐，疑桑氏失實。然《水經》本言漯水東北徑高唐縣東漯陰縣　從志屬平原郡。北，不云發源高唐也。黃

度曰：高唐，今濟南禹城。河自朝城東出，行四百里始至禹城。漯乃導源於此，蓋本漯出高唐語而失之。今故道難詳。《東昌志》：漯河在高唐西二里。《一統志》：漯河在章丘縣 今屬濟南，春秋屬高唐。東北七里，西北流入小清河。小清河，一名濼水，即濟之伏流。蓋亦略得其彷彿。宋程氏謂出東武陽者，乃漢河，與漯殊異。羅泌又謂漯是濟脈，至東武陽入河。皆不知何據而云也。

《唐書》：高宗以濟、漯不屬，疑《禹貢》所記非實。許敬宗曰：禹導沇水，東流為濟，入於河。今濟至溫而入河，水自此伏流，過河而南出為滎，又伏而至曹、濮，散出於地，合而東，汶水自南入焉，所謂溢為滎；東出於陶丘北，又東會於汶也。古者五行皆有官，水官不失職，則能辨味與色，潛而出，合而分，皆能識之。《書》又言浮汶達濟，不言合漯，漯自東武陽至千乘入海也。

禹貢長箋卷二

# 禹貢長箋卷三

海岱惟青州。

《爾雅》：齊曰營州，郭璞注：自岱東至海。即青州。孔《傳》：東北據海，蔡《傳》作「至海」。西南距岱。《正義》：海非可越而言據者，東萊東境浮海，入海曲之間，青州之境。非至海畔而已。漢末公孫度竊據遼東，自號青州刺史，越海收東萊諸郡。按《通鑒》：董卓以公孫度為遼東太守，度越海收東萊諸縣，置營州刺史，自稱遼東侯、平州牧。與此所引小異。堯時青州當跨海而有遼東，舜分青州為營州，即遼東也。《風俗通》：泰山曰岱宗，為五岳長。王者受命，恒封禪之。《史記》：泰山之陽則魯，其陰則齊。泰山在今濟南府泰安州。《山海經注》：從山下至頂，四十八里三百步。金氏履祥曰：青州於中國為正東，故名從東方之色。岱起東方，為中國水口，表鎮連延而生諸山，北即原山，汶水出其西，淄水出其東；東即蒙、艾，為沂水諸源。又東濰山，濰水所出，西南即泗水所出。熊氏禾曰：遼東、朝鮮等處皆青州境，此主孔氏說。朝鮮應屬冀州。其地曠隔，故分為營州。青、齊乃東方形勝要害之地，世號東西秦。秦得百二，齊得十二，蓋可見矣。程大昌曰：百二言苟得百人，則其力倍之，如二百人也，十二亦然。蘇秦謂齊南有泰山，東有琅琊，山在諸城縣東南百四十里，東枕大海。西有清河，《水經》：淇水自館陶東北過廣宗縣，東為清河，漢因置清河郡。北有渤海，四塞之國也。膏壤二千里，兼鑄山煮海之利，故春秋戰國時富強甲天下。

王樵曰：古青州之境，先儒皆以為越海而有遼東，然稽之於經，青州貢道自汶達濟，別無海外貢道，而冀州「島夷皮服，夾右碣石入於河」，正遼東入冀之貢道，乃青州北境所至之海也，則遼東屬冀，非屬青。營自冀而分，非青

之所分也。又曰：中國疆界，固有非至海畔而止者，如珠厓在大海中自為一隅而屬於嶺南。然雖越海而土俗相接，又他無可附。若遼東，則固中國之東壤耳，豈有不屬接壤之冀而遙屬隔海之青乎？蔡仲默於冀州傳中引程氏云：冀之東北境，則漢遼東西右北平是矣。於《舜典》傳中乃仍用孔氏之說，至此易據為至而不明其故，是尚無歸一也。

愚按：周並營州於幽州，《職方氏》：其澤藪貕養，其浸菑時。鄭康成《注》：皆在青州域內。則周之幽州，半得青州故壤。又《爾雅》：名青州，曰營州。馬融云：舜以燕、齊遼遠，分燕置幽州，分齊置營州。亦同孔氏之說。然以經文貢道考之，誠如王方麓所疑，豈遼東屬青乃商、周以後之制，禹時則不然耶？更考　明初遼東鎮原附山東，後改隸京師。《齊乘》，青州東北跨海，跨小海也。本名渤海，亦謂之渤澥，海別枝名也。自平州碣石南至登州沙門島，是為渤海之口，闊五百里，西入直沽，幾千里焉。漢王橫乃謂九河之地淪為小海，然則唐、虞之時，青州跨海者，跨何海耶？蔡氏《書傳》、金履祥《通鑑前編》皆祖橫說，又謂小海所淪，青、兗北境，悉非全壤。豈二州北境有荒漠棄地為海所漂沒，而歷代信史不之書耶？無是理也。《青州府志》：今青州府諸城縣東南近海，太公賜履，東至於海是也。樂安、壽光　漢北海郡治。北岸海，則《漢書》所謂北海也。古稱小海，即渤海。

愚按：《志》稱沙門島，大海以西皆為青州北海。今青州，古北海；濟南、河間，古渤海，地名分而海則一。孔《傳》所云東北據海者，此也。永平府南至海岸一百六十里，即此海。其登、萊之海在正東，又非《禹貢》所表識。

班固配十二次，自須女八度至危十五度為玄枵之次，費直起女六度，蔡邕起女二度。玄枵，一名天黿。《爾雅》：玄枵，虛也。於辰在子，齊之分野。《左傳》：鄭裨竈謂歲在顓頊之虛，姜氏、任氏實據其地，是玄枵為齊分星也。《天官書》：平旦建者魁。魁，海岱以東北。《晉·天文志》：虛、危，齊、青州。齊國入虛六度，北海入虛九度，平原入危十一度，菑川入危十四度。

《周·職方氏》：正東曰青州，其山鎮曰沂山，其澤藪曰望諸，其川淮、泗，其浸沂、沭。周青州實《禹貢》徐州。《通典》：青州之界，從岱山東歷密州，東北歷海曲、萊州，越海分遼東、樂浪、三韓之地，西抵遼水也。周以徐州合青州，其土益大。秦置郡，為徐郡、琅琊之東境。遼東，漢武置十三州，為青州。後漢、晉、魏因之。《漢·地理志》：周成王時，薄姑氏與四國共作亂。成王滅之，以封師尚父。《詩·風》齊國是也。顏師古曰：武王封太

公於齊，未得薄姑之地，成王以益之也。薄姑，《左傳》作蒲姑。太公四世孫胡公自營丘徙都之。薄姑，今博興縣。營丘，今樂昌縣。俱屬青州府。齊地東有淄川、東萊、琅琊、高密、膠東，南有泰山、城陽，北有千乘、清河以南渤海之高樂、高城、重合、陽信，西有濟南、平原，皆齊分，臨淄、本名營丘，齊都。海岱之間一都會也。

《後漢·郡國志》：青州刺史　治臨淄。部郡國六：濟南、平原、樂安、故千乘郡，和帝改。北海、東萊、齊國。《通考》：漢時為郡國十二，郡則北海、濟南、文帝時為國，後復。齊、琅琊、東境是。東萊、遼東、樂浪、玄菟，國則高密、文帝別為膠西國，宣帝更為高密。膠東、淄川、城陽。城陽國治莒，光武合為琅琊國，移治開陽。又合菑川、高密、膠東三國，屬北海。《唐·地理志》：河南道，古青州域。青、北海。淄、淄川析齊州置。密、高密，今諸城縣。登、東牟析萊州置。萊、東萊。齊　濟南。為玄枵分；河北道則安東府。《宋史》：京東東路府一，曰濟南；州六，曰青、淄、濰、萊、登、密。《通考》：宋分青州為青、冀二州。青領郡九，理臨淄；冀領郡九，理歷城。《明·一統志》：古青州，今山東省青州、秦置齊郡，漢分置北海郡，東漢為齊、北海、樂安三國地，晉為北海、樂安二國地，隋、唐曰青州，宋為鎮海軍，元改益都路。其地憑負山海東道之雄。登州、古斟尋國，春秋牟子國，秦屬齊郡，漢屬東郡，後魏析為東萊郡，隋置牟州，唐改登州，元屬益都。其地三面阻海，惟西南一路接萊州府城北。萊州　春秋萊子國，秦屬齊郡，漢置東萊郡，北魏曰光州，隋、唐曰萊州。其地東亙羅山，西阻濰水，南距神山，北鎮渤海。三府，其濟南府則兗、青二州域，歷城、章丘、鄒平、淄川、長山、新城、濟東、濟陽，屬青州。遼東都司則冀、青二州域。舜分青東北為營州，秦以營州為遼東郡，今廣寧以東是。鄭曉曰：遼水以東遼陽一路是。

　　愚按：古稱三齊者，右即墨、中臨淄、左平陸。《史記注》：平陸，兗州縣，在大梁東界。青、齊之險在於廣固，曹嶷所築，劉裕滅南燕，夷其城。南有大峴足恃，在臨朐。故潘聰勸慕容德都之。然地雖稱四塞，而非用武之國。帝王之興，未嘗由此。宋時海中諸夷朝貢，皆道登、萊，嘗宿重兵習水戰，為京東屏捍，明猶置備倭都司焉。

　　**嵎夷既略，**嵎夷，《史記》作禺銕。嵎，《說文》作堣。

　　嵎夷，見《堯典》。蔡《傳》：今登州之地。《齊乘》：即寧海州寧海，唐牟平也。略，經略為之封畛也。封畛，謂封植以定界，開畛以墾田。孔氏：用功少曰略。非。

　　楊慎曰：《左傳》：天子經略。《注》：聚土為封曰略。經是巡行，略是邊界。既略，謂立邊防以界嵎夷。魏了翁曰：略字從田從各，謂有界限分明，

正天子經略之事也。孟子云：此其大略。略字本借言，謂得其邊而未盡其中。

王樵曰：他州皆先水後土，此以嵎夷為青州邊界之地，無與於濰、淄，故先言之。

**濰、淄其道。** 濰，《漢書》作惟。淄，《漢書》作甾。

《漢·地理志》：濰水出琅邪郡箕縣 今青州府莒州。箕屋山，《括地志》：密州莒縣山，濰水所出。北至北海郡都昌縣 今萊州府昌邑縣。入海，過郡三：北海、琅邪、高密。行五百三十里。《齊乘》《漢志》，濰或作淮，故俗亦名淮河。《水經注》：濰水導源濰山東北，徑昌安縣東，左合汶，此東汶也。又東北徑下密縣 今萊州府濰縣。西、都昌縣東入海。《青州府志》：濰水東北徑諸城、高密，又西北至安丘，合汶水，北至昌邑入於海。《漢·地理志》：淄水出泰山郡萊蕪縣 今屬濟南府，春秋夾谷地。原山，《括地志》：淄州淄川縣東北原山，淄水所出。《一統志》：原山在萊蕪縣東五十里，連淄川縣界。東北至千乘博昌縣 今青州府博興縣。入濟。《山東通志》：淄水流徑臨淄、益都、壽光界，入濟水。《水經注》：淄水出原山，世謂之原泉。東北徑廣饒縣，今青州府樂安縣。南入馬車瀆，《齊乘》：清水泊北出為馬車瀆，今高家港也。亂流至琅槐入海。

愚按：濰在東南，淄在西北。《水經》：濰水出箕縣濰山。《說文》：出箕屋山。《淮南子》：出覆舟山。實一山也，在今莒州西北九十里。淄水多伏流，色黑，考《齊乘》，出益都縣東南二十五里岳陽山東麓。古萊蕪縣岳陽，即原山。《地志》云入濟，《近志》皆然，《水經》獨云入海，蓋馬車瀆以下乃濟水入海處，淄水入海之道與濟水正同，非《經》《志》互有齟齬也。或疑淄若入濟，貢道何不由之，而以班《志》為誤？特未深考耳。蔡《傳》此云入濟，下又云入海，宜定從一。蔡《傳》上文言「既道」，禹為之道也；此言「其道」，泛濫既去，水循其道也。

鄭曉曰：青西南雖距岱而無羣山之險，故嵎夷略而琅邪左右皆樂土；東北雖至海而非眾流之衝，故濰、淄道而濟、汶上下皆安流。

**厥土白墳，海濱廣斥。** 斥，《漢書》作潟。

《說文》：東方謂之斥，西方謂之鹵。斥鹵，鹹地。《正義》：海畔迴闊，地皆斥鹵，故曰廣斥。言水害除，復舊性也。林氏之奇曰：此州之土有二種，平地之土色白而性墳，海濱之土彌望皆斥鹵。金氏履祥曰：斥鹵可煮為鹽，故齊有魚鹽之利。今登州千里長沙是其地。

茅瑞徵曰：州境瀕海者三，青土獨舉海濱，以鹽利所開誌其始。

**厥田惟上下，厥賦中上。**

田第三，賦第四。

**厥貢鹽絺，海物惟錯。岱畎、絲、枲、鉛、松、怪石，萊夷作牧，厥篚檿絲。**

《管子》：齊有渠展 地名。之鹽，燕有遼東之煮。顏師古曰：古夙沙氏初煮海為鹽，其後又出河東太鹵、臨卭火井，今則處處有之。

愚按：鹽之名見於經始此，然禹時貢上資食用而已，未以為利也。太公通魚鹽之利，亦以為民用之，富國起於管子。至漢武專置鹽官，行禁榷之令，而其利遂日盛矣。

《小爾雅》：葛之精者曰絺，粗曰綌。蔡《傳》：海物非一種，故曰錯。秦繼宗曰：錯與「上上錯」之「錯」同。海物不可常得，故錯雜於鹽絺之間而間一貢之。畎，谷也。岱畎，岱山之谷也。下五者，皆岱谷所產。《說文》：枲，麻子也。《廣韻》：麻有子曰枲，無子曰苴。《圖經本草》：麻子績其皮以為布。《鹽鐵論》：古者老而衣絲，其餘則麻枲而已，故命曰布衣，其後乃絲裏枲表。《說文》：鉛，青金也。古稱黑錫。孔《傳》：怪石，好石似玉。徐常吉曰：即今萊州溫石之類。林氏之奇曰：怪石之貢，意必須之為器用之飾，非以為玩好也。蔡《傳》：萊夷，萊山之夷。萊山在登州府黃縣。齊有萊侯、萊人，《左傳》：夾谷之會，萊人以兵劫魯侯。今萊州之地。作牧，言可放牧。夷人以畜牧為生也。孫氏曰：作，耕作；牧，放牧。當是二義。《爾雅注》：檿似桑。《說文》：檿，山桑有點文者，材中作弓及車轅。孔《傳》：檿桑蠶絲，中琴瑟弦。蘇《傳》：惟東萊有此絲，以之為繒，其堅韌異常，萊人謂之山繭。《山東志》：檿絲出棲霞縣，青、萊亦有之。繭生山桑，不浴不飼，居民取之製為紬。因萊夷作牧而後有此，故書篚在牧之後。姚舜牧曰：朱子謂青州萊夷間於貢篚之間，意時貢土物以見來王之意。解者因謂萊夷放牧處出山桑之絲，遂以篚貢。愚竊以為未然。九州自梁、雍之外，未有貢而無篚者，未聞所篚必出於夷也。篚雖亦貢物，特女工所入，故別之。若萊夷作牧，當是萊夷所作，惟牧其所貢必即所牧耳，此與徐、淮夷「蠙珠暨魚」所貢必珠與魚，揚「島夷卉服」所貢必卉服無二，可以徐之「玄纖縞」，即為淮夷之篚貢耶？可以揚之織貝，即為淮夷之篚貢耶？然則可以青之檿絲，即為萊夷之篚貢耶？聞山東至今尚貢馬，當是作牧遺意。若謂惟東萊為有此絲，亦必青州取以充貢，決非萊夷之篚貢也。蔡氏元定曰：貢物不以精麤為序，而以多寡為序。青州鹽居多，故序於先，他仿此。

　　愚按：凡物之產遷於其地而弗為良，故必謹志所出，不責之以所無也。史稱齊地饒魚鹽，其俗侈織，作冰紈綺繡，故青州之貢較他州特繁。乃今者海錯盛於嶺、粵而海岱則微，鹽利廣於淮、滄而青、齊不逮，絲枲不及三吳，文石僅稱徐、碭，豈山川物力亦因時而衰旺歟？抑三代以後，人情競勝，所在搜奇，而貢額亦絕異也？

### 浮於汶，達於濟。

　　《漢・地理志》：汶水出泰山郡萊蕪縣原山，西南入濟。蔡《傳》：入濟在鄆州中都縣。《水經》：汶水出萊蕪縣原山，西南過壽張縣 今兗州府壽張縣。北，又西南至安民亭，亭北對安民山，今曰安山。入於濟。經泰山郡魯、東平二國。濟水至乘氏 《一統志》：漢乘氏縣故城在巨野縣西南五十里。分為二，其東北流者，過壽張西界安民亭南，汶水東北來注之，又東北至博昌樂安縣，南入於海。今名大清河。古濟，今汶。王樵曰：濰、淄二水不通河。濰去汶遠，惟淄與汶俱出原山，而貢道由汶者入濟故也。蔡《傳》：淄水出原山之陰，東北入海。汶水出原山之陽，西南入濟。胡瓚曰：今張秋北有鹽河，即大清河。通會城，是浮汶故道。《齊乘》：入濟之汶，見《禹貢》。北汶在汶上縣北。入濰之汶，見《漢志》。東汶。入沂之汶，見《水經》。《水經》：沂水注叟崑水，二源雙會，東導一川，俗謂汶水。東徑蒙陰城陽，流入沂。齊有三汶，清河為大。《述征記》：泰山郡水皆名汶，有嬴汶、柴汶、牟汶、浯汶，皆源別流同，又在三汶之外。又曰：《水經注》：濟枯渠注鉅野澤，澤北則清水。濟瀆南被孟豬，北注鉅野。王莽時枯竭，故曰「濟枯渠注鉅野」。濟水，又北汶水注之，戴延之所謂清口也。自鉅野北出，至四瀆津與河合流。四瀆津在高唐西南。鉅野，今梁山泊也。北出為清河，古自壽張合汶水，汶水至東平 今兗州府東平州。城南，其西即安山閘。閘下清口有古安民亭遺址，清濟與汶合處。今聞清水南導任城，今濟寧州。則清濟不入汶，汶自行古清河矣。

　　愚按：《禹貢》汶水出萊蕪入濟，酈道元云：汶水自桃鄉四分其派，別之處謂之四汶口；又西南合為一，所謂北汶也；又《地志》：汶水出琅琊朱虛縣 今青州府臨朐縣。東泰山，《一統志》：臨朐縣沂山，亦名東泰山。東至安丘入濰，所謂東汶也。董氏曰：出萊蕪者，今須城之汶是；出朱虛者，今濰之東南有大汶、小汶是。《論語》之汶上，當是北汶。蓋汶在濟南魯北，閔子云「必在汶上」者，欲北如齊也。又按：今大清河，即濟水故瀆，古時挾汶入海。《水經》：入海在樂安。《山海經》亦云濟水絕鉅野，注渤海，在琅槐東北。應劭曰：博昌東北八十里有琅槐鄉，故縣也，為今青州府界。而各志俱云濟河故道經濟陽、齊東、武定、

青城、濱州、蒲臺、利津入海，皆濟南屬邑，與古經不合，當更考。今小清河即濼水，發源濟南趵　音剝。突諸泉，《水經注》：濼水出歷城，北流注濟，謂之濼口。泉源上奮，水湧若輪。本濟水伏流，北出為大明湖，河在濟南府城內，周十餘里。與大清河合，今下濼堰，濼水舊入濟處，堰南即小清河。東徑章丘，會漯河，又東徑鄒平、長山、新城，俱屬濟南。又東徑高苑，入博興樂安界，俱屬青州。合烏河，《齊乘》云：即時水，蓋伏淄所發。北至馬車瀆，入海。或云古濼水自華不注　在濟南府城東南。東北入為大清河，偽齊劉豫導之東行，始為小清河云。考《近志》，汶源有三，一出泰山之陰仙臺嶺，一出萊蕪原山之陽，一出萊蕪寨子村。會泰山諸泉，至泰安州靜封鎮合為一，謂之大汶口。西南流，與徂徠山陽小汶水合，經寧陽縣西北分為二，其一由堽城　疑即漢岡縣。《地志》屬泰山郡。南流，別為洸水，《水經注》：洸水出東平，上承汶水於岡縣西。經嶧陽、濟寧境；其一由堽城西流，至東平州東五十里會坎河諸水，入大清河，由東阿而北，至利津入海。至利津富國鹽場入海。此故道也。自元人於寧陽縣東築堽城壩以遏其入洸之流，明初又於東平州東築戴村壩以遏其入海之路，於是全流盡入運河，而入海之道多塞。其汶水既入運河者，又從張秋分流，復由故道會諸州縣溝泉之水，合小清河，東北注海。

《山東通志》：宋初都汴，京東之粟　濰、密以西州郡是。歷曹、濟及鄆入五文渠，在魚臺縣。至京師。元初開濟州新河，由大清、利津諸河入海，由海道至直沽。既而海口沙塞，復從東阿、陸挽至臨清入御河。元初之漕，沂河至中灤，陸運至淇門，復由衛河以達京師。中灤，在封丘縣西南，舊黃河北岸。淇門，在濬縣西南，即古枋頭。又開膠萊新河，以其自膠抵萊，故名膠萊。以通海道。其後開會通河，自濟寧直達臨清，水運四百里。然河渠淺澀，舟不負重，歲運不過數十萬石。終元之世，海運不能廢也。明初，給餉遼卒，海運如故。永樂都北，亦嘗行之。其後復濬會通河，於是漕利通而海運罷，膠萊故道，亦遂湮廢。

《東阿志》：杜佑言今東平、濟南界中有水流入海，謂之清河，實菏澤、汶水合流，因舊名稱濟，非濟水也。漢以後汶所由道，則自岡城西南流至汶上之北四汶口，又西北流過東阿縣西，又東北流五百里入於海。其後元人開濟州河渠遏汶入洸，至任城會源閘而分。今濟寧天井閘。會源閘之水分而北流者，至須城之安民山入清濟故瀆以通海運。未幾，開會通河，自安民山達臨清，而汶水始會於漳，在東昌府。不由濟瀆入海，故元初海運謂之引汶入濟。濟者，濟故道也。其後開會通謂之引汶絕濟。絕者，濟為漕河所遏，不得東也，而大清河

至是不謂之濟而謂之汶矣。及考今河流,其源出東平北蘆山之陽,謂之蘆泉,西南流徑東平城北,坎河水南來會之。坎河者,汶下流也。明初,於坎河之南築戴村壩,遏汶水北流之道,使南入於運。然每秋水泛溢,決戴村壩而西至東平城南,又折而西北,入大清河。至魚山 在東阿縣安山東。南麗家口,小鹽河水西來注之。小鹽河者,運河所出,汶支流也。汶水由戴村壩南流,徑汶上之北,至南旺而分。其分而北者,由沙灣五空橋泄之,而東至麗家口大清河。大清河又北徑魚山西,龍溪水南來注之。又東北入平陰境,又東北由長清、齊河過濟南之北,至利津入海也。春夏旱暵,坎河水西來者少,則蘆泉諸水獨行大清之渠,以會沙灣諸流,故今所謂大清河者,第得汶之首尾,而實以東平諸泉由濟故瀆入海,蓋亦不得專謂之汶矣。海上鹽舟至濼口,由大清河而上,南至東平,西至張秋,故大清謂之鹽河。

　于慎行曰:汶水由東平北流,合北濟故瀆以入於海;泗水由曲阜南流,合南濟故瀆以入於淮,此《水經》故道也。自元憲宗七年,宋理宗季年。濟倅畢輔國始於堽,城之左作斗門遏汶流,至任城入泗,以餉宿蘄戍邊之眾,謂之引汶入濟,此堽城壩所由始也。世祖至元二十年,以江淮水運不通,自任城開渠,達於安山,凡百五十里。為一閘;於奉符 即堽城壩。以導汶水入洸,為一閘;於兗州 即金口壩。以遏泗水,會洸合而至任城,會源閘南北分流,此天井閘所由始也。二十六年,用壽張尹韓仲暉言,復自安山西南開河,由壽張西北至東昌、臨清,直屬、御漳。凡二百五十里,建閘三十有一。謂之引汶絕濟,此會通河所由始也。明初,河決原武,會通河塞。永樂九年,命尚書宋理等濬其故道,遏汶水全流,南出汶水之西,築壩於東平戴村,橫亙五里。入於南旺,南旺最為高阜而河身跨焉,在汶上縣西三十里,濟寧州北八十里。分而為二,六分北流以達御漳,入海。四分南流以接沂、泗,入淮。此南旺所由分也。比舊河北徙幾二十里,又於戴村北留坎河口,溢則決之以入海,涸則塞之以濟運,由是汶水不復入洸,而會通河復矣。然當會通初開,未受河患,安流者百年。至正統、景泰以後,河往往決祥符、黃陵諸口,橫貫張秋運渠,東流入海,而運受河患於北,於是徐有貞、劉大夏相繼治之,此張秋決河所由平也。正德、嘉靖以後,往往決曹、單諸口,直貫魚臺塌場口,東南入淮,而運受河患於南,於是盛應期、朱衡相繼治之,遂於昭陽湖東岸 夏鎮至留城。開渠百四十里以避河水之險,而運道始安,此夏鎮新河所由成也。總之,漕在東省出入郡境,十居其七,而沂、泗、汶、洸諸水 汶之支為洸,泗之合為沂。挾百八十泉之流,互相輸轉,以入於運。自金口堰修,而泗水盡入於漕;

戴村堰修，而汶水盡入於漕。張秋功成而河之北決塞，夏鎮功成而河之南道徙，故漕之利在汶與泗，其要害在河。

茅瑞徵曰：汶水西流，其勢甚大，而元人於濟寧分水，遏汶於堽城，非其地矣。每遇水發，西奔坎河，洸流益微，運道或壅，故元時會通歲漕不過數十萬。至明朝，於戴村遏汶，南旺分水，而汶始以全流濟運矣。此用老人白瑛計。《兗州府志》：臨清而北，衛水之流盛；徐沛而南，河水之流盛。惟自臨清南歷張秋、南旺、濟寧，以至茶城，數百里賴汶、泗、沂、洸諸泉之水以濟。程敏政曰：泗、沂、洸、汶之水畢會於濟寧而分流於南北。

王樵曰：今漕輓之道，南自淮陰，北抵海口，計三千餘里，而山東泉水之通運河者，不過汶、泗諸流。當河之未南徙也，以汶、泗諸流濟三千餘里而未嘗不足；及河之決而入運河也，不憂其泛濫，則虞其淤塞，雖有山東諸泉，不復為運河之利，何也？蓋黃河未來，運道命脈全賴諸泉，故當時建閘築堰以節宣之，尺寸之水盡為漕用。黃河既來，而運道不資於泉，故泉政日弛，泉流日微，或為豪強所侵，或為砂礫所塞，譬猶人身精神，愛養則常盈，耗散則隨竭，無足怪也。

明初，山東轉漕全倚汶水，濟運原不資於黃河。說者謂引黃濟漕，如延盜入室。正統中，河決滎陽，至陽谷入漕河，潰沙灣入海。景泰中，徐有貞塞治，乃分流自蘭陽東至徐入漕河，以疏殺之，而河始合於漕。正德以後，黃流益盛，當其漫溢，濟、汶諸水皆從之入海，而會通輒水衝沙閼，於是治運難而治河益難矣。先時，自淮達濟，廣置諸防政，恐黃河衝入為害。今徐、洪以下，反專恃河為運。及水不至，則開濬以引之，挑淺築堤，歲無寧日。嗚呼！可無長策哉？輯諸家說。

禹貢長箋卷三

# 禹貢長箋卷四

海岱及淮惟徐州。

　　《爾雅》：濟東曰徐州。郭璞《注》：自濟東至海。孔《傳》：東至海，北至岱，南及淮。蔡《傳》：徐州之域，西不言濟者，岱之陽，濟東為徐；岱之北，濟東為青。言濟不足以辨，故略之。《爾雅》濟東曰徐州者，商無青，並青於徐也。《周禮》正東曰青州者，周無徐，並徐於青也。林氏之奇曰：一州之境，必有四至。七州皆有二至，蓋以鄰州互見。此獨識其三邊者，嫌同於青、揚。

　　熊氏禾曰：徐州沂、泗諸水在其前，冀東兗、豫之地皆可接。引而在懷抱拱揖之內，亦東方一形勝也。徐即魯境，地連淮海東夷。其俗有二，曲阜、沂、泗，則文雅禮義之邦，而彭城則其俗雄傑鷙悍。淮夷、徐戎皆在其地。文穎曰：彭城，故東楚也。項羽都之，謂之西楚。

　　愚按：禹時淮北為徐州，淮南為揚州。周淮北為青州，春秋時，淮北為魯、為齊、為宋，南為吳，故晉欲通吳，必假道宋之彭城。後楚破越，東侵泗上，盡取故吳地，而淮南地皆為楚矣。晉分淮北為北徐州，淮南為南徐州。

　　班固配十二次，自奎五度至胃六度為降婁之次，費直起奎六度，蔡邕起奎八度。《爾雅》：降婁，奎婁也。於辰在戌，魯之分野，《左傳》昭七年四月，日食於豕韋之末、降婁之初。士文伯以為魯、衛之惡。衛，豕韋也；魯，降婁也。周四月，今二月，日在降婁。屬徐州。《春秋元命苞》：天氏星主司弓弩，流為徐州，別為魯國。《廣雅》：北斗七星，四為權。權為徐、揚州。《晉·天文志》：奎婁、胃，魯徐州。東海入奎一度，琅琊入奎六度，高密入婁一度，城陽入婁九度，膠東入胃一度。《詩譜》：魯封域在《禹貢》徐州大野、蒙羽之野，宋封域在徐州泗濱西及豫州孟豬之野。《通典》：

徐州，魯其分野，兼得宋、齊、吳之交。秦置郡，此為泗水、琅琊之西境薛郡。漢又加置東海郡，武帝置十三州，復以其地為徐州。後漢因之。《漢·地理志》：魯地東至東海，南有泗水，至淮，得臨淮之下相、睢陵、僮、取慮，音趣閭。皆魯分。地狹民眾，頗有桑麻之業，無林澤之饒。宋地，今之沛、梁、楚、山陽、濟陰、東平及東郡之須昌、壽張，皆宋分。內梁國應入豫州。志尺云：東平、須昌、壽張，皆在濟東，屬魯，非宋地也。濟陰、定陶，《詩·風》曹國也。宋至景公滅曹後五世，亦為齊、楚、魏所滅。齊得其濟陰、東平，楚得其沛。《史記》：自鴻溝以東、芒碭以北，屬鉅野，此梁、宋也。陶、睢陽，亦一都會也。《後漢·郡國志》：徐州刺史 治郯，今郯城。部郡國五：東海、琅琊、彭城、廣陵、下邳。《通考》：漢時為東海、臨淮、章帝併入下邳。山陽、魯郡，而琅琊郡、南境是。泰山郡、南境是。沛郡 東境是秦故泗水郡。附焉，國則楚、泗水。武帝分東海郡置。《唐·地理志》：河南道，古徐州域。宋、碭山、單父是。徐、彭城。宿、析徐、泗二州置。鄆、東平。曹 濟陰。為大火分；兗、魯郡。海、東海。沂、琅琊。泗 臨淮，本下邳郡。為降婁分；濠 鍾離。為星紀分。內宋、曹二州，《通典》入豫州。鄆州，《通典》入兗州。濠州，《通典》入揚州。《宋史》：京東東路則沂州、淮陽軍；京西西路則襄慶、本兗州。東平 本鄆州。二府，徐、單二州；淮南東路則宿、海、泗三州，漣水軍。今安東縣。《明·一統志》：古徐州為今南直隸徐州，春秋宋地，戰國屬楚，秦屬泗水郡，漢改沛郡，又分立楚國，置徐州，隋為彭城郡，唐置武寧軍節度，元屬歸德府。其地東接齊魯，南通江淮，西控梁宋，歷代重鎮。淮安府，春秋屬吳，後屬越，戰國屬楚，秦屬九江郡，漢屬臨淮郡及廣陵國，東漢屬廣陵郡下邳國，晉分廣陵置山陽郡，隋、唐曰楚州，南宋與金為界。其地控山阻海，江淮要衝。則徐、揚二州域；清河、安樂、桃源、沭陽、海州、贛榆、邳州、宿遷、睢寧，在淮北，屬徐州。山東兗州府，則兗、徐二州域。嶧陽、曲阜、寧陽、鄒縣、泗水、滕縣、城武、嶧縣、金鄉、魚臺、單縣、濟寧州嘉祥、鉅野、鄆城、曹州曹縣、定陶、沂州郯城、費縣，屬徐州。按：菏澤在豫州，《詩譜》：曹國在雷夏、菏澤之野。則曹縣、定陶等地應為兗、豫二州之域。鄭端簡云：曹州南境是徐州。鄭又以青州府之莒州、沂水、日照、安丘、諸城、蒙陰屬徐州。于慎行曰：余覽古圖經，北紀諸山負地絡之陰，並太行、王屋，東踰常山，至醫無閭而止；南紀諸山負地絡之陽，連桐栢、熊耳，入於甌越，江、淮、河、濟，東下如建瓴矣。岱宗獨立海上，西向而揖羣山，汶、洸、沂、泗出其支麓，旋之如帶，以入於海，其狀若負扆云。往河流燕、齊間，由岱之北挾濟入海，今徙徐，方顧反出岱岳，南挾淮入海，斯地道所由變遷也。

陳繼儒曰：唐一行云天下盡於南北兩戒，北有黃河，南有長江，夾中間大地曰中條。中條之西為豐鎬，上應太微垣，為天下之至險；豐鎬而東至洛邑，上應紫微垣，為天下之至中。文、武既都之，其中條黃河、長江夾至盡處，忽泰山插天截水，西向其左為河、濟入海之道，其右為江、淮入海之道，東魯政在江、河夾流中。周公又分封於此，蓋中條以豐鎬為首，洛陽為腹，青、徐為尾，而周公曉暢地脈，都收拾一家。厥後齊先滅，魯後亡，固見地脈弘遠。又生孔顏諸聖賢，為文教主，非果中條盡龍，何以有此？

愚按：徐州邊海，地在安東、贛榆之間，不甚延長，而汴、睢、汶、泗諸水合流，其境乃運道襟喉。彭城勢控南北，尤兵家攻守之地。章俊卿曰：禹別九州，其道里廣狹，全不相侔。濟、河、兗。淮、岱，徐。相去不能千里；荊、河 豫。千里而贏，海、岱 青。千里而縮。荊山、衡陽 荊。二千里，東海、西河 冀。二千里，壽春之淮、潮陽之海，揚。相去且五千里；龍門之黃河、燉煌之黑水，雍。相去以四千里。至華陽之黑水，梁。窮數千里而未知所經，是廣狹之殊也。或謂九州之內，品別墳壤，故道里無得而均。然荊、河、淮、濟之間，兗、徐、豫三州境。至不能當淮海一州之半，使三州壤別難並，揚州之大，獨不可得而釐耶？蓋九州之制，實仿井田之法。王圻居內，八州環拱，是同養公田之義也。故區別境壤，不因土宇之大小，惟據民田之多寡而均之耳。如荊、河、淮、濟之間，百舍坦夷，萬頃一瞬，而又當中原要區，民力修，地利盡，故徐、兗、豫境土最狹也。至淮、漢以南，揚、荊。函、劍以西，雍、梁。江湖環流，關嶺重複，又僻在遐阪，闊疎稼政，平地蓋寡，闢田甚難，故雍、梁最遼闊也。西漢去古未遠，方其極盛，天下戶口千二百餘萬，徐、兗、豫當五百五十萬，而荊、揚、雍、梁四州當三百萬戶，青、冀二州當三百五十萬戶。夫民非穀不生，穀非民不殖，推其戶口之數，足以見田疇之多寡。九州之別，惟民田是均，斷可識矣。

愚按：古時封建其疆域道里之數，亦當以井田為準，如周公封魯，《孟子》云百里，《明堂位》云七百里。所謂百里，蓋指鄭、鄙、郊、遂之地可建畮出賦者而言。如後世所云實封。魯地在泰山之陽，徂徠、梁父諸山皆居封域，濟、河環之。其井甸所出，固不能越百里而加贏也。若《明堂位》之七百里，則包丘陵、阪險，及附庸閒田在內。《王制》：名山大川不以封，而又有閒田以眡列侯之功罪而予奪之，《孟子》所謂「慶以地，讓以地」者是也。然其法止可行於中原博衍之區，至於交、益、甌、閩，地皆崇山巨浸，則載師所不能詳此。

禹服五千里之外，先王半棄之而為夷貊也歟？

### 淮、沂其乂，

曾氏曰：淮源出豫，至徐、揚之間始大，泛濫為患，尤在於徐，故淮之治，於此記之。《圖經》：淮河在淮安府治西南五里，自泗州龜山東北流，與汴河合，東北入海。《漢・地理志》：沂水出泰山郡蓋縣《一統志》：蓋城在青州府沂水縣西北七十里。臨樂山，南至下邳 今淮安府邳州。入泗，過郡三，泰山、琅邪、東海。行六百里。《水經注》：沂水出泰山蓋縣艾山。《兗州府志》：沂河出青州府蒙縣西北一百二十里艾山。《水經》：蓋縣艾山，即此南流至沂水縣城西。水有二源，南源所導謂之柞泉，北水所發謂之魚窮泉，俱東南流，合為一。又東南徑東莞，今青州府沂水縣。西與小沂水合；小沂水出黃孤山西南，流徑東莞，注沂。又東南徑蒙陰，今屬青州府。北與叟崮水 注見青州，所謂入沂之水也。合；又南過下邳縣，西南入於泗。《齊乘》：鄭康成謂沂水出沂山，今蒙縣東北，地名南河川。小阜下有狗泉，此沂源也。東南徑馬頭固，有泉東流與之合。北望沂山五十里，殊無別源，疑沂山水原古流，今竭耳。沂水南流至沂州 今屬兗州府。城東，又南分流，入三十六穴湖，東通沭 音術。水。沭水南至沭陽縣，又名漣水。《地理志》：沭水出琅邪東莞縣，南至下邳入泗水，經過都陽縣入沂。

愚按：《水經注》引鄭玄說，沂水出沂山，亦云臨樂山。《寰宇記》：艾山，一名臨樂山。名雖不同，本一山也。《一統志》云：艾山在邳州北百餘里，接沂水縣界，沂水所出。又云：沂水出沂水縣西北雕崖山，流經本縣南二里。豈雕崖即艾山別名歟？康成所云沂山，特謂沂水所出之山耳，而《齊乘》乃求之臨朐縣南之沂山，故疑沂山水源今竭，實未必然也。金氏履祥曰：徐之水以沂名者不一，其出今兗州泗水縣尼丘山，過魯城南入泗者，曾點浴沂之沂也；今海州沭陽縣有沂河口，《周禮》沂沭之沂也；出沂州新泰縣 今沂水縣。艾山，西南入泗者，最大，此《禹貢》之沂也。按：今沂水一出沂水縣艾山，會沂蒙諸泉，與沂山之汶合流，至邳入泗達淮，《地志》所謂出泰山蓋縣者是也；一出曲阜尼山東南六十里，西流至兗城，與泗合注濟寧，《水經注》所謂出尼丘、經雩壇者是也。其沭陽之沂，《一統志》不載，疑即艾山派耳？金氏分為三，恐非。蔡《傳》：徐之水有泗、有汶、有汴、有潻，《水經注》：潻水出東海合鄉縣西南，至胡陵縣入泗。今在沛縣東。而獨以淮、沂言者，《周・職方氏》：青州其川淮、泗，其浸沂、沭。周之青即禹之徐，則徐之川浸固莫大於淮、沂也。《周禮注》：水流而趨海者曰川，深積而成潤者曰浸。

《中都志》：淮水流懷遠縣東南，歷荊、塗二山硤間，淮出荊山之左、塗山之右。乃神禹所鑿，今兩崖石痕猶存，有巨石橫梗若門限，每冬水淺則見。梁武帝嘗於此立堰以灌壽陽。

徐州之水合於呂梁而入於淮，淮水北受泗、沂，本皆清流。若黃河入海於天津，汴河入海於樂安，與淮無與也。自沁河 在懷慶府城北，源出沁州。決斷黃河，黃河決斷汴河，從朱仙鎮 在開封府。東潰，南經留城，在沛縣。趨徐、邳，亂洸、汴，直下不復東流，乃徑決清河縣西而南入於淮以趨海，故直謂之黃河，非復泗、沂之舊。清河以東之淮，亦皆黃流，而支河反為主矣。至運河之水，必賴黃河，乃河水西入淮則勢分，而東流益緩，其力不能刷沙。關套所在淤積日甚，而尾閭幾於不泄，又黃水多發於四五月，鳳、泗水多發於七八月，河長潰淮，淮長亦潰河，此為交蝕之害。泗州河身高於運河丈許，自高趨下，其勢陡激，以區區漕渠為鳳、泗之歸宿。每崩，五壩、掃湖、頭嘴諸市而與淮一，此為泗河獨發之害。倘淮、黃併發，泗、沂、沁、汴諸流橫益滔天，勢不能南越維揚之高以入於江，則停泗淹灌於全淮之境，所必至也。

愚按：《古河辨》謂河濁，淮、泗俱清。清淮勢大，可以吞伏，故下流無闕塞之患。黃流之不直趨維揚者，以淮水為之障耳。沂在淮東，與泗合。今清河 淮以北水皆清，故謂之清河。乃泗水下流，經邳州，清河在邳州治西一里許，其東為直河，其西為沙河。《中都志》：沙河即潁水。南至清河縣西北三汊河口，分大小清河，入淮。見《皇輿考》。

**蒙、羽其藝。**

《漢·地理志》：蒙山在泰山郡蒙陰縣 今屬青州府。西南。林氏之奇曰：即《論語》東蒙。邢昺曰：顓臾主祭蒙山，在東，故曰東蒙，一名東山。《詩》「奄有龜蒙」。《齊乘》：蒙山在龜山東，二山連屬，長八十里。《漢·地理志》：羽山在東海郡祝其縣 今淮安府海州贛榆縣。《一統志》在贛榆縣西北八十里。南，鯀所殛。《齊乘》：今沂州東南百二十里，殛鯀山也。《一統志》：登州蓬萊縣有羽山，亦云殛鯀處。

愚按：羽山近海，在蒙之東，前有羽潭。《左傳》：鯀化為黃能，音台。《爾雅》：三足鱉。入於羽淵。《淮南子》：帝使祝融殺之於羽淵。《拾遺記》：鯀治水無績，自沉羽淵。王樵曰：《詩》「菶之荏菽」，故藝為種。《周禮疏》：樹是植木，藝是黍稷。

王氏炎曰：先淮後沂，先大而後小也。先蒙後羽，先高而後下也。淮、沂

又而蒙、羽可藝，事之相因也。其藝，言可施功。「樹藝」與「既艾」別。茅瑞徵曰：山之可種萩者眾矣，而獨舉徐之蒙、羽與梁之岷、嶓以例餘州，岷、嶓，江、漢所出，山最高大，蒙、羽非其配也，而為淮所經，意其壤地沃饒，略有同歟？經云徐田上中，《齊乘》稱沂州東南芙蓉山下有湖溉田數千頃，香粳鍾畝，古稱琅邪之稻。《元和志》：承縣界　今兗州府嶧縣。有陂十三所，沂、嶧間仰迦、承二水溉田，青、徐水利莫與為匹，皆十三陂之遺跡，則蒙、羽為沃壤可知。今近徐諸山，彌望荒麓矣。

**大野既豬，**豬，《史》作都。

《漢‧地理志》：大野澤在山陽郡鉅野縣　縣以澤名，鉅即大也。今屬兗州府濟寧州。北。《水經》：濟水至濟陰郡乘氏縣分為二，南為菏水，北為濟瀆。酈道元曰：一水東南流，菏澤。一水東北流，入鉅野澤。濟水會濮水，自濮陽南入鉅野。《一統志》：鉅野澤在鉅野縣東五里，南北三百里，東西一百餘里。元末為黃河所決，遂涸。何承天曰：鉅野廣大，南導洙、泗，北連清、濟。舊縣故城，正在澤中。昔西狩獲麟於是處也。其澤在曲阜西，故云西狩。曾氏曰：《周禮‧職方》：河東曰兗州，其澤藪曰大野。大野為濟之所絕，禹時蓋在徐之西、兗之東也。周無徐，故專屬兗。周必大曰：濟水貫兗與徐，其在四瀆，得天地質信寬徐之氣，故大野為《爾雅》十藪之首。蔡《傳》：水蓄而復流者謂之豬。

王樵曰：蔡《傳》謂鄆州中都西南有大野陂。宋鄆州，今東平州，即古東原；而中都，則汶上縣也。今南旺湖實在汶上西南，汶水東南流至此分。縈回百五十餘里，《河紀》：南旺湖周百里。蜀山湖周六十五里。漕河貫乎其中。西湖　南旺。廣衍倍於東湖，蜀山湖，即南旺東湖。而東湖北接馬踏、伍莊坡湖以及安山，南接馬場坡湖以及昭陽諸湖，綿亙數百里，而東原、徐、鄆諸邑，又悉環列於左右，與古經志合，是南旺湖即古大野無疑。

愚按：漢武時，河決瓠子，東南注鉅野，通淮、泗。五代以後，河水南徙，匯於鉅野。王方麓謂即南旺河。考《河紀》云：南旺在運河西岸，即鉅野澤東畔，是鉅又在南旺之西。《齊乘》又云：鉅野，今梁山，濼北出為清河。蓋宋時與濼水匯而為一，圍三百餘里，自會通河開，始畫為二。

考禹時大野既鍾，清、濟、洙、泗而成，而泗通於淮，濟通於汶，淮通於沂，汶通於洸，而泗之上源又自大野而通於濟，則是大江以北中原諸水縱橫交織，皆於大野相連。而當時入貢之路，若青之浮汶，兗之浮濟，徐與揚之浮淮、泗，亦皆大野相關，是大野在古已為貢道之要會矣。明代漕運尤資之，設四水

櫃，曰南旺，在汶上。曰安山，在東平。曰馬場，在濟寧。曰昭陽。在沛縣。各建閘
壩，以時啟閉，而南旺分水嶺，地最高，所謂水脊。李化龍曰：其地為安山湖，鉅、
嘉以北諸水注之，而出於張秋；其南為南旺湖，鉅、嘉以北諸水注之，而出於魚臺。向非南旺
會通，雖開亦枯瀆耳。但今者有沙淤、盜佃、決堤之三患，此不獨漕河失利，
而泰山以西，地漸窪下，夏秋水發，俱奔注此中。宋末嘉祥、鉅野、曹、濮、
壽張之間，遂成巨浸，是以有梁山濼之亂。今湖外皆民田也，若堤防稍廢，水
將漫衍淹沒，可無慮哉？

**東原厎平。**

孔《傳》：東原致功而平，言可耕。蔡《傳》：東原，漢東平國，今之鄆
州。厎平者，水患去而厎於平也。後人以其地之平，故謂東平。又按：東原在
徐之西北，而謂之東者，以在濟東故也。漢東平國在景帝亦曰濟東國，益知大
野、東原所以志濟也。徐無濟，濟之分流入大野，而東原在其東，故謂志濟。晁氏以道
曰：東平自古多水患，數徙其城。咸平中，宋真宗。又徙城於東南，其下濕可
知。

王氏炎曰：大野豬而後東原平，亦事之相因也。

《兗州府志》：東平州，唐天平節度使所治。城東地肥饒，蘆泉之沃，頗
宜粳稻。其西安山陂澤當汶水下流，蓄而不能洩，輒成巨浸。

**厥土赤埴墳，草木漸包。** 埴，鄭、王讀作熾。漸包，古文作薪苞。

蔡《傳》：土黏曰埴。埴，膩也。《考工記》摶埴之工。老氏言「埏埴以
為器」。惟土性黏膩細密，故可摶可埏也。漸，進長也，如《易》所謂「木漸」，
姚舜牧曰：《易·漸卦》有漸進之義，若「鴻漸於木」，非此之解。此外又別無所謂「木漸」，蔡
蓋未深考耳。言日進於茂而不已也。苞，叢生也，如《詩》所謂「如竹苞矣」，
言其叢生而積也。《爾雅》：苞，積也。孫炎曰：物叢生曰苞，齊人名曰積。王樵曰：埴，
土性之美者，而又墳起，最宜於生物，故草木漸包。

**厥田惟上中，厥賦中中。**

田第二，賦第五。胡瓚曰：土稟沖和之氣，故壤為上；太燥者不凝，故墳
次之。青州墳在壤上者，以有斥鹵之利；豫州土亦壤而先冀者，或曰賦遞為上
下也。

**厥貢惟土五色，羽畎夏翟，嶧陽孤桐，泗濱浮磬，淮夷蠙珠暨魚，
厥篚玄纖縞。** 翟，《漢書》作狄。暨，《史記》作泉。泉，古暨字。

孔《傳》：王者封五色土為社，建諸侯，則各割其方色土與之，使立社。

天子太社五丈，諸侯半之。《周書·作雒篇》：受削土於周室。即此。燾以黃土，覆也。苴以白茅。《疏》云：用白茅裹土與之。茅取其潔，黃取王者覆四方。蔡《傳》：徐州土赤，而五色之土亦間有之，故制以為貢。《漢·郊祀志》：徐州牧歲貢五色土各一斗。《一統志》：徐州北二十五里有赭土山，禹時貢土即此。羽畎，羽山之谷也。夏翟，雉具五色，《周禮注》：夏翟總名，其類有六，曰翬、曰搖、曰鷮、曰甾、曰希、曰蹲。師曠《禽經》：五色備曰翬，亦曰夏翟。張華曰：雉尾至夏則光鮮。其羽中旌旄。《周禮·染人》：秋，染夏。染夏者，染五色也。林氏之奇曰：古之車服器用以雉為飾者，多不獨旌旄。《漢·地理志》：葛嶧山在東海下邳縣西，《一統志》：在邳州城西北六里。古文以為嶧陽，又魯國鄒縣北有嶧山。《史記正義》：鄒嶧山在兗州鄒縣南二十二里。《鄒山記》：鄒山，古之嶧山，魯穆公改為鄒山。今其地猶多桐樹。《一統志》：在鄒縣東南五里。郭璞曰：嶧山純石積搆，連屬如繹絲然。《禹貢》作嶧，奠其名也；《魯頌》作繹，取其義也。

愚按：《魯頌》「保有鳧繹，遂荒徐宅」，今鳧山、嶧山並在鄒縣南，此嶧陽乃鄒嶧山，非葛嶧也。蔡《傳》：孤桐，特生之桐，其材中琴瑟。《詩》曰：「梧桐生矣，于彼朝陽」，蓋桐以向日為貴也。陸農師曰：桐性便濕地，不生於岡。《詩傳》：梧桐不生高岡，太平而後生朝陽。以此觀之，生山難得，而生孤者尤難得也。浮磬，石露水濱，若浮水然。或曰：石浮生土中，不根著者。今下邳有磬石山，或以為古取磬之地。《括地志》：泗水至彭城、呂梁出石磬。《一統志》：磬石山在邳州城西南八十里，與泗水近，山有石可為磬。又鳳陽靈璧縣北七十里有山，亦出磬石。或云禹時泗水當經流至此。茅瑞徵曰：泗濱，今泗水縣是，磬跡尚存。陳氏大猷曰：石輕浮可為磬者，成而貢之。磬聲清越，取輕浮者良。《正義》：貢石而言磬者，此石宜為磬，猶如砥礪然。淮夷，見《費誓》。孔《傳》作淮、夷二水，非是。《正義》：蠙是蚌之別名，蠙出珠，遂以為珠名。《說文》：淮水出蚌珠。珠之有聲者。今泗州名蠙城，古有蠙珠潭。蔡《傳》：珠為服飾，魚用祭祀。今濠、泗、楚皆貢淮白魚，亦古之遺制歟？《一統志》：淮水出白魚。玄，赤黑色幣。今深紫類皂者是。為衰以祭，為端以齋，衣有襦裳曰端。為冠以居。纖、縞皆繒名。黑經白緯曰纖。孔《傳》：纖，細也。纖在中，明二物皆當細。非是。縞，白色繒。《小爾雅》：繒之精者曰縞。《禮》曰：及期而大祥，素縞麻衣，中月而禫，禫而纖。皆去凶，即吉之服。

徐州制貢，大略並供禮樂之用，土五色，雉羽亦五色。物華天寶，靈有獨鍾。厥後元公啟土於龜蒙，夫子領徒於洙泗，其端已見此矣。

**浮於淮、泗，達於河。**

《地理志》：泗水出魯國卞縣　今兗州府泗水縣。西南，至山陽方與　音方預。縣，今兗州府魚臺縣。入沛，即沛。過郡二，魯國、山陽。行五百里。《志》又云：泗水出濟陰乘氏縣東南，至臨淮睢陵縣入淮。按《一統志》：乘氏城在鉅野西南，漢縣也。各志皆不云泗水所出，道元已辨其誤。《水經注》：泗水出魯卞縣桃墟　杜預曰：魯國卞縣東南有桃墟。西北陪尾山，《一統志》：在泗水縣東五十里。石穴吐水，五泉俱導。自卞而合洙水，南徑魯城，北《從征記》：洙、泗二水交於魯城東北十七里。合沂水。此出尼丘山之沂也。又南過方與縣，東合菏水，又東南徑宿預城　今淮安府宿遷縣。西，又東徑角城　晉縣，故城在宿遷縣東南。北，東南流注於淮。王樵曰：泗入淮，淮、泗不與河通，而云「達於河」，何也？蓋灉水出於河而入於泗者也。由泗遡灉，由灉遡河，此一道也。濟入河，南出而泗，則至大野受濟之合者也。由泗之上源以遡濟，由濟而達河，又一道也。西則由灉，東則由濟。

愚按：此說本漢許慎。《疏》云：徐州北接青州，既浮淮、泗，當浮汶入濟，以達於河。然考汶、泗通流，始自近代，古時汶北入海，泗南入淮，二水不相沿注，故蔡《傳》用許氏之說。又仁山金氏言古文《尚書》作「達於菏」，《說文》引《書》亦作「菏」。菏澤與濟相通，而泗水上注之。徐州之貢自泗達菏，則達濟可知。然八州之貢皆以達河為至，兗州言達於河，故青不言；徐州言達於河，故揚不言，其義實相因，安知古文不有誤耶？

蘇《傳》：自淮、泗入河，必道於汴。世謂隋煬帝始通汴入泗，疑禹時無此水道。按：《漢書》項羽與漢約中分天下，割鴻溝以西為漢，以東為楚。文穎注云：於榮陽下引河，東南為鴻溝，應劭云：鴻溝在榮陽東南二十里。以通宋、鄭、陳、蔡、曹、衛，與濟、汝、淮、泗會於楚，即今官渡是也。魏武與袁紹相持於官渡，乃楚漢分裂之處。蓋自秦、漢以來有之，安知非禹跡耶？《禹貢》各州之末，皆記入河水道，而淮、泗獨不能入河，帝都所在，理不應爾。意其必開此道以通之，其後或為鴻溝，或為官渡，或為汴。上下百餘里間不可必，然皆引水而注淮、泗也。故王濬伐吳，杜預與之書曰：足下既摧其西藩，當徑取秣陵。自江入淮，逾於泗、汴，泝河而上，振旅還都。夫王濬舟師之盛，自古未有，而自泗、汴入河，可以班師。則汴水之大，當不減於今，亦足以見秦、漢、魏、晉皆有此水道，非隋煬剏開也。自唐以前，汴、泗會於彭城之東北，然後東南入淮。近歲汴水直達於淮，不復入泗矣。羅泌曰：汴渠自古有之。晉義熙中，劉毅通之以伐秦，始有湍流利漕。史謂渠堤自榮陽而東，則上疑其為鴻溝，下疑其為官渡。有不然者，今汴渠自西而東，鴻溝橫亙南北，而官渡直黃河爾。鴻溝在今河陰縣，官渡在今中

牟縣，俱屬開封府。茅瑞徵曰：淮在徐之南，泗自北而南入淮，由淮入泗，可一航而至。但泗不與河通，故或由灉，或由濟，並逆流以上，方能達河。今運河亦從淮合泗，而接流會通河，必經於濟，此取道山東者也。子瞻所指汴水，蓋自宋都河南一路言之，豈所謂汳水由灉入泗者歟？

考近志，泗水四源併發，循泗水城北八里合為一，西流至曲阜，經嶧陽城東五里與沂水、洙水合，沂水過曲阜而至，洙水過鄒縣而至。洙水出曲阜南虎跑泉。入金口堰，又南流三十里納闕黨諸泉，謂之濟河。至濟寧州東城下與汶水合，入於漕。《一統志》：今泗水至濟寧分流，南流入徐州境，北流入會通河。商輅曰：汶、泗二水分流，南北不相通。自古浮於汶者，自兗北而止；浮於泗者，自兗南而止。元時，南方貢賦之來，至濟寧陸行數百里後，從濟寧開渠，抵安民山，復從安民山開渠，至臨清，乃於兗東築金口堰，障泗水西南流；兗北築堽城壩，障汶水南流，而二水悉歸漕渠，於是舟艦往來無阻，因名會通河。

丘濬曰：漢以來漕路所謂汴船不入河者，率由蔡河經泗州入淮，而呂梁之險，呂梁洪在今徐州城東。呂梁山下，昔稱天險，今削平。未有以之為運道者，惟謝玄沘水之役，堰呂梁水利漕。蓋潴水以暫用耳，非通運也。宋真宗時，趙守倫建議自京東分廣濟河，由定陶至徐州入清河，以達江淮漕路，又以呂梁灘磧之險而罷。至本朝，始用之為運道云。

潘季馴曰：黃河自關陝、山西、河南經豐碭，出徐州，接淮、泗，始為運道。會泗、沂之水，蜿蜒而至清口，在清河縣，名南河口。會淮而東。運河自瓜儀至淮安，則南資高寶諸湖之水，西資淮、黃二河之水；由清口至鎮口閘，則資黃河與汶、泗之水；由鎮口閘至臨清，則資汶、泗之水；即泰安、萊蕪、徂峽諸泉。由臨清至天津，則資汶河與漳、衛之水；由天津至都，則資潞、白、桑乾諸水。濟寧而上資汶，濟寧而下兼資泗、沂。

禹貢長箋卷四

# 禹貢長箋卷五

淮、海惟揚州，

《爾雅》：江南曰揚州。郭璞《注》：自江南至海。孔《傳》：北據淮，南距海。

愚按：淮以北即屬徐州境，不得言據，故蔡《傳》改作「北至淮」。九州惟兗與揚並不及山，可見其地皆為下流沮洳。自河、濟改道，而揚州乃專澤國之稱。

熊氏禾曰：揚州在東南，隅山必起於西北，澤必匯於東南。經言「淮海惟揚州」，北距淮，東南至海，《日記》作「東南據海」。西抵荊州之境。

杜佑曰：按：《禹貢》物產貢篚，《職方》山藪川浸，皆不及五嶺之外。又荊州南境至衡陽，若五嶺之外在九州封域，則以鄰接，宜屬荊州，捨荊而屬揚，斯不然矣。按《五嶺通考》：一曰大庾嶺，在南安，今江西南安府、廣東南雄府界是；二曰騎田嶺，在桂陽，今湖廣郴州是；三曰都龐嶺；四曰甿諸嶺，在江華，今永州府是；五曰越城嶺，在始安，今廣西桂林府是，皆在衡山之南。《廣州記》云：大庾、始安、臨賀、桂陽、揭陽，是為五嶺。茅瑞徵曰：九州疆境繡錯，而冀、兗、徐、豫尤為接壤難辨，如鄆州以為兗，曹、單又以為豫，兗州魯郡且入徐州，夫徐州曰「東原底平」，則鄆果專屬兗乎？岱為青之鎮山，則魯郡果專屬徐乎？單為碭山、魚臺之境，又果專屬豫乎？至黃州，本荊也，而《唐十道圖》以為揚；陝虢，近雍也，而《通考》以為豫；商州，近豫也，而《通略》《通考》並以為梁，宋史又以為雍。若大名一府，分屬冀、兗，此果誰為確據乎？當禹時，閩、廣、滇、黔，遠在荒服，而揚州所紀止於彭蠡、震澤，則兩浙為吳、越之境，亦未入王會也。

今以閩、浙附入揚州，已為影響，而《唐十道圖》至以鄂、潭、衡、永、澧、朗、辰、錦等州併入揚州南境，而嶺南一道，東南際海，西極羣蠻，凡七十州，亦以揚州南境括之，可謂殽雜棼沓，靡所適從矣。杜佑於古九州外，別分南越一條，庶幾近之。

愚按：自晉以下，歷代史皆云五嶺南至海，是揚州之域。洪容齋亦云揚州並之。蓋萬里析之且百郡，其延袤之廣可知。經所云淮海之海，與青、徐二州異。青、徐之海，東海也；揚州之海，乃包絡南海而言，今廣南是也。導黑水入於南海，則南海明見經文，即如通州之貢齒、革、羽毛，皆產炎荒，安得謂五嶺之表必非方貢所及耶？若彭蠡、三江、震澤而外，《禹貢》無他紀者，蓋江、淮諸流皆以海為歸墟，則此外之被水患者少。又揚之南偏，悉是山谿，計不勞施功，故略之爾。夫聖人制服，雖止於五千，而會稽實轍跡所至，南交亦聲教所敷，閩粵之隸版圖，復何疑哉？但云五嶺以南俱屬揚州，則未必然，當分轄荊、揚二州之域。

班固配十二次，自南斗十一度至婺女　一名須女。七度為星紀之次，費直起斗十度，蔡邕起斗六度。《爾雅》：星紀，斗、牽牛也。於辰在丑，吳、越之分，《左傳》：史墨謂越得歲而吳伐之。吳、越雖同星紀而所入宿度不同，吳斗分，越婺女分。《天官書》：斗，江湖。屬揚州。《晉·天文志》：斗、牽牛、須女，吳、越、揚州。九江入斗一度，廬江入斗六度，豫章入斗十度，丹陽入斗十六度，會稽入牛一度，臨淮入牛四度，廣陵入牛八度，泗水入女一度，六安入女六度。按《晉·天文志》：十二次起角、亢，以東方蒼龍為之首。《唐志》：十二次起女、虛、危，以十二支子為之首也。說者以日月、五星起於斗宿謂之星紀，則星紀為十二次之首，而斗、牛又為二十八舍之首也。《職方氏》：九州之序，始於揚州，政與星文相協。《周·職方氏》：東南曰揚州，其山鎮曰會稽，其澤藪曰具區，其川三江，其浸五湖。《通典》：揚州，吳其分野，兼得楚及南越之交。秦置郡，此為九江、鄣、會稽、閩中、南海郡之東境。漢武置十三州，此為揚州，後漢因之。《漢·地理志》：吳地，今之會稽、治吳。九江、故淮南，武帝改。丹陽、秦鄣郡，武帝改。豫章、廬江、文帝分淮南置。廣陵、六安、光武併入廬江。臨淮郡，盡吳分；壽春、合肥，受南北湖皮、革、鮑、鮑魚。木之輸。吳東有海鹽、章山之銅、三江五湖之利，亦江東一都會也。豫章出黃金，然取之不足以更費。粵地，今之蒼梧、鬱林、秦桂林。合浦、交阯、九真、南海、日南，秦象郡。皆粵分。南海近海，多犀象、毒冒、音代妹。珠璣、銀銅、果布之湊。番禺，其都會也。《後漢·郡國志》：揚州刺史　治歷陽。部

郡六：九江、丹陽、廬江、會稽、吳郡、順帝分會稽置。豫章。順帝分浙江以東為會
稽郡，以西為吳郡，猶並屬揚州。劉宋孝武時，分揚州之浙東五郡為東揚州，浙江之西為揚州，
至此遂有二揚州。《通考》：漢時為郡國七，郡曰廬江、九江、會稽、丹陽、豫
章，國曰廣陵、六安，又為臨淮、南境是。江夏、東境是。南海　東境是。郡。《唐·
地理志》：淮南道，採訪使，治揚州。古揚州域。揚、廣陵。楚、淮陰。滁、永陽析
揚州置。和、歷陽。廬、廬江。壽、壽春，本淮南郡。舒、同安。為星紀分；安、安陸。
黃、齊安。申、義陽。光、弋陽。蘄，蘄春。為鶉尾分。內黃、安、申，《通典》入荊州。
江南道，古揚州南境，東道　採訪使，治蘇州。則潤、丹陽析江都之延陵縣置。昇、
江寧析潤州之江寧縣置。常、晉陵。蘇、吳郡。湖、吳興析吳郡之烏程縣置。杭、餘杭。
睦、新定。越、會稽。明、餘姚析越州之鄮縣置。衢、信安析婺州置。處、縉雲。婺、東
陽。溫、永嘉。台、臨海析永嘉郡置。福、長樂。建、建安。泉、清源。汀、臨汀。漳，
漳浦析福州西南境置。為星紀分；玄宗分天下為十五道，兩浙諸郡並隸江南東道。肅宗改元，
置浙西道節度使，領昇、潤等州；浙東道節度使領睦、越等州，而浙東、浙西之名始立。西道
採訪使，治洪州。則宣、宣城。歙、新安，《通典》屬江南東道。池、秋浦析宣、饒二州置。
洪、章郡。江、潯陽，本九江。饒、鄱陽。虔、南康。吉、廬陵。袁、宜春。信、析饒、
衢二州置。撫，臨川。亦星紀分。按《唐書》：以江南西道所領鄂、岳、潭、衡、永等州，
及黔中道所領黔、辰、錦、施等州，並屬揚州。非是。今從《通典》入荊州。《史記正義》：永、
郴、衡、潭、鄂、岳、江、洪、饒，戰國時楚東南境。袁、吉、虔、撫、歙、宣，並屬西境。
其嶺南道，採訪使，治廣州。亦古揚州南境。韶、廣、康、端、封、梧、藤、羅、
雷、崖以東，為星紀分。按《唐書》：嶺南道領州十七，其桂、柳、欝、林、富、昭、蒙、
龔、繡、容、白、羅以西應屬荊、梁二州。《初學記》：揚州自江以北為淮南道，東偏為江南道，
南偏為嶺南道。《宋史》：淮南東路為揚、楚、通、泰、滁、真等州，軍一：高
郵；淮南西路為壽、濠、廬、舒、蘄、和、光等州，軍二：六安、無為。淮南
路合《禹貢》荊、徐、揚、豫四州之域，而揚州為多，東至於海，西抵灘漵，南瀕大江，北界
清淮。兩浙路，府二：平江、鎮江，州十二：杭、越、湖、婺、明、常、溫、
台、處、衢、嚴、秀；兩浙路東際海，西控震澤，北又濱海。江南東路，府一：江寧，
州七：宣、徽、江、池、饒、信、太平，軍二：南康、廣德；江南西路，州六：
洪、虔、吉、袁、撫、筠，軍三：南安、臨江、建昌。江南路東限七閩，西略夏口，
南抵大庾，北際大江。南渡後，稍復更置云。《通考》：宋時為州五十九，兼有建
寧府福、泉、漳、汀、南、劍州，邵武、興化軍，其廣南、東、西路，大略荊、
揚二州之域。《明·一統志》：古揚州為今南直隸應天、春秋屬吳，戰國屬楚，秦

屬鄣郡，漢屬丹陽，三國吳曰建業，晉置丹陽郡，陳曰蔣州，唐、宋曰江寧，元為集慶路。其地東連三吳，西引荊汝，江淮環繞，帝王之都。**鳳陽**、古塗山氏國，秦屬九江郡，漢為淮南國，晉置鍾離郡，隋、唐、宋曰濠州。其地梁、宋、楚之衝，淮海屏蔽，建業肩牌。**盧州**、春秋舒國，戰國屬楚，秦屬九江，漢置盧江郡，晉為淮南、盧江二郡地，梁置南豫州，五代周為保信軍，宋改無為軍。其地淮右襟喉，江北唇齒。**安慶**、春秋皖國，戰國屬楚，秦屬九江，漢屬盧江，三國吳為重鎮，晉置晉熙郡，唐曰舒州，宋為德慶軍，後升府。其地南濱大江，北界清淮。**徽州**、春秋屬吳，戰國屬楚，秦屬鄣郡，漢屬丹陽，三國吳置新都郡，隋、唐為歙州，屬浙西節度。其地在萬山中，百城襟帶。**寧國**、春秋屬吳，戰國屬楚，秦屬鄣郡，漢置丹陽郡，晉分置宣城郡，徙丹陽，治建業，唐曰宣州，宋為廣德軍，後升府。其地山川名勝，據吳上游。**池州**、春秋屬吳，戰國屬楚，秦屬鄣郡，漢屬丹陽，三國吳為重鎮，晉屬宣城、豫章，唐、宋為池州，元屬江浙行省。其地江山千里，襟帶六朝。**太平**、春秋屬吳，戰國屬楚，秦屬鄣郡，漢屬丹陽，晉僑立豫州，隋蔣州，唐屬宣州，宋為太平州，元屬江浙行省。其地左天門，右牛渚，采石之險，甲於東南。**蘇州**、戰國屬楚，秦置會稽郡，東漢以下為吳郡，與吳興、丹陽為三吳，宋曰平江。其地東際大海，西控震澤，沃衍之區。**松江**、春秋屬吳，戰國屬楚，秦婁縣地，屬會稽，漢因之，唐屬蘇州，已屬秀州，宋、元皆隸嘉興。其地負海枕江，平疇沃野。**常州**、春秋吳延陵邑，戰國屬楚，秦、漢屬會稽，東漢屬吳郡吳屯，曰無錫，以西置典農校尉，晉置毗陵郡，隋置常州，後因之。其地有三江之潤，五湖之腴。**鎮江**、春秋吳朱方邑，戰國屬楚，秦屬會稽，漢初為荊國，後屬江都國，又屬會稽郡，東漢屬吳郡，晉屬毗陵郡，劉宋置南徐州，唐曰潤州，置鎮海軍節度，元屬江浙行省。其地負山枕江，舟車之會。**揚州** 春秋吳邗溝地，戰國屬楚，秦屬九江，漢為廣陵國，晉移治淮陰，東晉分置海陵、山陽二郡，劉宋置南兗州，隋、唐曰揚州，後置淮南節度，元置江淮行中書省。其地枕江、臂淮、襟海，東南都會。**各府，廣德**、春秋吳桐汭地，戰國屬楚，秦屬鄣郡，漢屬丹陽，唐曰桃州。**滁**、春秋吳、楚之交，秦屬九江，漢屬淮南，東晉僑置南譙郡，唐曰永陽國，初隸鳳陽。**和** 春秋、戰國皆楚地，秦屬九江，漢屬淮南，東晉置歷陽郡，唐、宋曰和州國，初隸盧州。其地當江淮水陸之衝，為姑熟、金陵藩蔽。**三州，而淮安府為徐、揚二州域**。山陽、鹽城在淮南，屬揚州。**浙江省則杭州**、春秋越西境，後屬楚，秦、漢並屬會稽，東漢屬吳郡，三國吳分置東安郡，唐曰杭州，移鎮海節度治焉，宋南渡，升臨安府。其地負山濱海，襟江帶湖，吳越都會。**嘉興**、春秋越北鄙檇李地，秦、漢屬會稽，東漢屬吳郡，唐屬蘇州，後屬杭州，宋曰秀州。其地負海控江，鹽田相望。**湖州**、古防風氏國，春秋吳、越之交，戰國屬楚，漢屬會稽、丹陽，東漢屬吳及丹陽，三國吳置吳興郡，唐置湖州，後置忠國軍節度，宋改昭慶軍。其地居震澤之陰，為南國之奧。**嚴州**、春秋吳、越之交，戰國屬楚，漢屬會稽、丹陽，東漢屬吳及丹陽，隋、唐曰

睦州，宋置嚴州。其地當甌、歙數道之衝，據浙上游。金華、春秋越西界，秦、漢屬會稽，三國吳置東陽郡，隋、唐曰婺州。其地多名山。衢州、春秋越西鄙姑蔑地，秦、漢屬會稽，隋屬婺州，唐置衢州。其地江、浙、閩、廣之所輻輳，曰三衢。處州、春秋、戰國越地，秦屬會稽，漢初為東甌國，武帝屬會稽，晉屬永嘉郡，隋、唐曰處州，亦曰栝州。其地山峻有鑛。紹興、古會稽地，秦屬會稽郡，漢因之，東漢徙會稽郡，治山陰，劉宋置東揚州，隋、唐曰越州，後置鎮東軍節度。其地千岩萬壑，襟海帶江。寧波、春秋越甬東地，秦、漢屬會稽，隋屬越州，唐置明州，宋升慶元府。其地東漸巨海，枕山臂江。台州、春秋、戰國越地，秦屬閩中郡，漢初屬東甌國，後屬會稽，三國吳置臨海郡，唐、宋曰台州。溫州　亦越地，秦屬閩中，漢會稽東境，晉置永嘉郡，唐置溫州。其地帶海控山，甌越之衝。各府，江西省則南昌、春秋楚之東境、吳之西界，秦屬九江，漢分淮南地置豫章郡，晉置江州治，此後移治武昌，隋、唐曰洪州，後置鎮南軍節度，南宋升隆興府。其地負江依湖，咽扼荊淮，翌蔽吳越，東南都會。饒州、春秋楚東境，秦屬九江，漢屬豫章，三國吳置鄱陽郡，隋、唐、宋為饒州。其地多湖泊。廣信、春秋隸吳、楚，秦屬九江、會稽，漢屬豫章、會稽，晉宋及隋為鄱陽、東陽二郡地，唐置信州，宋、元仍之。其地控閩越，引二浙，為要衝。建昌、春秋吳南境，戰國屬楚，秦屬九江，漢屬淮南國，後屬豫章，三國吳屬臨川，晉屬江州，唐屬撫州，宋置建昌軍。其地在江省東南，上游與閩、粵為腹背。撫州、春秋屬吳，戰國屬楚，秦屬九江，漢屬淮南國，後屬豫章，三國吳置臨川郡，晉屬江州，唐、宋曰撫州。其地介江湖之表。臨江、春秋屬吳，戰國屬楚，秦屬九江，漢屬淮南，後屬豫章，隋、唐屬洪、吉、袁三州，宋置臨江軍。其地當南粵、虔、吉，舟車四會之衝。瑞州、春秋屬吳，戰國屬楚，秦屬九江，漢屬豫章，唐置筠州，後屬洪州，南宋為高安郡。其地僻絕，山環水繞。袁州、春秋屬吳，戰國屬楚，秦屬九江，漢屬豫章，隋、唐曰宜春。贛州、春秋屬吳，戰國屬楚，秦屬九江，漢屬豫章，東漢屬廬陵，晉置南康郡，屬江州，唐、宋曰虔州。其地山長谷荒，接甌閩百粵之區。南安　漢贛南、楚二縣地，隋、唐屬虔州，宋置南安軍。其地當五嶺最東，控廣引閩。各府，而南康、春秋吳、楚之交，秦屬九江，漢屬豫章，晉屬潯陽，隋、唐屬江州，宋置南康軍。其地負匡廬，面彭蠡。九江、春秋吳、楚之交，秦屬九江，漢屬豫章、廬江，晉武昌、鄱陽、豫章三郡地，後置潯陽郡，屬江州，梁移江州，治湓城，南宋置定江軍。其地面匡廬，跨彭蠡，襟帶上流，為重鎮。吉安　春秋屬吳，戰國屬楚，秦屬九江、長沙，漢屬豫章、長沙，東漢分豫章置廬陵郡，三國吳又分置安成郡，晉以廬陵屬揚州，安成屬荊州，隋、唐為吉州。其地南接贛江，北竟淦水。三府，為荊、揚二州域。東境屬揚州，鄭端簡云北境是。其福建省福州、漢閩越王无諸所都，晉置晉安郡，唐置福州。其地東帶滄溟，南望交廣。泉州、梁置南安郡，唐置泉州，宋改平海軍。其地帶嶺海，閩越奧區。建寧、三國吳置建安郡，隋以縣隸泉州，唐置建州。其地東接括蒼，北距上饒，

西南抵延平，居閩嶺上流。延平、三國吳屬建安郡，唐屬建、福、汀三州地，宋為南劍州。邵武、晉屬建安，隋屬撫州，唐改屬建州，宋置邵武軍。其地為甌閩西戶。興化、隋、唐隸泉州，宋置興化軍。其地介泉、福之間海道，舟車所會。汀州、唐開福、撫二州山洞，置汀州。其地西鄰贛、吉，南接潮、梅。漳州　唐析福州西南境置漳州。其地控引番禺，在閩會之極南。各府，及福、寧州，皆周七閩地，《職方氏注》：閩子孫分為七種，故曰七閩。漢屬會稽，並宜入揚州。廣東省則廣州、古南越地，秦、漢為南海郡，屬交州，東漢末遷交州，治番禺。其地北距五嶺，南負重溟。韶州、漢屬桂陽郡，三國吳置始興郡，隋屬廣州，唐曰韶州。其地唇齒江湘，咽喉交廣，粵之北門。南雄、漢屬南海、桂陽，隋屬廣州，唐屬韶州，宋為南雄州。惠州、漢屬南海，隋置循州，宋曰惠州。其地東接梅、潮，西連汀、贛。肇慶、漢屬蒼梧，隋、唐、宋為端州。其地阻山瀕海，據邕、桂、賀三江之口，居廣上游。潮州漢屬南海，晉置義安郡，隋、唐曰潮州。其地瀕海，閩南、兩越之界。六府，皆揚州南境。廣西南寧府　秦屬桂林，漢屬鬱林，唐、宋曰邕州。其地內制廣源，外控交阯。為揚州西南境。曹學佺曰：今鳳陽府跨《禹貢》徐、揚、豫三州。鳳陽、臨淮、定遠、盱眙、天長、壽州為揚域，懷遠、五河、虹、泗、宿二州、靈璧、蒙城為徐城，潁州、潁上、太和、亳為豫域。

愚按：揚州為水戒險阻之國，金陵形勝，雄壓東南。至其要害所在，西則荊、襄，東則淮、潁。晉取孫皓，隋取陳叔寶，宋取李煜，皆浮江而下。其節險，其勢疾，若曹魏攻吳，符堅伐晉，周世宗伐南唐，以及完顏亮南向，皆爭淮、潁之間，然多失利去。世宗雖克捷，亦不能一舉而定之。蓋淮南地形高於淮北，利守不利攻，非若下荊門，趨牛渚，順流直指，有星奔電邁之勢也。已延亡宋，亦以全力注荊、鄂，而淮、泗以偏師綴之。陸抗所謂西陵、今夷陵州。建平，今歸州。國之藩表，未有不據此而可保有江南者。

唐樞曰：江淮之形合，則表裏之勢成，故魏得壽春、合肥，而吳不敢窺。東晉至陳，彭城、盱眙、廬、壽皆入南境。及宣帝末年，江北之地盡入於周，而陳亡矣。

愚按：江南屏蔽，全在淮南。廣陵者，淮南之根本，而山陽、盱眙為門戶。合肥者，淮西之重鎮，而鍾離、壽春為藩垣。真西山謂淮東要害在清河之口，淮西要害在渦、潁之口，此三口乃攻守所必爭。曹丕自譙循渦入淮，金主亮由渦口入淮，周世宗由閔河泝潁入淮，謝玄之拒符堅在潁口，楊行密之拒朱全忠在清口。

**彭蠡既豬，**

《地理志》：彭蠡在豫章郡彭澤縣　今九江府彭澤縣。西。《郡縣志》：在都昌縣　今屬南康府。西六十里，與潯陽縣　今九江府德化縣。分湖為界。金氏履

祥曰：彭蠡，今鄱陽湖。自洪宮亭受江西、嶺北、江東諸水，在江饒、南康、興國之間，今贛州府興國縣。至池州、湖口入江。《一統志》：彭蠡湖在南康府東南，一名宮亭，一名揚瀾左里，一名鄱陽。闊四十里，長三百里，中有雁泊小湖，西接南昌，東抵饒州，北流入於江。胡瓚曰：彭蠡發源章贛，匯為一湖，而江過之，故序揚州之功，以彭蠡為大。或曰：彭蠡以彭磯、左蠡得名，今彭澤縣北彭郎磯與小孤山相對。都昌縣西北有左蠡山，見《江西志》。實彭澤，非鄱陽湖也。鄱陽在今饒州、南康之間，其水出湖口入江，又東北九十里而至彭澤。

愚按：劉歆云：湖漢九水《水經注》：湖漢水出雩都縣，西入豫章水。雩都，今屬贛州。入彭蠡。九水：廬、《地理志》：長沙縣有廬水，東至廬陵入湖漢水。牽、《水經注》：牽水出宜春縣，東徑新淦縣，注豫章水。新淦，今屬臨江府。淦、應劭曰：淦水出新淦縣，西入湖漢水。盱、《地理志》：盱水出南城縣，西北至南昌入湖漢水。南城，今屬建昌府。濁、《水經注》：濁水出康樂縣，東至南昌入贛水。康樂，今袁州府萬載縣。餘、《水經注》：餘水出餘干縣，北至鄡陽縣注贛水。餘干，今屬饒州府。鄱、《水經注》：鄱水出鄱陽縣，西流注於贛。鄱陽，今屬饒州府。僚、《水經注》：僚水出建昌縣，徑昌邑，入豫章水。建昌，今屬南康府。昌邑故城在南昌府城北。循也。《水經注》：循水出艾縣，東北徑永循縣，注贛水。《地理志》作修水。艾縣，今南昌府寧州。秦九江郡以此九水得名，並贛水為十水。雷次宗云：十川均流而贛源最遠。《水經》：贛水出豫章南野縣，今贛州府龍南縣。班固云：南野縣，彭水所發，東入湖漢水。西北徑廬陵、新淦、南昌至彭澤，西入於江。《通典》：虔州贛縣有章水、《一統志》：源出南安府聶都山，《漢志》名彭水。貢水，《一統志》：出汀州府新樂山，《漢志》名湖漢水。合流曰贛。蓋湖漢水、豫章水及贛水，並通稱贛水。控引眾流，總成一川，而俱注彭蠡也。

章俊卿曰：豫章、西江與鄱陽之浸，浩瀚吞納，而匯於溢口，即溢浦，在德化。則九江為之都會。

**陽鳥攸居**，攸，《漢書》作逌。

《正義》：日之行也，夏至漸南，冬至漸北。鴻雁之屬，九月而南，正月而北，與日進退。左思《蜀都賦》「木落南翔，冰泮北徂」是也。蔡《傳》：今彭蠡洲渚之間，千百為羣。記陽鳥所居，猶《夏小正》《大戴禮》篇名。記雁北向也。蘇《傳》：陽鳥避寒就暖，彭蠡在彭澤西北，北方之南，南方之北也，故陽鳥多留於此。

金氏謂禹豬彭蠡，廢其旁地為蘆葦，以備浸淫，故陽鳥居之。如漢築河堤，去河各二十五里，所以防泛濫。其後民頗居作其間，嘗被漂沒。以此知禹為民

防患之意甚深，所謂善治水者，不與水爭利也。

　　三江既入，

　　庾仲初《吳都賦注》：今太湖東注為松江，下七十里分流，東北入海為婁江，東南入海為東江，並松江為三江。《吳越春秋》所謂「范蠡乘舟出三江之口」是也。《史記正義》：三江在蘇州東南三十里，名三江口。一江西南上七十里至太湖，曰松江，古笠澤江；一江東南上七十里白蜆湖，曰上江，亦曰東江；一江東北下三百餘里入海，曰下江，亦曰婁江。其分處號三江口。《一統志》：三江口在崑山縣南九里。蘇《傳》：岷山之江為中江，嶓冢之江為北江，自豫章入彭蠡而東至海為南江。此三江，自彭蠡以上為二，自夏口以上為三。江、漢合於夏口，而與豫章之江匯於彭蠡，則三江為一。過秣陵、京口以入於海，不復三矣。堯水之未治也，東南皆海，豈復有吳、越哉？及彭蠡既豬，三江入海，則吳、越始有可宅之土。水之所鍾，獨震澤而已，故曰「三江既入，震澤底定」。蔡《傳》：蘇氏所謂三江，若可依據，然江、漢會於漢陽，合流數百里而後與豫章江會，又合流千餘里而後入海，不復可指為三矣。此本朱子之說。或曰：江、漢，揚州巨浸，何以不書？曰《禹貢》書法，費疏鑿者，雖小必記；無施功者，雖大亦略。江、漢，荊州而下，安於故道，無俟濬治，故在不書。況朝宗于海，荊州固備言之，是亦可以互見，此正《禹貢》書法也。金氏履祥曰：說者謂漢為北江，江為中江，則彭蠡之水為南江。至揚雖合為一，以其三水合流謂之三江，猶洞庭、九水俱匯，謂之九江也。范蠡所謂吳之與越，三江環之，謂俱在大江之南爾。今通州福山鎮猶名三江渡是也。然三江既以彭蠡為一，則上文既出彭蠡，不應下文又出三江，且經文二「既」字對舉，皆本效之辭。彭蠡既豬矣，則陽鳥攸居；三江既入矣，則震澤底定。是三江者，乃震澤下流之三江也。北方之水，河為大，故凡水皆稱河；南方之水，江為大，故凡水皆稱江。郟僑曰：《禹貢》之水，以十分之。自淮而北五，由九河入海；自淮而南五，由三江入海。

　　愚按：三江之說不一，班固以為南江、從吳縣南東入海，即松江。中江、從蕪湖至陽羨東入海。北江，從毗陵東北入海。郭璞以為岷江、浙江、松江，近歸有光亦主此說，引《國語》「吳之與越，三江環之」為證。韋昭以為松江、浙江、浦陽江，《水經》：浦陽，一名潘水，在會稽界。《一統志》：浦陽江在金華府浦江縣界，本吳越三江之一，《春秋外傳》所謂「三江環之」是也。皆非。禹舊跡惟蘇子瞻說似合，乃蔡《傳》及黃東發、金仁山諸家皆主松、婁、東三江者，以此三江連派震澤，而吞吐百川，關係吳中水利甚大。又《周禮》荊州「川曰江、漢」，揚州「川曰三江」，可證揚州

自有所謂三江，而非即江、漢。況南江之稱，本經文所無，必增此以合三江之說，亦有未安也。「既入」者，洩震澤而入於海也。孔氏謂自彭蠡江分為三，入震澤，又出震澤為北江入海者，誤。

任仁發曰：太湖西南受湖州諸溪，西北受宣州諸溪。諸山崎於西，地形高阜，兼南、北、東江海之岸皆高，水積其中，形若盤盂，非藉江浦深利，何以通泄？大抵治之之法有三，浚河港必深闊，築圍岸必高厚，置閘竇必多廣。設遇水旱，就三者而乘除之，自然不能為害。歸有光曰：太湖入海之道，獨吳淞江一路。顧江自湖口距海不遠，有潮泥填淤反土之患，湖田膏腴，往往為豪姓所圍佃，積占菱蘆，而與水爭尺寸之利，所以淞江日隘。議者不循其本，沿流逐末，別濬浦港以求一時之利，而淞江之勢日微，海道遂至湮塞，豈非治水之過歟？蓋自宋揚州刺史王濬以松江、滬瀆 又名黃浦。壅噎不利，從武康、紆谿為渠洽，直達於海。穿鑿之端，自此始。夫以江之湮塞，宜從其湮塞而治之，不此之務而別求他道，所以治之愈力，而失之愈遠也。世之論徒，區區於三十六浦，昔人於常熟之北開二十四浦，疏而導之江。又於崑山之東開一十二浦，分而納之海。間有及於淞江，亦不過浚盤龍，白鶴匯，盤龍浦在松江，白鶴江在嘉定。未見能曠然修禹之跡者。宜興單鍔著書，為子瞻所稱，然欲絕西來水不入太湖，殊不知揚州藪澤，天所以豬東南之水也，今以人力遏之。夫水為民害，亦為民利，就使太湖可涸，於民豈為利哉？余以為治吳之水，宜專力於淞江，淞江既治，則太湖之水東下，而他水不勞餘力矣。又曰：松江源本洪大，故別出而為婁江、東江。今松江既微，則東江之跡滅沒不見，無足怪者。故當復松江之形勢，而不當求東江之古道也。元末華亭周生綱領之論，實為卓越，然其欲求東江古道，則於嫡庶之辨，終有未明。夫以一江泄太湖之水，力全則勢旺，故水駛而嘗流；力分則勢弱，故水緩而易淤。此禹時之江能使震澤底定，而後世之江所以屢開而屢塞也歟？按：吳淞為中江，其泄震澤之水直而不迂，故視二江尤急。二江是淞江支流，今上海之大黃浦，古東江；太倉之劉家河，古婁江也。《松江府志》：黃浦上原自三泖來，其上為澱湖，為白蜆江。又自松江分派而來，至入海處約二百五十餘里。論者指此為東江。王同祖曰：東江舊跡在澱湖之西，東如白蜆江諸口皆是。東江既塞，今澱湖水由千墩等浦北入淞江，特支流耳。必復東江之舊，使泄澱湖諸水入海，則淞江始可通。

袁黃曰：吳淞古道，深廣可敵千浦。今黃浦通流不下劉家河，而吳淞日淺。蓋黃浦總會杭、嘉二郡之水，而又有澱山、泖蕩諸水從上而灌之，劉河受巴、陳諸湖之水，而又有夏駕、新洋諸水 在崑山。從旁而注之，是以流皆清駛，足

以敵潮。惟吳淞受太湖之派，而有長橋石堤為之阻遏，至所經龐山，九里二湖，又多灘漲，上流微，故下流塞，其間又有夏駕、新洋掣其水以入劉河，其勢益弱，一與潮遇，輒壅滯不行，毋惑也。又東江湮沒，議者多講求其故跡，或欲倣古遺意而別開一東江。不知三吳之水得以安流入海者，以有崇明諸沙縱橫如繡而橫亙於前也。若於澉乍、金山間誤開一道，有何堤障？夫東南之海最大，號為天闕。海鹽一帶，包以石塘，猶懼衝撼，豈可開渠延之使入乎？又今日入海之道，其自江陰江浦而來者，引萬里之清流納之巨壑，故海水逆上之潮，皆上流復回之水，所以澄澹而不為患。若使東江通海，則鹹水灌入，沿海皆不可耕矣。蘇、嘉之田稱三吳上腴，而使棄為斥鹵，害豈小哉？

夏允彝曰：淞江之南有大浦三十六，淞江之北有大浦三十二。在江之南者，西受陳河，南受澱湖諸水以入吳淞而達於海；在江之北者，西受陽城湖諸水以入吳淞而達於海。吳淞迤東入海之口，浦凡四十一，皆海潮往來，易於漲塞。惟千墩一浦，南通澱湖，極為深廣，與夏駕、新洋南北相望，屢經開後，皆為民利。考《名勝志》，從太湖經吳江長橋東北合龐山湖者為淞江，亦名松陵江。從太湖出鯰魚口，經吳郡之婁門者為婁江。從大姚分支，過澱山湖東，至上海、嘉定，亦名吳淞江者為東江。自海塘南障而東，江湮廢水，始北折而為黃浦，趨於淞江，並於婁江，又溢入七浦白茆港。王鏊曰：吳淞江別出一支分，從常熟白茆港入海。婁江雖通流，而太倉以東，每有沙漲，至瀕海之北，比腹內特高，浚治宜倍深。夫古人於川原廣衍處，每七十里為一縱浦，十里為一橫塘，所以通決水道，俾旱澇有備，今湮塞過半矣。宜相其緩急，以次疏之，即取所開之土以修岸塍，則溝瀆之水悉達於塘浦，塘浦之水悉達於江湖，又何水之足患乎？

## 震澤底定。

《漢·地理志》：會稽吳縣，周太伯所封國也。具區在西，古文以為震澤。在今蘇州府城西南三十里。《正義》：《周禮·職方》：揚州藪曰具區，浸曰五湖。餘州浸藪皆異，而揚州同者，蓋揚州浸藪同處，論其水謂之浸，指其澤謂之藪。曾氏曰：震如三川震之震，若今湖翻。

愚按：太湖之源來自苕霅，《山海經》：浮玉之山，在今湖州府城南玉湖中。舊志浮玉有二，在歸安者為小浮玉，在孝豐者為大浮玉。北望具區，苕水出乎其陰，是也。《吳江志》：太湖源出西天目，分為二，一散入固城湖，合金陵、常潤之水為百瀆、荊溪；一從獨山至秋浦，納宣歙、臨安之水，合苕霅、梅溪，俱入太湖。《浙江名勝志》：浙西苕霅與臨安、廣德諸水散出凡七十二溪，奔海不及，則停蓄於太湖耳。《越絕書》：太湖周迴三

萬六千頃，亦曰五湖。虞翻以東通松江，南通霅溪，湖州府城西。西通荊溪，宜
興縣西南三里。北通滆湖，宜興縣西北三十五里。東通韭溪，嘉興府城南八里。凡五道，
故名五湖。《史記正義》：菱湖、莫湖、胥湖、游湖、貢湖，為五湖。別有金鼎湖、梅梁湖、
東皋里湖，通謂之五湖。周五百里，東西二百餘里，南北一百二十里。王樵曰：揚州之境
嶺自郴、郴州。虔　贛州。北支，趨敷淺原，水皆東流；又自建嶺一支轉而北趨，
金衢為歙嶺，亙宣州而抵建康。其岡脊　歙嶺之脊。以西之水皆西流，匯為彭蠡；
其岡脊以東之水，南則浙江，北則震澤也。彭蠡不豬，則江西、江東諸州之水
為揚西偏之患；震澤未定，則浙西諸州之水為揚東偏之患。揚雖北邊淮而於徐
已書乂，雖中貫江而於荊已書朝宗。獨大江以南，西偏莫大於彭蠡，東偏莫大
於震澤，特舉二水以見揚之土田皆治。

　　金藻曰：《禹貢》云「三江既入，震澤底定」，又云「九川滌源，九澤既
陂」，今東江已塞，而淞江復微，是川源無滌也。太湖泛濫，堤防不修，是澤
無陂障也。無陂所以靡定，無滌所以靡入。又曰：三江，流水也；滌源，流水
之所以治也。震澤，止水也；既陂，止水之所以定也。使《禹貢》無此二語總
結，將謂「三江既入，震澤自定」矣。

　　葉夢得曰：孔氏以太湖為震澤，非是。《周官》九州，有澤藪，有川，有
浸。揚州澤藪為具區，其浸為五湖。凡言藪者，皆人資以為利，故曰藪以富得
民，而浸則但水之所鍾也。今平望、八尺、震澤之間，水彌漫而極淺，與太湖
相接而非太湖，自是入於太湖，自太湖入於海。雖淺而瀰漫，故積潦暴至，無
以泄之，則溢而害田，所以謂之震。然蒲魚菱芡之利，人所資者甚廣，亦或可
堤而為田，與太湖異，所以謂之澤藪。他州之澤，無水暴至之患，則為一名而
已，而具區與三江通塞為利害，故二名以別之。《禹貢》方以「既定」為義，
是以言震澤而不言具區。此論解《周禮》則可，以疏《禹貢》則不合。

　　太湖分二派，東南一派由淞江入於海，東北一派由諸浦注之江。其淞江泄
水，惟白茆一浦最大。濬淞江，則蘇松東南之水有所歸；濬白茆，則蘇州東北
之水有所歸。永樂初，夏原吉奏吳淞江舊袤二百五十餘里，廣一百五十餘丈。
前代屢浚屢塞，不能經久。自吳江長橋至夏駕浦約百二十餘里，雖云通流，多
淺狹之處。自夏駕抵上海南蹌浦，可百三十餘里，潮沙漲塞，已成平陸。若劉
家港、通海。白茆港　入江。皆係大川，水流迅急，宜浚吳淞南北兩岸安亭等浦，
引太湖諸水入劉家、白茆，使直注江海。又大黃浦乃通吳淞要道，今下流壅閼，
旁有范家浜至南蹌浦口可徑達海，宜浚令深闊，上接黃浦，以達湖茆之水，此

即《禹貢》三江入海之跡。原吉時為戶部尚書，治水蘇松，役夫凡十餘萬，水泄農夫利。

王樵曰：古者震澤之水，其西北上源則有宣歙、金陵、九陽江之水，由宜興百瀆以下震澤；其西南則有苕霅諸水，由湖州七十二港以入焉。所賴導之入海者，止松江、婁江、東江而已。水來甚多，而泄之者甚緩，此東南所以多水患也。自宋築五堰　水陽江、銀林江等五堰。考五堰，始於漢。於宜興以西、溧陽以上，而宣歙諸水皆西北入蕪湖，固有以殺其上源之勢。其後商人以漳木往來之阻，給於官而壞其防。昔人欲復五堰者，此也。五堰既廢，由是荊溪多積水，而百瀆湮塞，無以遂其東下之勢。昔人欲疏百瀆者，此也。宋慶曆中，築長橋於吳江岸，以便舟行之牽輓，而水道阻緩。昔人欲闢石塘，易木橋千所以分利之者，此也。凡此皆單鍔之說也。國初，因五堰舊跡立為銀渚，東壩禁商漳往來，既可挽東壩以西之水，北會金陵，以成朝宗之勢；又使東壩以東之水返注蕪湖，不下震澤，而三吳享陸海之饒，是豈徒得五堰遺意而已哉？乃東南之永利也。此用溧陽民陳嵩九計。東壩既足以當五堰之利，則上源既殺，下流亦減，荊溪、百瀆疏之可，不疏亦可。長橋之在吳江，去之則有妨於運道，存之亦未見有阻於太湖。其所急者，惟在吳淞江之通利闊深耳。按：漢設五堰，使西南水不入荊溪，由分水、銀林二堰入伍員伐楚之運河，以達大江。運河在五堰西南，唐時尚存，宋時堰廢，故吳中水患特甚。自東壩築而太湖水勢始殺其半。

**篠簜既敷，厥草惟夭，厥木惟喬，厥土惟塗泥。**

孔《傳》：篠，箭竹。邢昺曰：篠是竹之小者，可以為箭幹。《竹譜》：箭竹高者不過一丈，節間三尺。簜，大竹。孫炎曰：竹闊節者曰簜。李巡曰：竹節相去一丈為簜。按：郭璞引《儀禮》曰：簜在建鼓之間，謂簫管之屬。與孔《傳》大竹解不合。水去已布生。

愚按：兗、徐惟誌草木，揚州竹箭尤美，故別出之。《爾雅》：東南之美者，有會稽之竹箭焉。《筍譜》：今箭竹中為矢者，臨川、會稽為良。

孔《傳》：少長曰夭。喬，高也。邢昺曰：木枝上竦而曲卷者名喬。塗泥，地泉濕。《釋名》：塗，杜也。杜塞孔穴。《說文》：泥，黑土在水中者。王氏炎曰：南方地暖，故草木多少長而上竦；河朔地寒，雖合抱之木不能高也，兗、徐言草木，皆居厥土之下。凡土無高下燥濕，其性皆然，兼山林言之。若揚之塗泥，惟言沮洳之多，山林不與，故先草木也。青不言草木，而貢有松、檿絲，則可知；荊亦不言，然貢有杶幹等，亦可知矣。蓋兗、青相同，荊、揚為一，惟徐漸包為異耳。

**厥田惟下下，厥賦下上上錯。**

田第九等，賦第七等，雜出第六等。蔡《傳》：不言錯下上者，本設賦九等，分為上中下三品，下上與中下異品，故變文言之。金氏履祥曰：古人尚黍稷，田雜五種，《漢·食貨志》：種穀必雜五種，以備災害。故雖旱潦而各有所收。塗泥之土，其田獨宜稻，不利他種，故第為最下。胡氏宏曰：揚州魚鹽之海，出第七等，近於太輕，故有時而出第六等，以補餘州之不足。

丘濬曰：今天下水田惟維揚最賤，陸田惟潁壽為輕，且地介兩京間，相距略等。昔司馬懿伐吳，使鄧艾於淮北屯田，六七年十萬之眾，有五年之食。今請仿其法而行之。於淮南一帶、湖蕩之間、沮洳之地、蘆葦之場，盡數以為屯田，遣官循行其地，度地勢高下，測泥塗淺深，召江南無田之民，因宜制便，開渠濬川，大小相受，使水有所泄，然後於窪下之處，浚為湖蕩，又於原近舊湖之處，疏通其水，使有所豬。或為堤限水，或為堰蓄水，或為斗門放水，俱如江南之制。民之無力者，給以食田，成之後，依官田起科；民之有力者，計其庸田，成之後，依民田出稅。數年之後，其所得當不止於魏人也。況此地為運道所經，有魚鹽莞蒲之饒。昔人所謂揚州之地，去大江僅百里許。大江以南，民多而田少，居者佃富家之田，出者逐什一之利。誠下尺一之詔，鼓舞而招徠之，當無不成。既成之後，更於潁壽之間，召民開墾陸田，亦隨地勢以分田，因民力而定稅，其功又易於水田者。考之《唐史》，上元中，肅宗。於楚州古射陽　在山陽、鹽城、寶應界，即漢廣陵王射陂。置洪澤屯，於壽州置芍陂屯，大獲其利。今遺跡可求也。

愚按：泗水可以趨廣陵，渦口可以向六合，淝口可以向合肥。古人因田設險，因耕置屯，非徒興利，亦以防患。至江南之田，以修塍岸、浚溝渠為急。溝渠浚，則高田有以蓄水，而旱不能災；塍岸修，則下田有以障水，而潦不為患。范文正謂錢氏竊據時，專設營田軍七八千人，導湖築堤，以修水政。於是米值甚賤，迨歸一統，圩塘隳廢，米貴十倍。然則田之高下，何常惟在治之得其術耳。輯陳止齋諸家說。

**厥貢惟金三品、瑤、琨、篠、簜、齒、革、羽、毛，惟木。島夷卉服，厥篚織貝，厥包橘柚錫貢。**琨，《漢書》作瑻。

《史記》：虞夏之幣金三品，或黃，或白，或赤。《漢·食貨志》：秦以黃金為上幣，銅錢為下幣，銀錫之屬為器飾寶藏，不為幣。漢武帝始造白金三品。《爾雅》：黃金謂之璗，其美者謂之鏐。郭璞云：鏐，紫磨金也。白金謂之銀，其美者謂之鐐。《穆天子傳》有燭銀，郭璞云：銀有精光如燭。疑即此。赤金即銅。王氏《字說》：銅，赤金

也。為火所勝而不自守，反同乎火。凡律度量衡用銅，所以同天下也。按鄭玄云：金三品者，銅三色也。應劭謂古者以銅為兵。《山海經》：昆吾之山其上多赤銅。郭璞《注》：色赤如火，以之作刀，切玉如泥，所謂昆吾之劍也。《越絕書》：赤菫之山破而出錫，若耶之谷涸而出銅，歐冶子因以為純鉤之劍。汲郡冢中得銅劍一枚，長三尺五寸，乃今所名干將。蓋古者通以錫雜銅為兵器。《周官・職金》：入其金錫於為兵器之所。此一證也。錫所以柔金。《爾雅注》：今白鑞。

愚按：《左傳》貢金九牧。九州皆有金貢，而獨著於荊、揚，揚產更優，故貢居首。漢丹陽、豫章有金銅之山，《漢志》：鄱陽有黃金采，采者取金處。丹陽郡有銅官。靈帝採勾曲之金以充武庫，見《續博物志》。是揚之產金，後世猶然也。

《說文》：瑤，玉之美者。琨，石美似玉者。孔《傳》：瑤、琨皆美玉。蔡《傳》用《說文》。《正義》：齒，象齒。《詩》：元龜象齒。知齒是象齒。革，犀兕皮。羽，南方鳥羽，孔雀、翡翠之屬。毛，西南夷長犛牛尾，經傳通謂之旄。《牧誓》：右秉白旄。《詩》：建旐設旄。木，梗、梓、豫、章。蔡《傳》：瑤、琨可以為禮器，篠中矢笴，簜中樂管，此從郭璞《注》。亦可為符節。《周禮・掌節》：以英簜輔之。《注》：盛節器也。當是為符節之函。齒、革可以成車甲。《考工記》：犀甲七屬，兕甲六屬。羽、毛可以飾旌旄，木可以備棟宇器械之用。島夷，東南海島之夷。按：島夷，如今日本、琉球及占城、爪哇等國。孔《傳》謂南海島夷，揚境東南皆至海，當以蔡《傳》為是。《正義》：卉服，草服，羅苹云：卉，今之黃草。葛越也。葛越，南方布名，左思《吳都賦》「蕉葛升越，弱於羅紈」是也。

愚按：《後漢書》世祖嘗勅會稽獻越布，蓋越亦葛類。楊慎曰：越草也可為布。注疏止言葛越，而蔡《傳》兼及木棉。木棉出交廣，即今斑枝花。張勃《吳錄》：交阯有木棉樹，實如酒杯，口有綿可作布，名曰白㲲。楊慎曰：雲南阿迷州有之，嶺南尤多。樹大成抱，花如芙蓉，結子時方成，葉子內有綿，至蠱成乃熟。與草綿異。草綿，今江南之棉花也。史照《通鑑釋文》：江南木綿，春生黃花，結實熟時，其皮四裂，中綻出如綿。土人以鐵鋌碾去核，取綿弓彈之，令自細卷為筒，就車紡之織成布。按：此即今綿花，史以解木綿，非也。丘濬謂木棉至宋、元間種始傳入中國，考《通鑑》，載梁武帝木綿皁帳，又屢見唐人詩句，李商隱詩：木綿花發鷦鴣飛。王叡詩：紙錢飛出木綿花。則宋以前有之。但唐虞時，外夷所貢者，未必即此種耳。

鄭氏玄曰：貝，錦名。其紋斑斕如貝。孔《傳》：織，細紵。貝，水物。作二物解，非是。《詩》：萋兮斐兮，成是貝錦。徐常吉曰：即今西洋布之類。吳氏澄曰：染其絲五色，織之成文者曰織貝；不染五色，而織之成文者曰織文。蔡《傳》：今

南夷木綿之精好者,亦謂之吉貝。島夷以卉服來貢,而吉貝之精者則入於篚焉。此本之蘇《傳》。

愚按:吉貝之名,昉於《南史》,《南史》:林邑等國出吉貝木,其花成對如鵝毳,紡之作布,與苧不異,亦染成五色,織為斑布,俗呼古為吉。《舊唐書》:婆利國有古貝草,緝其花為布,粗者曰古貝,細者曰氎。不可謂禹時即以入貢,且諸州篚實非必盡出於各夷也。

孔《傳》:小曰橘,大曰柚,其所包裹而致者。《續博物志》:柚似橙而大於橘。茅瑞徵曰:橘、柚皆不耐寒,故包裹貢之。張氏曰:必錫命,乃貢賓祭,則詔之口腹之欲,難乎出令也。按:漢武帝於交阯置橘官長一人,今橘產閩廣者良。禹時所貢,當在近地,炎荒之外,豈以勞民哉?《周禮·職方》所載揚州之賦,其穀則宜稻,而他種皆非所有;其利則金錫竹箭,而絲紵則非所宜。漢東南獨海鹽有鹽官,皖城有鐵官,則知漢鹽鐵官之置多在西北,而不在東南矣。唐自河西北淪於藩鎮,而國用全賴東南,唐代宗時,天下租賦所入不過千二百萬,而江南居其半。明代視唐、宋為倍。朱提之貢額不減,而漕粟之輓輸歲增。又淮、浙鹽課為海內最,地無遺利,而誅求猶不止,欲民力不竭,豈可得哉?

### 沿於江海,達於淮泗。

《正義》:《春秋》文十年《傳》:沿漢泝江。泝是逆,沿是順。沿江入海,順也。自海入淮,自淮入泗,逆也。按:江自靜江入海,淮自淮浦入海,皆與海通,故揚州貢道獨資海運。陳氏大猷曰:循行水涯曰沿。水之險者,莫如江海。遇風濤,多沿岸而行,所以不言浮,獨言沿者,著其險也。易氏曰:揚之貢在北者,可徑達淮、泗矣;其在南者,邗溝未開,無道入淮,必由江海達淮、泗,至淮、泗則與徐州同貢,以達於河。林氏之奇曰:禹時江、淮未通,至吳王夫差會晉黃池,始掘溝通水。孟子謂排淮、泗而注之江,蓋誤指所通之道以為禹跡。陳氏傅良曰:《禹貢》州末係河,先儒固曰運道,其於青州達濟,揚州達泗,荊止於南河,雍止於西河,此政裴耀卿接級轉輸之法,不以江人入河,不以河人入洛,洛人入渭。唐時江、淮之粟會於京口,京口是咽喉處,六朝運道不由京口。自破岡瀆入秦淮,自秦淮入江。破岡瀆在今句容縣東二十五里。秦淮本名龍藏浦,有二源,一經句容西南,一經溧水西北,合自方山埭,西注大江。今都城徙而南,秦淮乃橫互城中。

考吳夫差於邗江築城穿溝,東北通射陽湖,西北至末口,江、淮之通自此始。見《揚州府志》。吳草廬謂江北、淮南地高,於水溝通江、淮,止是江、淮間掘一橫溝,兩端築堤,壅水於中,以行舟耳。兩端築堤,今瓜儀淮安壩是。江、淮實未通流也。後隋煬帝幸江都,大發淮南諸州丁夫十餘萬開邗溝,自山陽至揚

子江，徑三百餘里。自是始由揚子達六合，由山陽瀆入淮。今運道自瓜儀歷高郵、寶應，至清江浦入淮。

鄭曉曰：國初，海運沿於江海也。永樂初，中灤之運達於淮、泗也。其後並罷，專由邢溝入淮，泝河以達會通河。又曰：欲順河流，不逆其性，必難濟漕。既欲濟漕，難保淮西陵寢不衝決。大名、張秋、濟寧、徐州，處處畏河患，又必須引之東南流。雖大禹治之，恐亦無長策。以故中灤之運，及膠河故道，皆不可不講。膠河，即今所謂南北新河。不出登、萊，大洋之險，直自安東至海倉三百里耳。

夏允彝曰：近世以河渠阻塞，多議海運。考《元史》，其道有三，皆自平江劉家港出海，其至萬里，長灘開洋，旋沿山嶼而行，至膠州復放洋者，路甚紆遠；次沿涯至長灘放大洋，經黑水洋至成山者，成山在文登縣南。其道差徑；又次至崇明、三沙放洋，向東即開黑水大洋，取成山，轉西至登州沙門島者，其道最便。蓋開洋愈闊，則取道尤捷，然與大禹沿海之意遠矣。唐樞曰：海運憚文登南之成山、登州北之沙門島。此兩險多磧，宜無靖勢，元開膠萊，以避兩險。或曰：元人海運損壞，以起自太倉、嘉定而北也。若自淮安而東引登萊以泊天津，則元名北海中多島嶼，可以避風，又其地高多石，蛟龍往來而無窟宅。

王樵曰：上古海路不甚通，揚州所沿不過由江至淮之海面而已。上古海利亦不甚通，鹽與海錯不過取之青州而已。聖人先見之明、防患之遠，不貴異物、遠物，以生外釁，豈有賈市招誘之事哉？近代倭人之禍，則海路、海利日通，而莫之為禁之咎也。《漢書》言樂浪海中有倭人，分為百餘國，以歲時來獻見。雖漢世已通中國，然止樂浪海中一路，閩、廣、兩浙固猶未通也。自元人與之交兵，彼始得我之情，有窺我之漸。國初，沿海備禦，蓋亦甚嚴。承平禁弛，乃召前代未有之患。誠繹《禹貢》之旨，則得所以治之之要矣。

黃承玄曰：淮與黃初皆獨入於海，故稱瀆焉。自隋大業間引河由汴、泗達淮，周顯德間，濬汴口導河達淮，皆上流也。宋興國間，河由彭城入淮，熙寧後由南清河入淮，則支派耳。金、元季由渦河入淮，亦上流也。國初，河決原武，由壽州正陽鎮全入於淮，則正派，又上流矣。嗣後或由孫家渡，或由趙皮寨，皆從陳、穎、亳、壽、懷遠等處入淮，皆上流正派。其由小浮橋經徐、邳，自清河縣北合淮者，此下流，亦支派爾。至嘉靖中，塞渦河口，截野雞岡，則正派皆歸孫繼口，歷徐、邳、桃清入淮，已而從清河縣南合淮下流，且奪淮入海之路。

禹貢長箋卷五

# 禹貢長箋卷六

荊及衡陽惟荊州。

《爾雅》：漢南曰荊州。郭璞《注》：自漢南至衡山之陽。《釋名》：荊州取名於荊山。孔《傳》：北據荊山，南盡衡山之陽。蔡《傳》：北距南條、荊山，南盡衡山之陽。《正義》：此州北界至荊山之北，故言據。南及衡山之陽，其境過衡山也。以衡是大山，其南無復有名山大川可以為記，故言陽。諸州以山奠者獨荊。

《漢·地理志》：荊山在南郡臨沮縣　今襄陽府南漳縣。東北。《山海經》：景山東北百里曰荊山。《襄陽府志》：荊山在南漳縣西北八十里，三面險絕，惟西南一隅通人徑。曾氏曰：荊山有二，此荊山其南為荊州，其北為豫州，非雍州「荊岐既旅」之荊山。

《漢·地理志》：衡山在長沙國湘南縣　今長沙府湘潭縣。東南。《括地志》：衡山在衡州湘潭縣西四十一里。《一統志》：在衡州府衡山縣西北，周八百餘里，高九千餘丈。

愚按：衡山以回鴈為首，在衡州。嶽麓為足，在長沙。自古稱南嶽。漢武本《爾雅》，徙祭南嶽於廬江灊　音潛。山，《爾雅》：霍山為南嶽。《地理志》：灊縣南有天柱山，即霍山也。齊立霍州治此，在今廬州府霍山縣。然衡山故封卒不易云。《洞天記》：隋開皇九年，始定衡山為南嶽。

熊氏禾曰：荊州北接雍、豫，南逾五嶺，東抵揚州，西抵梁州及西南夷。揚州之地自兩浙為吳越之外，江、淮皆楚境也。或謂建都江南者，當以南陽為正，其北連中原，東通吳會，西接巴蜀，南控蠻粵。諸葛亮以為用武之國，凡自北攻南，自南窺北，未有不先得此而可以有為也。

班固配十二次，自張十七度至軫十一度為鶉尾之次，費直起張十三度，蔡邕起張十二度。於辰在巳，楚之分野　《鄭語》：楚，重黎之後也。黎為高辛氏火正，此鶉尾為

楚分星。屬荊州。《春秋緯·文耀鉤》：大別以東至九江、荊州屬衡星。《天官書》：衡，太微，三光之庭也。《注》：太微，天帝南宮，主翼、軫地。《晉·天文志》：翼、軫，楚，荊州。南陽入翼六度，南郡入翼十度，江夏入翼十二度，零陵入軫十一度，桂陽入軫六度，武陵入軫十度，長沙入軫十六度。

《周·職方氏》：正南曰荊州，其山鎮曰衡，其澤藪曰雲夢，其川江漢，其浸潁湛。鄭玄曰：潁水出陽城。京相璠曰：昆陽縣北有蒲城。蒲城北有湛水。陽城，今河南府登封縣。昆陽，今南陽府葉縣。按：二水皆宜入豫州。《通典》：荊州，楚其分野，兼得韓、秦之交。秦置郡為南郡，黔中、長沙、南陽之東境。《通考》作南境。漢武置十三州，此為荊州，後漢並因之。其五溪地，歸漢以後，歷代開拓。《史記正義》：楚東淮、泗之上與齊接境，北有陘塞與韓接境。徐廣曰：密縣有陘山。密縣，今屬開封府。《漢·地理志》：楚地，今之南郡、江夏、零陵、桂陽、武陵、長沙，及漢中汝南郡，盡楚分。周成王時，以封鬻熊之曾孫熊繹，後浸強大。楚有江漢、川澤、山林之饒，民以漁獵、山伐為業，果蓏蠃蛤，食物常足，故呰 音子。窳偷生，而亡積聚。江陵，故郢都，按《一統志》：楚熊繹封丹陽，故城在今歸州東七里。楚文王自丹陽徙都郢，故城在今荊州府東北三里。西通巫巴，東有雲夢之饒，亦一都會也。《後漢·郡國志》：荊州刺史 治漢壽，後治江陵。漢壽，今常德府龍陽縣。部郡七：南陽、南郡、江夏、零陵、桂陽、武陵、長沙。內南陽應入豫州。《通考》：漢又為牂牁郡之東北境。魏武得荊州，分南郡以北立襄陽郡。及敗赤壁，吳與蜀分荊州，於是南郡、零陵、武陵以西為蜀，江夏、桂陽、長沙三郡為吳，南陽、襄陽、南鄉三郡為魏。後蜀所分地悉屬吳，而荊州之名南北雙立。《唐·地理志》：山南道，古荊州域。江陵、峽、歸、夔、澧、朗、復、郢、襄、房為鶉尾分，鄧、隋、泌、即唐州。均為鶉火分，府一。江陵。內夔、房，《通典》入梁州。襄、鄧、隋、泌、均，《通典》入豫州。《通典》：唐分置山南東道，採訪使，治襄州。領江陵、荊州。竟陵、復州，本河陽郡。富水、郢州，本竟陵郡。夷陵、峽州。巴東、歸州，析夔州置。武陵、朗州。澧陽 澧州。郡；江南西道，採訪使，治洪州。領長沙、潭州。零陵、永州。桂陽、郴州。江夏、鄂州。齊安、黃州。漢陽、沔州。江華、道州，本營州，析零陵郡置。衡陽、衡州，本衡山郡。巴陵、岳州。邵陽 邵州，本南梁州，析潭州置。郡；黔中道，採訪使，治黔州。領黔中、黔州。盧溪、辰州，本沅陵郡。盧陽、錦州，析辰州置。寧夷、思州。清江、施州。潭陽、巫州，析辰州置。龍溪、業州，析沅州置。義泉、夷州，析思、黔二州置。靈溪、溪州，析辰州置。涪川、費州，析思州置。溱溪、溱州，即珍州夜郎郡。播川 播州。郡；兼分入淮南道，為安陸、安州。義陽 申州。郡，及嶺南道連山

郡。《初學記》：荊州之南界屬江南道，東界入淮南道。《宋史》：古荊州為荊湖南、北路，北路府二：江陵、德安，州十：鄂、復、鼎、澧、峽、岳、歸、辰、沅、靖，軍二：荊門、漢陽；南路州七：潭、衡、道、永、邵、郴、全，軍二：武岡、桂陽，荊湖路東界鄂渚，西接溪洞，南抵五嶺，北連襄漢。而郢州入京西南路，黃州入淮南西路，興國軍入江南西路，黔、施、珍、思、播五州入夔州路。《文獻通考》：以信陽軍入荊州域，應入豫州。《明·一統志》：古荊州為今湖廣省武昌、楚熊渠子鄂王封國，秦屬南郡，漢置江夏郡，治沙羨，三國吳分置武昌郡，治武昌，劉宋兼置郢州，梁分置北新州，隋、唐曰鄂州，後置武昌軍節度。其地控掎雍梁，邊帶漢沔，山川包絡，江南要區。漢陽、春秋鄖國，屬楚，秦屬南郡，漢屬江夏，唐置沔州，後隸鄂、安二州。周世宗平淮南，置漢陽軍，宋因之。其地與武昌隔江僅七里，形勝風俗頗同。承天、春秋戰國屬楚，曰郢中，秦屬南郡，漢屬江夏，晉置竟陵郡，梁為南司、北新二州境，唐、宋曰郢州。其地上接漢江，下連湘水，舟車之衝。德安、亦鄖國地，秦屬南郡，漢屬江夏，劉宋置安陸郡，梁兼置南司州，西魏置安州，唐因之，宋升德安府，元隸黃州路。其地介襄、鄧、申、汝之間，為都會。黃州、春秋黃國，楚徙邾君於此，曰邾城，秦屬南郡，漢屬江夏，晉又置西陽國，齊分置齊安郡，隋曰黃州，唐、宋因之。其地連雲夢，倚大江，淮楚之交。荊州、春秋楚郢都，秦置南郡，漢因之，唐為江陵府，元為中興路。其地東連吳會，西通巴蜀，南極湘潭，北據漢沔，上游重鎮。岳州　古三苗國，春秋麇國、羅國地，秦、漢屬長沙郡，劉宋置巴陵郡，唐置岳州，宋、元因之。其地兼江湖之勝，湘、沅、衡、岳接其前，漢、沔、荊、峴帶其後。長沙、楚南境，黔中地，秦置長沙郡，漢為國，劉宋置湘州，隋、唐曰潭州，宋置武安軍。其地南通嶺嶠，北界洞庭，湖湘重鎮。寶慶、秦屬長沙，漢屬長沙、零陵，三國吳置邵陵郡，唐、宋曰邵州。其地東距洞庭，西連五嶺，控制谿洞諸蠻。常德、商、周蠻蜑所居，秦屬黔中郡，漢置武陵郡，梁置沅州，隋、唐曰朗州，宋曰鼎州。其地包洞庭，控五溪，荊渚唇齒。辰州、亦蠻蜑地，秦置黔中郡，漢屬長沙、武陵，晉以後並屬武陵，唐、宋為辰州。其地重岡複嶺，武陵保障，俗同巴渝。衡州、秦屬長沙，漢分屬桂陽，三國吳分湘東、衡陽二郡，隋置衡州，唐、宋因之。其地直回鴈峯之北，東帶瀟湘，南連谿峒。永州　春秋楚南境，秦屬長沙，漢置零陵郡，晉屬湘州，又分置營陽郡，隋、唐曰求州。其地南接九疑，北連衡岳。各府，靖、秦黔中地，漢屬牂牁郡，唐為谿峒，宋曰誠州。其地介夷、播、敘三州之境。郴　即長沙南境，漢置桂陽郡，隋、唐曰郴州。其地環山為州，五嶺之衝。二州，永順、漢屬武陵，唐置溪州。保靖　隋辰州地，唐屬溪州。二宣慰司。其襄陽府　春秋屬楚，漢屬南郡、南陽，劉表刺荊州徙治焉，三國魏置襄陽郡，為重鎮，東晉僑置南雍州，唐曰襄州。其地南臨荊門，北控宛許，楚、蜀之咽喉。為荊、豫二州域，宜城、南漳屬荊州。考郡志，宜城當屬豫州。鄖

陽府　春秋麋國，漢屬漢中，三國魏置魏興郡，唐置南豐州，尋改屬均州。其地襟山帶江，荊、襄、秦、蜀之會。為荊、豫、梁三州域，鄖縣、房縣屬荊州。《匯疏》云：考《地志》，鄖陽府應屬梁州。施州衛　楚巴巫地，漢屬南郡，唐、宋曰施州。為荊、梁二州域。東境屬荊，西境屬梁。江西省南康、九江、吉安三府　詳見揚州。為荊、揚二州域，西境屬荊。四川省夔州府　詳見梁州。為荊、梁二州域，巫山、大昌、大寧屬荊。廣西省桂林、秦屬桂林，漢屬零陵、蒼梧，三國吳置始安郡，晉屬廣州，梁置桂州，唐因之，宋為靜江府。其地東控嶺海，右扼蠻荒。自荔浦以北為楚，以南為粵。平樂、秦屬桂林，漢屬蒼梧，三國吳屬始安，唐昭州。其地與清湘、九疑、犬牙相入。梧州　秦屬桂林，漢置蒼梧郡，徙交州治之，唐置梧州。其地總百越，連五嶺，水陸之衝。三府應屬荊州，貴州省貴陽府漢屬牂牁郡。則荊、梁二州之南境，思州、牂牁要衝。思南、亦牂牁地。鎮遠、石阡、古夜郎地，唐夷州。銅仁、黎平等府，並荊州南裔。按：荊、梁之界，今為貴州。衡山之南，今為廣西。

　　章俊卿曰：沅、湘眾水合洞庭而輸之江，則武昌為之都會；江水下夔峽而抵荊楚，則江陵為之都會；漢、沔之上，則襄陽為之都會。守江陵則可以開蜀道，守襄陽則可以援川陝，守武昌、九江則可以蔽全吳。魏氏了翁曰：襄陽據漢水上游，與江陵為唇齒。襄陽至江陵步道五百里。襄陽之唇亡，則郢、復、荊門、漢陽皆齒也。齊安、鄂渚為受兵之衝，長江之險與敵共之矣。唐樞曰：湖廣南匯洞庭諸水於前，北引漢、沔諸水於後，西承川蜀諸水而折而過焉。水法瀠洄而山奔不歇，故有不可居終之說。

## 江漢朝宗于海，

　　江漢，詳導水。《正義》：《周禮·大宗伯》諸侯見天子之禮，春見曰朝，夏見曰宗。此假人事而言。《詩》：沔彼流水，朝宗于海。鄭氏玄曰：江水、漢水，其流遄疾，又合為一，共赴於海，猶諸侯之同心尊天子而朝事之。荊楚之域，國有道則後服，國無道則先強，故記其水之義以著人臣之禮。易氏曰：江自歸州、秭歸至鄂州、武昌，凡一千四百餘里，皆荊州地。江、漢分流其間，至是合流。王氏炎曰：漢水入江處在漢陽軍大別山下。鄭曉曰：二水發源於梁而荊當下流之衝，入海於揚而荊據上游之會，故於此言朝宗，見其上無所壅，下有所泄。

　　王樵曰：既言朝宗于海，則入海不俟言，故知「三江既入」不指大江也。

　　江水方出三峽，源高流下，勢若建瓴。夷陵　屬荊州府。以東，兩崖俱平衍下隰，水易漫流，堤防不修，則千里泛濫，不見涯涘。舊有九穴十三口，今皆

湮塞無餘。荆岳之間，幾何不為巨浸也。漢水多泥沙，均州　屬荆襄陽府。以下，地平曠，遷徙不常，潛、沔之間，潛江、沔陽俱屬承天府。大半匯為湖渚。又有漲池口、竹洞湖瀉之，以故向鮮水患。自潛、沔、湖渚淤為平陸，竹洞湖復湮淺，上流日壅，下流日澀，水患多在荆襄、承天間矣。見《禹貢合注》。

九江孔殷。孔殷，《史記》作甚中。

《水經》：九江在長沙下雋　今岳州府巴陵縣。西北。蔡《傳》：即今洞庭湖。其源有九水，故名。一曰瀟江。《水經注》：一名營水，出營陽冷道縣　今永州府寧遠縣。南流山，《一統志》：瀟水在永州府城外，源出寧遠縣九疑山。北流注湘水。按《永州府志》，道州水營、瀟居其二，而羅含所記十五水無瀟。《衡州府志》云：營水在唐名瀟水。則二水實一也。二曰湘江。《漢·地理志》：湘水出零陵郡零陵縣陽海山，《水經注》：湘水出零陵始安縣。陽海山，即陽朔山，在今桂林府興安縣。北至長沙酃縣　今衡州府衡陽縣。入江。《水經》：北過下雋縣西，又北至巴丘山入江。《一統志》：湘水至永州與瀟水合，曰瀟湘。至衡陽與蒸水合，曰蒸湘。至沅州與沅水合，曰沅湘。三曰蒸江。《水經注》作承水。承音蒸。按《地理志》，承陽在承水之陽，屬長沙國。《後漢志》作烝陽，屬零陵郡。《晉志》《宋志》俱作烝陽，屬湘東郡。是承水即蒸江也。出邵陵縣　今寶慶府邵陽縣。界耶薑山，《一統志》：烝水出邵陽縣耶薑山。東北流至湘東臨承縣北，今衡州府衡陽縣。東注於湘。四曰瀋江。《地理志》：瀋水出零陵郡都梁縣　今寶慶府武岡州。路山，一名唐糾山。東北至長沙益陽　今長沙府益陽縣。入沅。《水經》：至益陽縣北，又東與沅水合，入洞庭。五曰沅江。《地理志》：沅水出牂牁郡且蘭縣，今四川播州地。東南至長沙益陽入江。《水經》：東至長沙下雋縣西北入江。《一統志》：沅水自辰州經常德府城南，至龍陽縣北入洞庭。六曰漸江。《地理志》：漸水出武陵郡索縣，今常德府龍陽縣，東漢曰漢壽。《水經注》：出漢壽縣西楊山。東入沅。七曰敍江。《地理志》：序水出武陵郡義陵縣　今辰州府漵浦縣。鄜　音夫。梁山，西入沅。《水經注》：西北流入沅。八曰辰江。《地理志》：辰水出武陵郡辰陽縣　今辰州府辰溪縣。三山谷，南入沅。《水經注》：武陵有五溪，辰其一焉，右合沅水。九曰酉江。《地理志》：酉水出武陵郡充縣西原山，《水經注》：出巴郡臨江縣西源山。臨江，今重慶府忠州。南至沅陵　今辰州府沅陵縣。入沅。按《志》，瀟、湘、蒸、瀋四水出湖南，沅、序、漸、辰、酉五水出湖北，而沅、瀋、湘最大，皆自南而入荆，江自北而過。

愚按：此係朱子考定九江，蔡《傳》所序沅、漸、元、辰、敍、酉、澧、瀋、湘，與朱子不合。徧考各志，有沅水而無元水，蔡不知何據。況導江「東至於澧，過九江」，則是古者澧先入江，而後九江入焉。澧不當在九水之內，

疑朱子說得之。又按：古三苗之國，左洞庭，右彭蠡，《注》《疏》皆誤，以洞庭為彭蠡，而謂九江在潯陽。潯陽，漢屬廬江郡。《潯陽記》：九江，一曰烏白江，二曰蜂江，三曰烏江，四曰嘉靡江，五曰畎江，六曰源江，七曰廪江，八曰提江，九曰菌江。班固謂《禹貢》九江在潯陽南，《注》《疏》相同。自宋胡旦始正之。朱子曰：若旁計橫入小江之數，則自岷山以東至入海，為江當幾千百。夫經言「九江孔殷」，正以見其吞吐壯盛、浩森無涯之勢，決非分派小江之所可當。繼此而及夫沱、潛、雲夢，則又見其非潯陽以東甚遠之下流也。且導山「過九江，至於敷淺原」，若已自江州順流東下湖口，又復泝流南上彭蠡，百有餘里而後至焉，此何說哉？蔡《傳》漢九江郡之尋陽乃《禹貢》揚州之境，按：漢尋陽在江北，晉以後尋陽在江南，禹時皆屬揚州。程大昌謂荊境至尋陽以東即為揚州，是以尋陽屬荊，蓋因孔《傳》誤。而唐孔氏又以為九江之名起於近代，未足為據。且九江派別，亦必首尾短長大略均布，然後可目為九。令尋陽之地將無所容，況洲渚出沒，其勢不常，果可以為地理之定名乎？設使派別為九，則當曰「九江既道」，不應曰「孔殷」；於導江當曰「播九江」，不應曰「過九江」，反覆參考，九江非尋陽明甚。陳氏師凱曰：導江曰「過九江」，則大江自大江，九水自九水可見，而孔氏謂江分九道者，其非明矣。孔《傳》：江於此州界分為九道，甚得地勢之中。又曰：「東至於澧，過九江，至於東陵」，則九江當在澧州之下、巴陵之上，而不在尋陽尤明矣。

王樵曰：雷夏小，故曰「既澤」；彭蠡大，故曰「既豬」。大野大於雷夏，故亦曰「既豬」；震澤震動難定，故曰「底定」。洞庭方八百里，浩渺非他可比，故特異其文曰「孔殷」。「殷」字有訓「正」者，《堯典》「以殷仲春」是也；有訓「盛」者，《洛誥》「肇稱殷禮」是也。蔡《傳》從前解。徐常吉曰：今荊州之水莫大於洞庭，而《爾雅》十藪惟云「楚有雲夢」，《周禮·職方》「荊州藪澤曰雲夢」，皆不及洞庭。仁山金氏以為九江會為洞庭。計禹時九江入江會合，未甚廣，故未有洞庭之名。其後會聚日廣，方八百里，而洞庭山在其中，故因山得名云。金氏之言，理或宜然。《戰國策》載吳起言「左洞庭，右彭蠡」，又秦與荊戰，大破之，取洞庭五潴。《水經注》：湘水、濱水、沅水、微湖、澧水，凡五水注洞庭，北會大江，名五潴。則洞庭之名，戰國時已有之。然既言洞庭，又言五潴，則是洞庭山之側有五水分潴其間，亦可證未合而為一也。意其初，九水同入江，故名九江；後既潴，九而為五，又會五而為一，則九江遂皆入湖，而洞庭之名始著。是謂九江非洞庭，固不可；謂九江即洞庭，亦不可也。

　　辰、常、衡、永支湖無慮數十，其會眾流而注之洞庭者，沅、湘、澧而已。沅合麻陽　屬辰州府。諸溪洞水，過常武，常德府武陵縣。出湖之北；湘合瀟水、汨羅水，過長沙，出湖之南；澧合焦溪、茹溪諸水，經慈利、石門，俱屬岳州府。至澧州，出湖之西，而漸、辰、敘、酉、濆合流而匯洞庭，以為之壑，故辰、沅、衡、永、長沙得免水患。惟常武當沅江之下流，岳陽當江湖之會合，故堤防急焉。昔禹之治水，堅則鑿之，盛則釃之，淺則瀹之，大則決之，急則排之，而其要有二，曰經，曰緯。夫漢之南入、江之北匯，非楚水大經乎？然漢則東為滄浪，過三澨，乃至大別江，則東別為沱，至於澧，過九江，至於東陵，乃迤北而會焉。隨地注瀉，使游波寬緩，不相激薄，何其緯之有緒也。平成既久，民多濱水為居，或築而業之，故潛、沔之間所謂滄浪、勾雍諸澨，皆大不容刀，甚至不可辨。而澧水與江相去百餘里，禹時九江猶受岷江之輸。今九江自相經緒，豬為洞庭，大且與江漢敵矣。禹所患者，經不足以持緯，治之宜後緯而先經；今所患者，緯不足以受經，治之宜後經而先緯。《周禮》：稻人掌稼下地，以豬蓄水，以防止水，以溝蕩水，以遂均水，以列舍水，以澮瀉水。此雖主治澤田，實治水緯法也。今當增修江漢之堤而開瀦諸穴口，以散其漲，使民得堤為衛，不患於漂沒。堤得口為瀉，不至於壅淤。排釃並施，防澮均舉，經緯之義備，水何從孽哉？輯夏彝仲諸家說。

## 沱潛既道，

　　《爾雅》：水自江出為沱，自漢出為潛。《正義》：水從江、漢出者皆曰沱、潛。但地勢西高東下，雖於梁州合流，還從荊州分出，猶如濟水入河，復自河出也。鄭氏玄云：南郡枝江縣　今屬荊州府。有沱水，其尾入江耳，首不於江出也。華容　今荊州府監利縣。有夏水，首出江，尾入沔。蓋此所謂沱也。《地理志》：夏水首受江，東入沔，行五百里。《水經注》：夏水出江，流江陵縣東南，東過華容、監利，至江夏雲杜縣入於沔。雲杜，今即承天府地。潛水未聞。王氏炎曰：沱水在江陵枝江縣，世謂枝江。為百里，洲夾江、沱二水之間，與江分處曰上沱，與江合處曰下沱。《隋志》：南郡松滋縣有涔。涔，即古「潛」字。《集韻》潛，通作「涔」。《史記》：沱、涔既道。今松滋分為潛江縣矣。潛江縣，明朝先屬荊州府，後屬承天府。

　　愚按：金氏謂松滋縣南，枝江縣北，江分三十餘里，下流復合，名笓籬江，此即沱也。《一統志》：沱江在當陽縣治南，當陽屬荊門州。沱江在縣南百六十里。至枝江縣界復入大江。據鄭《注》，則在枝江者為非。今長夏河即夏水，在沔

陽州南四十里，此則康成所云出江入沔者乎？潛江經今潛江縣界，潛江在縣東一里。東南入大江。《承天志》云：漢水自鍾祥 承天府治。北三十里分為蘆洑河，經潛江縣東南後入漢。鄭端簡云入江。疑即古潛水。項平甫謂夾蜀山而行，凡谿谷之水至江而出者皆名沱，至漢而出者皆名潛。然沱、潛自是江、漢別流，非盡谿谷水所注。孔氏以荊、梁、沱、潛為一，班固、鄭玄、郭璞皆以二州各有沱、潛，蓋源同而流異耳。

黃度曰：孔安國云：沱、潛發梁州，入荊州。其言雖不詳，未失也。孔穎達求之不得，而曰沱、潛雖於梁州合流，復於荊州分出，則幾誣矣。沱自永康軍導江縣分流，東至眉州彭山縣入江，此江別為沱，人所知也。漢有東西二源，而沔、漾附會，其說多端。按經文，梁州貢道浮於潛，逾於沔，東為沔，西為潛，潛即西漢出天水南至巴州入江，凡潼、益、夔、利水道皆由此泝流北上，是固大瀆，足為一州貢道矣。然沱、潛合為一流以出瞿唐，至荊猶各存舊名者，所以紀江、漢之源委也。潛、漢與江合瀆，東流至夏口，沔、漢又出而會之，江、漢合流卒入於海。而自九江以上稱沱、潛，九江而下稱江、漢，至揚州合為一江，而猶稱中江、北江，以見二水各瀆共流。歷梁、荊、揚首尾三州，其可合者，不得而分也，猶河既釃二渠，又疏九河，流注兗、豫、青、徐，其當分者，不可得而合也。此禹治水大經，皆行其所無事也。此說主漢孔氏。

**雲土夢作乂。** 夢，《周禮·職方》作藪，《漢書》「雲夢」二字連。

《漢·地理志》：雲夢在南郡華容縣南。蔡《傳》：雲夢方八九百里，跨江南北，華容、枝江、江夏、安陸皆其地也。《左傳》「楚子濟江入於雲中」，又「楚子與鄭伯田於江南之夢」。《國語》云：楚有藪曰雲，連徒州，金木竹箭之所生。韋昭云：雲土今為縣。《地理志》：江夏有雲杜縣，夢在南。合言之為一，分言之則二澤也。沈括曰：孔安國注雲夢澤在江南，不然，據《左傳》，吳人入郢，楚子自郢西走涉雎，杜預曰：雎水在枝江縣入江，是楚王西走。則當出於江南，其後涉江入雲中，遂奔鄖。鄖，今之安陸州，今德安府。則雲在江北也。江南，今公安、石首、建寧等縣。今俱屬荊州府，建寧併入石首。江北，今玉沙、今併入監利。監利、今屬荊州。景陵 今屬承天。等縣，乃眾水所委，其地最下。

愚按：郭璞謂雲夢即華容縣東南巴丘湖。《岳州志》：青艸湖一名巴丘湖。或曰：此江南之夢也。杜預云：南郡枝江縣西有雲夢城，江夏安陸縣東南亦有雲夢城。朱子云：江陵以下、岳州以上為雲夢，今安陸、沔陽、華容、枝江、洞庭以南皆是。《一統志》：安陸縣南、沔陽州東，皆有雲夢澤。又荊門州有雲夢澤，連德安雲夢縣界。

蓋跨川互隰，兼苞勢廣矣。

羅泌曰：「雲土夢作乂」者，雲向為水所沒，至是始得為土。夢在前，雖土而未可作，至是始可耕而治之。蓋夢地差高而雲下，論者不知，既以雲夢為一澤，復謂古經「雲夢土作乂」者，非也。按：沈括《筆談》，石經倒「土夢」字，唐太宗時得古本，始改正。孔穎達《疏》猶以「土」字兼上下言，則蔡《傳》之解蓋本於羅泌也。

### 厥土惟塗泥，厥田惟下中，厥賦上下。

田第八，賦第三。荊塗泥與揚同，其地稍高，故田加一等。

蘇氏軾曰：吳、蜀有可耕之人而無其地，荊、襄有可耕之地而無其人。葉適曰：漢之末年，荊、襄甚盛，不唯民戶繁實，而智勇材力之士森然出於其中，孫劉資之以爭天下，其後不復振起。而閩、浙之盛自唐始，乃獨為東南之望。分閩、浙以實荊、楚，去狹就廣，則田益墾而稅益增。

### 厥貢羽、毛、齒、革，惟金三品，杶榦栝栢，礪砥砮丹，惟箘簵楛，三邦底貢。厥名包匭菁茅，厥篚玄纁、璣組。九江納錫大龜。

礪，《漢書》作厲。三邦，《漢書》作三國。

蔡《傳》：荊、揚之貢略同，而荊先羽毛者，孔氏謂善者為先也。《管子》：金起於汝漢。《韓非子》：荊南之地，麗水之中生金。《一統志》：今雲南金沙江，古麗水，產金。又衡州大湊山出銀鑛，長沙有銅官渚。蔡《傳》：杶木似樗，杶，或作櫄。《左傳》：孟莊子斬其橁以為公琴。《注》：橁，木名，杶也。可為弓榦。《周禮》荊之榦。即此。孔《傳》：榦，栢也。弓榦莫若栢木，故舉其用。非是。孔《傳》：栢葉松身曰栝。茅瑞徵曰：考《爾雅》，樅松葉栢身，檜栢葉松身，豈栝亦檜之類與？魯氏曰：揚言惟木，多不勝名也。荊木名之，貢止此也。《正義》：礪，磨刀刃。石精者曰砥。砮，石中矢鏃。《魯語》：肅慎氏貢楛矢石砮。郭璞《山海經注》：肅慎國去遼東三千餘里，箭長尺有五寸，青石為鏃。《一統志》：今石砮出女直黑龍江口，名水花石，其堅利入鐵。丹，丹砂，可以為采。出今辰州老鴉井者良。箘、簵是兩種竹，或大小異也。韋昭：一名簳風。蔡《傳》：董安于治晉陽公宮之垣，皆以荻蒿苫楚廧之，其高丈餘。趙襄子發而試之，其堅雖箘、簵不能過。則箘、簵是竹之堅者，《呂覽》云：駱越之箘，蓋產南粵。其材中矢笴。《正義》：楛木可為箭。《毛詩疏》云：葉如荊而赤，莖似蓍，即肅慎所貢。孔《傳》：三者皆出雲夢之澤，近澤三國常致貢之，其名天下稱善。徐常吉曰：《考工記》：妢胡之笴。鄭氏謂胡子國在楚旁者。《唐志》：零陵貢葛笴。蓋此類。蔡《傳》：匭，匣也。菁、茅供祭祀縮酒之用，魏了翁曰：縮酒只是醴，有糟，故縮於茅以清之。《周禮注》：酒沃於地滲下，若神飲之，故謂之縮。此鄭興

臆說。既包又匭，所以示敬也。齊桓公責楚「貢包茅不入，王祭不供，無以縮酒」，又《管子》：「江淮之間，一茅三脊，名曰菁茅」。菁者，茅之狀菁菁然也。《爾雅》謂之藐，《廣雅》謂之茈萯。菁、茅，一物也。此本鄭玄說。孔氏謂菁以為葅者，非是。今辰州苞茅山 在今麻陽縣東九十里。出苞茅，有刺而三脊。今常靖並出，又《晉志》：零陵有香茅。朱子曰：古人榨酒不以絲帛而以編茅。王室祭祀之酒，則以菁茅，取其香潔也。玄纁，絳色幣。《爾雅》：一染 染以黑。謂之縓，今之紅。再染謂之赬，淺赤色。三染謂之纁。黃赤色。又《考工記》：三入為纁，五入為緅，七入為緇。鄭氏玄曰：玄色在緅、緇之間。此州染玄纁色善，故貢之。《路史》：帝舜玄衣纁裳。汪氏曰：冕則上玄而下纁，服則玄衣而纁裳。《說文》：璣，珠不圓也。《字書》：璣，小珠也。

愚按：珠璣貢於徐州，大抵即今蚌珠，如史所稱隋侯明月之屬，非若後世之合浦珠官也。《正義》：《玉藻》說佩玉所懸者皆云組綬，鄭《注》：綬所以貫佩玉相承受者。則組是綬類。

蔡《傳》：大龜尺有二寸，《龜筴傳》：龜千歲滿尺有二寸。《食貨志》：元龜岠冉，長尺二寸，直二千一百六十，為大貝十朋。所謂國之守龜，非可恒得，故不為常貢。謂之納錫，下與上之辭，重其事也。杜佑謂廣濟蔡山出大龜，故曰蔡。《禹貢》「九江納錫大龜」，即此。廣濟，今屬黃州府。

愚按：荊州古稱用武之國，又其俗尚鬼，聖人因之立教，故杶、栝、櫄、櫜有貢，講武也；菁、茅、大龜有貢，交神也。國之大事，在祀與戎，於荊州制貢備見之。

三品之貢，先王非以為富也，以平財物，以御人事。其貢也，致之邦國，而天子無私求與私藏焉。周之衰，荊、揚貢金不至，而天王求之於魯，《春秋》譏之。漢元帝時，貢禹請罷采珠玉、金銀、鑄錢之官，毋復以為幣，租稅祿賜皆以布帛及穀，使百姓一意農桑。禹之意固善，然泉貨所以交通百物，布帛不可尺寸分裂，先王制幣廢之不能，但當徵之有時，用之有節耳。今黃金取之滇中，荊、揚貢白金額最廣，又所在開局鼓鑄，荊為銅冶所聚，利源彈焉。至荊、揚貢木，古時儉而易供，後代繕營，時有搜採不休，其出之必於深山窮谷、懸崖駕梁，艱難萬倍，雖間取川、蜀，而荊關實緄轂之區。嗚呼！林麓盡矣！峻宇雕牆之戒，胡不聞乎？輯王方麓諸家說。

## 浮於江、沱、潛、漢，逾於洛，至於南河。

蔡《傳》：江、沱、潛、漢，其水道之出入不可詳，大勢則自江、沱而入

潛、漢也。逾，越也。漢與洛不通，故捨舟而陸，以達於洛，自洛而至於南河。蘇《傳》：河行冀州之南，故曰南河。程氏若庸曰：不徑浮江、漢，兼用沱、潛者，隨其貢物之所出，或由經流，或循枝派，期於便事而已。按：如蔡說，則江、漢本自相通，何必又由沱、潛？程說勝。鄭曉曰：荊州至冀州，中隔豫州。貢道近於漢者，則徑浮於漢，不必沿江而入漢也；近於潛者，則徑浮於潛而入漢，不必自江而入漢也。沱自華容縣出於江，入於沔。沔即漢也。由江入沱，由沱入漢，一路也。潛自漢出，至潛江縣入於江。由江入潛，由潛入漢，一路也。

　　愚按：逾於洛，當是由襄陽登陸，北走南陽道。

　　茅瑞徵曰：禹時荊州貢道兼用陸運，今楚地若轉輸從陸，必從中州境上，其漕艘亦從江入淮，以達會通河。較之維揚，止多長江之險耳。

　　禹貢長箋卷六

# 禹貢長箋卷七

荊、河惟豫州。

《爾雅》：河南曰豫州。郭璞《注》：自南河至漢。孔《傳》：西南至荊山，北距河水。荊山，即南條荊山。河，即冀州之南河。豫之河患，次於兗，故二州疆域並繫以河。

朱子曰：周公以土圭測天地之中，今登封有測景臺。則豫州為中。至於北遠而南近，此地形有偏耳，所謂地不滿東南也。

熊氏禾曰：豫州當天下之中，四方道里適均，故古人於此定都，不但形勢所在，亦以朝會貢賦之便。湯之亳，今河南偃師是也。按：殷有三亳，穀熟為南亳，今歸德府考城縣。蒙亳為北亳，今歸德府商丘縣。偃師則西亳，湯所都。盤庚自耿遷殷，即此。周之洛邑，今河南洛陽是也。本成周郊鄗地，謂之王城。考王封周桓公於此，為西周。其地北距河，南抵荊山，東抵徐，西抵雍、梁，今為河南府虢、郟、鄭、汝、陳、蔡、唐、鄧、汴、宋等州之地。《晉·地理志》：豫州西自華山，東至於淮，北自濟，南界荊山。

班固配十二次，自氐五度至尾九度，為大火之次，費直起氐十一度，蔡邕起氐八度。《爾雅》：大火謂之大辰。《注》：大火，心也。蒼龍宿，在中最明，故時候主焉。於辰在卯，宋之分野，《左傳》：帝遷閼伯於商丘，主辰。故辰為商星，商主大火，宋分星也。屬豫州。自柳九度至張十六度，為鶉火之次，費直起柳五度，蔡邕起三度。《爾雅》：咮，謂之柳。柳，鶉火也。《注》：東方蒼龍，南方朱鳥。柳為朱鳥之口，故名咮。鶉，即朱鳥也。於辰在午，周之分野，《國語》：武王伐紂，歲在鶉火。是鶉火為周分也。歲，歲星。屬三河。河東、河南、河內為三河。《春秋緯·文耀鉤》：外方、熊耳以至泗水、陪尾、豫州，屬

搖星。《天官書》：夜半建者衡。衡，殷中州河、濟之間。《正義》：衡，北斗衡也。殷，當也。

《晉‧天文志》：房、心，宋豫州。潁川入房一度，汝南入房二度，沛郡入房四度，梁國入房五度，淮陽入心一度，魯國入心三度，楚國入房四度。柳、七星、張，周三輔。弘農入柳一度，河南入七星三度，河東入張一度，河內入張九度。《唐‧天文志》：近代言星土者，或以州，或以國。虞、夏、秦、漢，郡國廢置不同。周之興也，王畿千里，及其衰也，僅得河南七縣。今則天下一統，而直以鶉火為周分，則疆域舛矣。七國之初，天下地形雌韓而雄魏。魏地西距高陵，盡河東、河內，北有漳、鄴，東分梁、宋，至於汝南。韓據全鄭之地，南盡潁川、南陽，西達虢略，距函谷，固宜陽，北連上地，皆綿亙數州，相錯如繡。考雲漢山河之象，多者或至十餘宿，其後魏徙大梁，則西河合於東井；秦拔宜陽，而上黨入於輿鬼。方戰國未滅時，星家之言屢有明效，今則同在畿甸之中，而或者猶據《漢書‧地理志》推之，是守甘石遺術，而不知變通之數者也。

《周禮‧職方氏》：河南曰豫州，其山鎮曰華，賈耽曰：《周禮‧職方》以薈、時為幽州之浸，以華山為荊、河之鎮，有乖《禹貢》，應從闕疑。按：華山在今華陰，禹時宜入雍州。其澤藪曰圃田，其川榮、洛，其浸波溠。音詐。按《春秋傳》，楚子除道梁溠，營軍臨隨。則溠宜入荊州。今溠水在德安府隨州城東南。《詩譜》：周東都王城畿內方六百里，王城，即洛邑。班固曰：洛邑與宗周通，封畿東西長而南北短，短長相覆為千里。其封域在《禹貢》豫州太華、外方之間，北得河陽，今懷慶府孟縣。有冀州之南。《通典》：豫州，周、宋、魏、韓，其分野兼得秦、楚之交。秦置郡為三川、碭、潁川、南陽郡之東北境、南郡之北境。漢武置十三州，此為荊河州。《漢‧地理志》：周地，今河南之洛陽、穀城、平陰、偃師、鞏、緱氏，是其分。周封微子於宋，今睢陽，屬梁國。本陶唐氏火正閼伯之墟。宋後為齊、楚、魏三分，魏得其梁、陳留。魏地自高陵 屬左馮翊。以東盡河東、河內，南有陳留，及汝南之召陵、濦彊、新汲、西華、長平，潁川之舞陽、郾、許、傿 即鄢。陵，河南之開封、中牟、陽武、酸棗卷，皆魏分、韓分。晉得南陽郡，及潁川之父城、定陵、襄城、潁陽、潁陰、長社、陽翟、郟，東接汝南，西接弘農，得新安、宜陽，皆韓分。韓武子食采韓，原分晉，後都平陽。及滅鄭，遂徙都焉，即漢新鄭。《詩風》：陳、鄭之國與韓同星分。鄭國，今河南之新鄭，本高辛氏火正祝融之墟，及成皋、榮陽、潁川之密高、陽城，皆鄭分。右洛左泲，食溱洧焉。周宣王初封母弟友於圻內咸林之地，今西安府華州。子武公滅虢、鄶，居之，名之曰新鄭，今開封府鄭州是。陳國，今淮陽地，本太昊之墟，潁川、南陽，則夏禹之國，《帝王世紀》：禹受封為夏伯，在豫州外方之南，今河南陽翟

是。宛，屬南陽郡。西通武關，東受江淮，亦一都會也。《後漢·郡國志》：豫州刺史 治譙，今亳州。部郡國六：潁川、汝南、分梁、沛立。梁國、故秦碭郡。沛國、故秦泗水郡。陳國、本淮陽郡，明帝改。魯國，故秦薛郡，本屬徐州，光武改屬豫州。而弘農、河南二郡為司隸校尉部。司隸治河南。《通考》：漢時為郡國八，郡曰潁川、河南、陳留、汝南、沛、南陽，國曰梁、淮陽，又為漢中、北境是。弘農 東境是。郡。《唐·地理志》：河南道，古豫州域。洛陝負河而北，為實沈分；負河而南，虢、汝、許及新鄭之地，為鶉火分；鄭、汴、陳、蔡、潁，為壽星分；宋、亳，為大火分。《通典》：唐分置十五部，此為都畿，採訪使，治東京。河南府、洛州。陝郡、陝州，本弘農郡。臨汝、汝州。滎陽 鄭州。郡。並屬都畿。河南道 採訪使，治陳留。為陳留、汴州析鄭、滑二州置。睢陽、宋州。濟陰、曹州。譙郡、亳州。潁川、許州。淮陽、陳州。汝陰、潁州，本信州。汝南 蔡州，本豫州。郡。《函史》：虢屬河南道。《初學記》：襄州，《禹貢》荊、豫二州之界。《宋史》：開封府屬京畿路；應天、興仁 本曹州。二府，拱州廣濟軍，漢定陶。屬京東西路；襄陽府鄧、隨、金、均、唐五州，光化軍，屬京西南路；內金州，南渡後隸利州路。河南、潁昌、今開封府許州。淮寧、今陳州。順昌 今鳳陽府潁州。四府，鄭、孟、蔡、汝四州，信陽軍，屬京西北路；亳州，屬淮南東路。《通考》以單州屬豫。考單州地，為單父、碭山、魚臺、城武，應屬徐州。宋京東路得兗、豫、青、徐之域，西抵大梁，南極淮泗，東北至海。京西路得冀、豫、荊、兗、梁五州之域，而豫州為多，東暨汝潁，西被陝服，南略鄢郢，北抵河津。《大明一統志》：古豫州為今河南省歸德、春秋宋地，秦置碭郡，漢為梁國，隋置宋州，唐置宣武軍節度，宋為南京應天府。其地廣衍，面淮負河。河南、周東都，秦置三川郡，漢置河南郡，東漢改河南尹，三國魏置司州，北魏自代徙都之，北周及隋、唐皆為東都，宋為西京，金號中京。其地左成皋，右澠池，前伊闕，後大河。南陽、周申、鄧二國地，春秋屬楚，戰國屬韓，秦自漢江以北置南陽郡，漢屬荊州，晉為南陽國，及順陽、義陽二郡境，西魏為重鎮，唐曰鄧州，宋曰宛州。其地在洛陽之南、襄陽之北，膏沃稱陸海。汝寧 春秋沈、蔡二國，戰國楚、魏之境，秦屬潁川，漢置汝南郡，劉宋為重鎮，號懸瓠城，東魏置豫州治此，唐曰蔡州，宋置淮康軍。其地襟帶長淮，控扼潁蔡，四方最中。四府。其開封府，春秋鄭、衛、陳、杞地，秦屬三川，漢置陳留郡，隋、唐曰汴州，興元初徙宣武節度使治此，五代梁都之，號東京，晉、漢、周及宋因焉，金號南京，元曰汴梁。其地南與楚境，西與韓境，北與趙境，東與齊境。則兗、豫二州域。祥符、陳留、杞縣、通許、太康、尉氏、洧川、鄢陵、扶溝、中牟、蘭陽、儀封，及陳、許、禹、鄭四州所屬，屬豫州。湖廣襄陽府，詳見荊州。則荊、

豫二州域。襄陽、棗陽、穀城、光化、均州,屬豫州。考《襄陽府志》,又以穀城屬荊,宜城屬豫。鄭端簡云:山東曹州西南地及定陶縣,當屬豫州。

范仲淹曰:洛陽險固,表裏山河,接應東京,連屬關陝。而汴為四戰之地,太平宜居汴,有事必居洛陽。章俊卿曰:酈食其、荀文若之徒皆稱陳留為天下之衝,四通五達之郊。秦漢迄南北朝,天下有變,嘗為戰場。王伯之興,未有都於汴者。自隋煬帝大開汴河,直達淮泗,而大梁實坐要會,振南北水陸之衡,形勢百倍。李唐屹為重鎮,宋仍五代之舊都之。大抵長安以陝西為畿輔,而屏蔽實在隴右;洛陽以關東為畿輔,而屏蔽實在河東;大梁以河南為畿輔,而屏蔽實在河北。

丘濬曰:三代以前,洛為中國之中。以今天下觀之,則南北袤而東西蹙,其所謂中,蓋在荊、襄之間。

愚按:今之河南,實兼河北。懷、衛、彰三府。《春秋》天王狩河陽,又以陽樊溫原攢茅之田與晉,考之皆周畿內地,則周時豫州已跨河北而有之。蓋河陽當河東之要會,為西洛北門。洛邑,周東都,故隸在內服,以廣外屏。其後河內界晉文而周地益狹,至秦並六國,必先亡周者,六國叩關,以洛陽為孔道,周滅,則橫據鞏洛,東出伊闕而韓、魏震,南通陳、許而荊、楚搖,扼天下之腹心,斷諸侯之從約,而趙、代、燕、齊以次舉矣。楚、漢相拒亦多於成皋、廣武、滎陽、京索間,蓋漢據關中,其勢即秦之勢,而楚割鴻溝以西為漢,則山河之險盡去,其亡豈待垓下哉?又按:宋都大梁本非太祖意。鄭漁仲謂無設險之山,則國失憑依;無流惡之水,則民多疾癘,是也。宋不得幽、薊,故河北亦不可都。然商都河北,屢有河患,三國、五胡之時,都鄴、都邢臺者,亦未見其長久也。使太祖不狥晉王之請,遂都洛陽,國勢豈至於積弱哉?李綱謂鄧州,古南陽,西鄰關陝,可以召兵;北近京畿,可以遣援;南通巴蜀,可取貨財;東達江淮,可運穀粟。若以定都建康,不及此。蓋就紹興初時事而論耳。

魏校曰:中絡岷山為祖。自蜀入隴,結於初龍則為長安,結於中龍則為洛陽。南絡傳大江放於海,北絡傳大河放於海。惟中絡止於嵩高,其前平夷,凡幾千里,而泰山特起東方,張左右翼為障。以天下大勢言之,長安,龍首穴也;洛陽,龍心穴也,茲其大龍之腹乎?宋都大梁,亦在龍腹,而國勢弱者,汴坦無備,其勢必宿重兵,民力坐而困矣。予嘗至洛陽相其形勢,熊耳、祖龍發自終南,遠則太行為後托,近則嵩高為左障。然終南自為長安前朝,太行亦為平陽左障。嵩高雖為障洛陽,而大情自欲東出,與萬里平原作祖,然後默識天道

之公。大地相為勾連，其融結非一處。王氣發久而歇，又轉之他，宇宙所以無窮也。

**伊、洛、瀍、澗既入於河，**洛，《漢書》作雒。

《漢‧地理志》：伊水出弘農郡盧氏縣　今河南府陝州盧氏縣，古西虢地。東熊耳山，《括地志》：熊耳山在虢州盧氏縣南五十里。東北入洛，過郡一，弘農。行四百五十里。《水經注》：東北至洛陽縣南，北入於洛。

愚按：《山海經》《水經》謂伊源出南陽縣西蔓渠山，孔《傳》謂出陸渾山，在今河南府嵩縣。《淮南子》謂出上魏山，俱與《地理志》不合。自郭璞注熊耳在上洛縣　今西安府商州。南，而蔡《傳》因之。考《一統志》，伊水源出盧氏悶頓嶺，導山熊耳亦在豫州界，則《漢志》固得其真矣。

《漢‧地理志》：洛水出弘農郡上洛縣冢嶺山，東北至河南郡鞏縣　今河南府鞏縣。周惠公封少子於此，為東周君。入河，過郡二，弘農、河南。行千七十里。《水經》：出京兆上洛縣讙舉山，《山海經》：讙舉之山，洛水出焉。蔡《傳》：冢嶺山，《水經》謂之讙舉山。東北過鞏縣東，又北入於河。《山海經》：洛水，成皋西入河。《一統志》：洛水經盧氏、永寧、宜陽、洛陽、偃師、鞏縣入於河。《河南通志》：洛河在河南府城南三里，至鞏縣北十里入黃河。《漢‧地理志》：瀍水出河南郡穀城縣　故城在今洛陽縣西北。瀍　音潺。亭北，東南入洛。《水經注》：穀城北有瀍亭，瀍水出其北梓澤中，《一統志》：穀城山，舊名瀍亭山，在河南府城西北五十里，連孟津縣界，瀍水所出。東過偃師縣，又東入於洛。《漢‧地理志》：澗水出弘農郡新安縣，東南入洛。《水經》：出新安縣南白石山。蔡《傳》：古新安在今河南府新安、澠　音勉。池之間。今澠池縣東二十三里新安城是也。《括地志》：新安故城在今洛州澠池縣東一十三里。城東北有白石山，即澗水所出。酈道元云：世謂之廣陽山。然則澗水出今之澠池，至新安入洛也。《河南通志》：澗水源有二，一出澠池縣白石山，一出盧氏縣香爐山，俱流至洛陽縣入洛。王樵曰：豫之洛，猶雍之渭，而書法不同。涇、灃、漆、沮雖皆入渭，而水之大小不同，故曰屬、曰從、曰同，各別志之。伊、洛、瀍、澗四水相敵，故統志其入河，與江、漢同文。曹學佺曰：三川，河、洛、伊也，其形若鼎。李格非曰：伊、洛二水分注河南城中，伊水尤清澈。

茅瑞徵曰：豫州雖北距河，已自兗入海，此外水惟伊、洛、瀍、澗，而洛為最大，故禹治豫水先於此。自此而東則滎、波，自此而又東則菏澤、孟豬。

王綱振曰：濟、洛二水同在豫州入河，濟大而洛小，乃洛為一州之專患，濟則數州之公患。其雷夏澤、大野豬、濟水之治已散見兗、徐諸州，惟洛出入

皆在豫,所以與雍州之渭同一發例,以經四州之河、濟終,後於一州之洛,亦賓主之辨也。

魏校曰:長安、洛陽大發於周,而其機啟自神禹,龍門鑿而涇、灃、漆、沮會於渭、汭入河,長安始可都矣;伊闕鑿而伊與瀍、澗會於洛、汭入河,洛陽始可都矣。

## 滎、波既豬,

蔡《傳》:濟水潛行,絕河南,溢為滎,在今鄭州滎澤縣西五里,古敖倉今開封府河陰縣敖山,秦時敖氏築倉於上。東南。《水經注》:濟水又東徑滎澤北,故滎水所都也,《述征記》:滎澤在中牟西,東西四十里許,南北二百里許。京相璠曰:滎澤在滎陽縣東南。按:今開封府鄭州有滎陽、滎澤二縣,古滎水在滎澤縣西北五里。即陰溝之上源。自西漢末濟水不復南溢,滎澤口受河水,有石門謂之滎口石門,地形殊卑。鄭玄云:滎今塞為平地,滎陽民猶名其處為滎澤,在其縣東。《正義》:《春秋》閔二年,衛、狄戰於滎澤。鄭玄云此即。杜預云:此滎澤當在河北,以衛敗方始渡,戰處必在河北,疑此澤跨河南北而得名也。《爾雅》:水自洛出為波。《山海經》:婁涿之山,波水出於其陰,北流注於穀水。《洛陽記》:穀水在洛陽城西三十里。郭璞曰:波水,世謂之百荅水。《水經注》:洛水自上洛縣東北出為門水,北徑弘農縣故城,東注於河,即《爾雅》所謂洛出為波。按:《水經注》又引應劭說,波水出孤山,南入滍水。馬端臨云:孤山,即今歇馬嶺,在臨汝郡魯山縣西北,此與《禹貢》波水名同實別。

愚按:波、溠見《周禮》,當以《爾雅》為據。《傳》《疏》謂滎之波水已豬,馬、鄭、王本波作播,謂此澤名滎播,俱謬。

酈道元謂禹塞淫水於滎陽下,濟為河所淫。引河東南以通淮、泗,濟水分河東南流。《漢志》所云滎陽縣有狼蕩渠,首受濟者是也。漢明帝時,河流既塞,議築汳渠,使樂浪人王景作堤。今名金堤。起自滎陽東,至千乘海口,千有餘里,十里一水門,更相洄注。渠流東至浚儀,今祥符縣。名浚儀渠。蔡《傳》:南曰狼蕩,北曰浚儀,其實一也。其後靈帝時,於敖城西北累石為門,以遏渠口,又名石門渠。石門渠東合濟水,與河渠東注,至敖山北而受汳水,汳水又東至滎陽北。自廣武二城 即楚、漢戰處,在今河陰縣。間東流而出,濟水至此乃絕。隋大業初,煬帝。發丁夫百萬,自板渚 在虎牢東。引河,歷滎澤入汳,又自大梁之東,引汳水入泗達淮,千有餘里,更名通濟渠。《元和郡縣志》:汳渠在河陰縣南,即狼蕩渠。隋名通濟渠。唐、宋轉漕因之。

張泊曰:禹於滎澤下分大河為陰溝,引注東南,至大梁浚儀縣西北復分二

渠，一渠東經陽武縣 今屬開封府。中牟臺下為官渡，一渠始皇疏鑿以灌魏都，為鴻溝。蒗蕩渠自滎陽五池口東來注之。其鴻溝，即出河之溝，亦曰蒗蕩渠。

愚按：滎澤之口與汴河口通，其水深可以灌大梁，陳亮曰：禹於滎澤下引河南注，其流猶未盛。自秦王賁決浚儀灌魏，而河、汴始分流。漢承秦受河患尤劇。《續述征記》：汴河到浚儀而分，汴東注，河南流。即鴻溝也。《戰國策》：蘇秦說魏曰：大王之地，南有鴻溝。則鴻溝自蘇秦時已有之。張洎謂始皇所鑿，似誤。

黃度曰：《水經注》：禹塞滎水於滎陽下，引河通淮、泗，名蒗蕩渠。一名浚儀渠，一名通濟渠，一名汴渠。然則河西道通淮矣，濟逾河為滎，菏被孟通泗，皆有名見，源流相屬；汴於經無名見，非禹瀆也。禹瀆畎澮距川，川皆大瀆，行於兩山之間，澮、洫則皆人為之也。徐、豫地平，井畫端整，凡今陰溝、汳雎諸水皆無原本，皆溝澮井絡互相灌輸，皆當受水於菏、濟者也。自蒗蕩通河，滎澤既廢，故皆受水於蒗蕩耳。蒗蕩出河，斷非禹跡。禹治行河，本以河湍悍，難行平地，故釃二渠以引河，而後載之高地，二渠非得已也。後世不識聖人之意，妄鑿河為瀆，或不順地防，水屬不理孫，故其勢易決，蓋非獨蒗蕩也。其後濮水通河而酸棗決，瓠水通河而瓠子決，汴渠亦屢決。至王景治汴，鑿山開澗，十里置門，使水更相回注，紊亂渠脈，而禹跡益壞矣。且所為通淮、泗者，以舟楫之利也。菏已通矣，而何更用通蒗蕩哉？其曰禹塞淫水而鑿之者，《春秋》《戰國策》謀之士託其名於禹而世不察也。陳無已《汳水新渠記》云：禹時河南無濟，世謂蒗蕩受濟，禹塞滎陽而用河者，皆失之。是黃說所祖，與蘇子瞻不合，然極有理。

唐開元中，江南租船自淮西北泝鴻溝轉輸河陰、含嘉、太原等倉，凡三年運米七百萬石。宋都汴，歲漕六百萬石。東南自淮入汴至京師，陝西自三門、白波轉黃河入汴至京師，陳、蔡自惠民河 即閔河。至京師，京東自廣濟河至京師，凡四路皆汴河是賴。其時近都城者惟汴、蔡諸水，而黃河經城之東北以達於海。至元時，河始南徙逼城流，合汴、泗入淮。明代正統時，嘗分決張秋口，東北入海，後復東南入海如故。夫治河之法，或疏或塞，無容執一。然治河於滎澤之間，則宜疏濬多而堤防少。蓋滎澤孫家渡口至項城南頓 開封項城縣有南頓城。二百里間，涓流時淤，河身淺隘，水無所容，故其湍悍之勢不可遽回，惟疏濬深廣，使水勢少殺，則決口可塞矣。輯《考索》諸書。

**導菏澤，被孟豬，**菏，音柯。孟豬，《漢書》作盟豬，《史記》作明都。

孔《傳》：菏澤在胡陵。《漢志》：胡陵縣屬山陽郡，故城在今魚臺縣東。《水經》：

南濟東過冤句　音淵劬。縣　故城在今曹州。南，又東過定陶縣　今兗州府曹州定陶縣。南，又東北菏水出焉。又云：濟水東流者過乘氏縣，　注見徐州。又東過昌邑、今兗州府金鄉縣。東緡、今併入金鄉。方與　今兗州府魚臺縣。縣，北為菏水。菏水又東過胡陵縣南，東入泗水，酈《注》：菏水與泗水會於胡陵縣西六十里，俗謂之黃水口。黃水西北通鉅野澤，沼注於菏，故因以名焉。至下邳入淮。《括地志》：菏澤在曹州濟陰縣東北九十里定陶縣東，今名龍池。《一統志》：菏澤在曹州境內，今涸。《漢・地理志》：盟諸　即孟豬。《左傳》《爾雅》俱作孟諸，《周禮》作望諸，屬青州。澤在梁國睢陽縣　今歸德府商丘縣。東北。蔡《傳》：今應天府虞城縣　即今歸德府虞城縣。西北孟諸澤是也。《左傳》：楚子夢河神曰：賜汝孟諸之麋。即此。《正義》：《地理志》謂山陽郡有胡陵縣，不言其縣有菏澤也。又謂菏澤在濟陰定陶縣東，孟豬在梁國睢陽縣東北。以今地驗之，則胡陵在睢陽之東，定陶在睢陽之北，其水皆不流溢被孟豬。然郡縣之名，隨代變易，古之胡陵當在睢陽之西北，故得東出被孟豬也。闞駰曰：不言入而言被者，明不常入也，水盛乃覆被之。王樵曰：孟豬之藪可田，則有水草，而淺涸時多，故導菏水之溢時乎被孟豬也。澤無言導者，此二澤相通，故可以導此及彼。

黃度曰：導菏澤，被孟豬，蓋因窪下之勢導而行之，淺流覆被，非若後人之斸鑿為深渠也。

金氏履祥曰：自菏澤至孟豬，凡百四十里，二水舊相通，今菏澤自分南北，清河近，時大河亦被孟豬，並行睢水矣。考宋京東漕渠起青、淄，歷齊、鄆，涉梁山、濼，入五丈渠，達汴。五丈渠，即菏澤也。

愚按：《玉海》云：今東平、濟南、淄川、北海界中有水流入於海，謂之清河，實菏澤。《山東通志》亦以菏澤為濟水所會入海，《水經》則云合泗入淮，蓋自漢武時，河注鉅野，通淮、泗，而濟流亦從之南溢。合泗入淮者，漢以後之濟，桑欽所名南濟也，入海當是禹時故跡。

茅瑞徵曰：滎與菏澤皆以志濟也。滎、波在豫西北，菏、孟在豫東北。澤與豬不同，豬是蓄而復流，澤是水之聚。

**厥土惟壤，下土墳壚。**

蔡《傳》：土不言色者，其色雜也。顏氏曰：玄而疏者謂之壚。《釋名》：土黑曰壚。壚然，解散也。《說文》：壚，黑剛土也。其土有高下之不同，故別言之。《呂覽》：凡耕之道，必始於壚，為其寡澤而後枯。王氏炎曰：壤則沃，墳壚則為瘠。王樵曰：《周禮》草人掌土化之法，凡糞種，墳壤用麋，渴澤用鹿。渴，水

涸也。《博物志》：麋聚草澤而食，其場成泥，名曰麋暖，民隨之種稻，其收百倍。此即今人糞田法，草人土化之法，恐亦是類也。墳壤，潤解也。渴澤，故水處，即經所云墳壚也。

袁黃曰：他州辨土性只一言之，青之海濱、豫之下土，特別而志之者，以如是之土頗多也，財賦所生，聖人謹焉。

**厥田惟中上，厥賦錯上中。**

田第四，賦第二，又雜出第一。茅瑞徵曰：雜出之等高於正額，故先言錯。邵寶曰：賦錯出者，他州無與焉，升降之說非是。臨川吳氏謂豫賦與冀相乘除為上下。

愚按：今南陽、汝寧之地直走襄黃，地多蕪曠。宋太宗遷雲朔之民於汝、鄭，墾田頗廣。厥後孟忠襄屯守其處，稱重鎮焉。丘文莊謂天下之田，南方多水，北方多陸，荊、襄、唐、鄧間兼水陸而有之。南北流民僑寓者眾，宜於兩藩交界中募南人耕水田，北人耕陸田，按畝分租，隨地儲積。或遇河、洛、關、陝荒歉，亦可用以救濟。嗟乎！此議若行，中原之地豈至為巨寇逋聚哉？

**厥貢漆、枲、絺紵，厥篚纖纊，錫貢磬錯。**

林氏之奇曰：《周官·載師》漆林之徵，二十有五。周以為徵而此則貢者，蓋豫州在周為畿內，故載師掌其徵而不制貢。禹時豫在畿外，故有貢。推此則知冀不言貢之意矣。今漆出南陽府南召淅川，葛出汝寧府信陽州及光山，固始見《河南通志》。《說文》：紵，檾 音頃。屬。陸璣云：亦麻也。《陳詩》：東門之池，可以漚紵。杜預曰：吳地貴縞，鄭地貴紵。顏師古曰：織紵以為布及練。練，熟素繒也。纖，見徐州。纊，細綿也。《小爾雅》：絮之細者曰纊。按孔《傳》：纖纊，細綿也。是以纖訓細。徐州之纖，亦訓細。蔡《傳》：纊，細綿。而於纖字無訓，蓋解同。玄纖之纖，當從之。《正義》：磬有以玉為之者，故《傳》云治玉石曰錯，謂治磬錯也。錯字從金，鑄鐵為之，今鑢是。吳氏泳曰：龜非貢物，故言納，不言貢。橘柚、磬錯雖是貢物，非常制為貢也，故言錫貢。蔡《傳》：揚州先言橘柚，此先言錫貢者，橘柚言包於厥篚之文無嫌，故言錫貢在後。磬錯則嫌與厥篚之文相屬，故言錫貢在先。

茅瑞徵曰：豫州職貢略與兗似，蓋二州皆近冀。冀甸服，專貢粟米。二州近京師，則專供服御。禹制貢先服食，器用次之，珍幣又次之。

**浮於洛，達於河。**

蔡《傳》：豫州去帝都最近，東境逕自入河，西境則浮洛而後至也。

丘濬曰：堯都平陽，商都亳，成王營洛邑，皆以河為運道。後世都汴、洛

者，皆由汴水入河；都長安者，雖不瀕河，亦必由河入渭。是古今建都無有不資於河道者。《一統志》：汴河舊在滎陽縣，東經開封府城內，又東合蔡河，蔡河本名琵琶溝，在浚儀，是秦、漢故運道。隋開汴河，不復由此。唐杜佑復濬之。《宋史》：蔡河貫京師，閔水自尉氏入焉，是為惠民河。名滶蕩渠，東注泗州下，入於淮。近因河決，蔡河湮沒無跡，而汴河自府西中牟縣入黃河矣。

禹貢長箋卷七

# 禹貢長箋卷八

華陽、黑水惟梁州。

蔡《傳》：東距華山之陽，西據黑水。孔《傳》：東據華山之陽，西距黑水。按：黑水未詳，而梁州東境止於華陽，從蔡是。華山，即太華，詳導山。《正義》：梁州之境，東抵華山之南，不得其山，故言陽也。曾氏曰：華山在梁、雍之東，其陽為梁州，其陰為雍州，其北則雍州之西河，其南則豫州之南河。按：華山，四州之際，東北曰冀，東南曰豫，西南曰梁，西北曰雍。《唐十道圖》：山南、東、西道在關內，道之北蓋亦以華山為界云。

愚按：黑水自雍之西北經梁之西南，涉者脛黬黑。《漢書》：黑水出犍為南廣縣 今敘州府慶符、南溪二縣，皆漢南廣縣地。汾關山。《水經注》：北至僰道縣 今敘州府宜賓縣。入江。此乃梁州西南夷界之水，在今敘州府城東南十五里。《輿地志》以為即《禹貢》黑水，非是。又《一統志》：迭溪千戶所有黑水，與汶江合流，至成都府安縣入羅江。鄭端簡謂此是梁州黑水，然雍、梁黑水豈可別為二乎？辨詳導水。《四川名勝志》：黑水出故漳臘、潘州界，是為岷江之始。水自汶山下過，猶河水之遶崑崙也，此即迭溪黑水。

《周·職方》有雍州，無梁州，蓋雍乃王畿，居中制外，為民極；梁為雍阻固，故並梁於雍也。漢改梁為益，益之為言扼也，言所在險阨，亦曰疆壤益大，故以名焉。《水經注》：漢武元朔二年，以新啟、犍為、牂牁、越巂州之疆壤益廣，故稱益云。

熊氏禾曰：或言秦以前，蜀未嘗通中國，至秦鑿山開道，關塞始通，恐止言金牛一道耳。《一統志》：金牛峽在漢中府沔縣西一百七十里，即五丁所開。下言岷、嶓、

沱、潛、蔡、蒙、和夷，禹之故跡皆可見，何嘗不通中國也？北與秦隴接境，為天下要脊，世治則順化服從，世亂則阻險割據，任擇牧守，實難其人。

班固配十二次，自畢十二度至東井十五度，為實沈之次，費直起畢九度，蔡邕起畢六度。於辰在申，**魏之分野**，亦曰晉。**屬益州**。《春秋元命苞》：參伐流為益州。《春秋緯·文耀鉤》：荊山西南至岷山，北距烏鼠、梁州，屬開星。《天官書》：用昏建者杓，杓自華以西南。《正義》云：杓，斗之尾也。《晉·天文志》：觜、參，魏益州。廣漢自觜一度，越巂入觜三度，蜀郡入參一度，犍為入參三度，牂牁入參五度，巴郡入參八度，漢中入參九度，益州入參七度。

《通典》：梁州，夏、殷間為蠻夷國，所謂巴寅彭濮之人也。周末，秦伐蜀，有其地，其分野兼得秦、楚之交。秦置郡為漢中巴蜀郡，及隴西之南境、內史之南境。漢武置十三州，此為益州。魏分置梁、益二州，晉因之。《漢·地理志》：秦地南有巴蜀、廣漢、犍為、武都，又西南有牂牁、越巂、益州，皆宜屬焉。巴蜀、廣漢本南夷，秦並為郡，土地肥美。南賈滇、音顛。僰 蒲北反。僮，西近邛，笮馬旄牛，民食稻魚，無凶年憂。武都地雜，氐羌及犍為、牂牁、越巂，皆西南外夷。武帝初，開置民俗，略與巴蜀同。《後漢·郡國志》：益州刺史 治洛，今漢州。部郡國十二，漢中、巴郡、廣漢、蜀郡、犍為、牂牁、越巂、益州、永昌。明帝分益州置。廣漢屬國，蜀郡屬國，犍為屬國。《通考》：漢又為弘農郡之南境。上洛是。《唐·地理志》：古梁州域，山南西道：採訪使，治梁州。梁、漢中。洋、洋川析梁州置。利、益昌。鳳、河池。興、順政。成、同谷。文、陰平析武都置。扶、同昌。集、符陽析梁、巴二州置。璧、始寧析巴州置。巴、清化。蓬、咸安析巴、隆、渠三州置。通、通川。開、盛山析巴東、通川置。閬、閬中，本隆州。果、南充析隆州置。渠、潾山，本宕渠。為鶉首分，府一；漢中。內成州，《通典》《十道圖》併入隴右道。文、扶二州，《通典》《十道圖》併入劍南道。閬、果二州，《通典》入劍南道。山南東道：採訪使，治襄州。金、漢陰，亦曰安康。忠、南賓析巴東置。涪、涪陵析渝州置。萬；南浦析信州置。內金州，《通典》入京畿道。涪州，《通典》入黔中道，《十道圖》入山南西道。隴右道：採訪使，治鄯州。岷、和政析臨洮置。階、武都。宕、懷道，本宕昌郡。迭，合川析洮州置。皆鶉首分；內岷州，《通典》《十道圖》併入雍州。劍南道：採訪使，治益州。益、蜀郡。蜀、唐安析益州置。彭、濛陽析益州置。漢、德陽析益州置。眉、通義析嘉州置。梓、梓潼。綿、巴西。劍、普安。合、巴州，本涪陵郡。資、資陽。邛、臨邛析雅州置。茂、通化，本汶山郡，一名會州。松、交州析扶、會二州置。巂、越巂。戎、南溪，本犍為郡。遂、遂寧。陵、仁壽。嘉、犍為。雅、盧山。瀘、瀘川。簡、陽安，析

益州置。普、安岳，析資州置。渝、南平，本巴郡。當、江源，析松州置。龍、江油。翼、臨翼，析會州置。悉、歸誠，析當州置。黎、洪源，析雅、嶲二州置。靜、靜川，析悉州置。恭、恭化，析靜州置。維、維川。榮、和義，析資州置。奉、雲山，析維州置。柘、蓬山。姚，雲南。亦嶲首分，府一；蜀郡。都護府一。保寧。《初學記》：梁州自劍閣而西分為益州，是為劍南道，其北垂又入隴右道。《通考》兼分入京畿，為上洛、商。安康　金。郡，及黔中道涪陵、涪州。南川　南州。郡。《宋史》：梁州為川峽四路，成都路，府一：成都，州十二：眉、蜀、彭、綿、漢、嘉、邛、簡、黎、雅、茂、威，軍二：永康、石泉，監一：仙井；潼川路，即梓州路。府二：潼川、遂寧，州九：果、資、普、昌、敘、瀘、合、榮、渠，軍二：懷安、廣安，監一：富順；利州路，府一：興元，州九：利、洋、閬、劍、文、興、蓬、政、巴，軍一：大安；夔州路，州七：夔、忠、萬、開、達、涪、恭，軍三：雲安、梁山、南平，監一：大寧。南渡後，頗更置云。川峽四路，合《禹貢》梁、雍、荊三州之地，而梁州為多，南至荊峽，北控劍棧，西南接蠻夷。按：宋平孟蜀，分為益州、利州、梓州、夔州四路。益在川西，夔在川東，利、梓俱在川北。嘉定，則川南也。梓州，今潼川州。利州，今保寧府廣元縣。《大明一統志》：古梁州為今四川省成都、秦置蜀郡，漢分置廣漢郡，唐為益州，置劍南節度。其地西抗吐蕃，南撫蠻部，天下雄藩。保寧、秦、漢屬巴郡，晉置巴西郡，唐曰隆州，改閬州，宋為安德軍，元升保寧府。其地梁、洋、梓、益之衝，前界關表，後據劍閣。順慶、秦、漢屬巴郡，晉屬巴西，劉宋分置宕渠郡，唐置果州，宋升順慶府。其地接壤漢中，嘉陵江襟帶其左。敘州、古僰國，漢置犍為郡，唐曰戎州，宋改敘州。其地負山枕江，舟車之衝。重慶、周巴子國，秦置巴郡，漢因之，隋、唐曰渝州，宋改恭州，升重慶府。其地東魚復，西僰道，北漢中，南夜郎。馬湖　漢犍為、牂牁之境。其地南距戎瀘，北走普資。龍州　周、秦氐羌地，漢為陰平道，屬廣漢郡，後魏置江油郡，唐為龍州，宋為政州。其地四塞雲棧，百里鄧艾，伐蜀所置。各府，潼川、秦屬蜀郡，漢屬廣漢，蜀漢曰梓潼，隋、唐曰梓州，宋升潼川府。其地左帶涪水，右挾中江，川西北之門戶。嘉定、秦屬蜀郡，漢屬蜀、犍為二郡，唐、宋曰嘉州。其地負三峩，帶二江。眉、秦屬蜀郡，漢屬犍為，唐、宋曰眉州。其地為岷峩奧區。邛、秦、漢屬蜀郡，西魏置邛州。其地前控沉黎，後接邛筰。瀘、漢屬犍為，東漢置江陽郡，隋、唐、宋曰瀘州。其地南掎牂牁，北通廣漢。雅　秦、漢屬蜀郡，隋、唐曰雅州。其地控帶夷落，南詔咽喉。各州，及東川、古南詔地。烏蒙、漢牂牁地。烏撒、鎮雄　亦號沱部。各軍民府，播州　秦夜郎地，漢屬牂牁，唐置朗州。宣慰司、永寧、漢屬益州，宋隸瀘州。酉陽、秦黔中地，漢以酉陽北境置武陵郡，唐曰思州。石砫　漢牂牁。其地連黔播，接荊湘。各宣撫司。其天全六番，古蠻獠地，唐隸雅州。招討司則梁

州南境黎州，古西南夷筰都地，漢曰沉黎，隸蜀郡，唐置黎州。其地處越嶲、邛、蜀之中。安撫司則梁州西境松潘，古氐羌地，漢屬河關郡，晉屬汶山郡，唐置松州。其地東南面雪嶺，西北界洮河。指揮司迭溪、漢屬蜀郡，晉屬汶山，唐置翼州。千戶所，四川行都司，古西南夷邛都地，漢置越嶲郡，唐置嶲州，唐末為蒙詔所據。皆屬梁州。夔州府　春秋庸國，秦、漢屬巴郡，東漢分置永寧郡，蜀漢改置巴東郡，為重鎮，梁置信州，唐曰夔州。其地為蜀口，荊楚上游。則荊、梁二州域。奉節、雲陽、萬縣、開縣、達州、新寧、梁山、建始、東鄉、太平，屬梁州。雲南省雲南、古滇國，漢置益州郡，蜀漢分置雲南郡，唐曰南寧，後為蒙詔所據，元始置中慶路。其地東距僰道，南屬交趾，西抵伽陀，北接吐蕃。大理、漢屬益州，蜀漢屬雲南，唐置姚州。其地廣險，南詔都會。臨安、漢屬牂牁，唐屬黔州都督。其地北抵澄江，南鄰交趾。楚雄、漢屬益州，晉置安州，元置威楚路。其地饒鹽井。澂江、漢屬益州，隋置昆州。廣西　漢屬益州、牂牁，唐隸黔州。其地東瞰廣西，南距交趾。各府，曲靖、漢屬益州，蜀漢置興古郡，唐置南寧州。武定、漢屬益州郡，唐屬戎州都督，元置羅婺萬戶府。麗江、漢屬越嶲、益州，東漢屬永昌，隋、唐屬嶲州。其地南接大理，北距吐蕃。永昌，東漢置永昌郡，唐屬姚州都督。其俗以金裹兩齒曰金齒。各軍民府，並屬梁州界。貴州省普安州，漢屬牂牁，唐置盤州。其地界雲、貴、川、廣之間。亦梁州界。貴州宣慰司，漢羅甸國，元隸雲南行省。其地為滇南門戶。則荊、梁二州之南境也。陝西漢中府，詳見雍州。是梁、雍二州域。興安州平利、石泉、洵陽、漢陰、白河、紫陽，寧羌州沔縣，屬梁州。考《地志》，漢中為梁、雍、荊三州域。金州是荊、梁之交，謂秦頭楚尾，即興安州。鄭端簡云：鞏昌府西和、成縣、秦州，屬梁州。蜀地與秦同域，劍閣之險　在今保寧府劍州。過於潼關，蜀所恃為外戶。巴西、梓潼、宕渠三郡，去漢中遼遠，俱在劍閣之內。漢中，前秦後蜀，漢高由之以定三秦，孔明由之以鎮關隴，黃權所謂蜀之股肱，楊洪所謂蜀之咽喉也。

　　林駉曰：蜀之根本在成都，而漢中為唇齒；蜀之藩籬在漢中，而陝隴為遞援。守南鄭，今漢中府治。則長安可窺；守武興，今略陽縣。則隴西可取。

　　牟子才曰：重慶為保蜀之根本，嘉定為鎮西之根本，夔門為蔽吳之根本。

　　愚按：《晉書》：劉裕遣朱齡石伐蜀，眾軍從外水取成都，臧僖從中水取廣漢，今漢州。老弱從內水向黃虎。近涪域。庾仲雍云：江州　今重慶。正對二水口，右則涪內水，左則蜀外水。《通鑑注》：水自渝上合州至綿州者，謂之內江；自渝由戎瀘上蜀者，謂之外江。內水，今涪江。外水，今岷江也，其中水即雒水。《一統志》：雒水在漢州，經新都。昭烈取劉璋，自涪城進圍雒城，蓋由中水。楊慎云：中水，沱江。當更考。

程大昌曰：《漢書》漢二年，漢王從杜南入蝕　音力。中至南鄭。蝕中地，書皆不載，以地望求之，關中南面皆礙，南山不可直達，其有微徑可通漢中者，惟子午關。在今西安府城南，唐明皇荔枝驛路。子午關在長安正南，其次向西有駱谷關，關之又西則褒斜也。蝕中若非駱谷，必是子午。若大散關，在今漢中府鳳縣。則在漢中西南，不與咸陽對出，非其地矣。是年五月，漢王引兵出襲雍，則自褒斜北出，蓋雍縣之陳倉也。唐玄宗幸蜀，自馬嵬　在今西安府興平縣。由武功入大散關、河池、劍閣，以達成都。其返也，路亦如之。德宗幸奉天，今西安府幹州。移蹕漢中，則自鄠縣入駱谷，轉西以達梁州。緣其時李楚琳據鳳翔，故迂道駱谷。及還京，即取徑褒斜矣。楊慎曰：漢中雖是平川，東北入長安，西南出劍門，皆有棧閣。王全斌伐蜀，自益光江趨來蘇徑，不由劍門入，是劍門外又別有一路。

何景明曰：今由秦入蜀之道，西南則褒谷，從褒入；南則駱谷，從洋入；東南則斜谷，從鄠入。舊志謂首尾一谷者，非是。棧道有四，從成、和、階、文出者，成縣、西和、階州、文縣，俱屬鞏昌。為沓中陰平道，鄧艾入蜀由之；艾自陰平景谷步道，徑江油而出綿竹。從兩當出者，兩當縣亦屬鞏昌。為故道，漢高攻陳倉由之；陳倉道在漢中沔縣。從褒鳳出者，為今連雲棧，漢王之南鄭由之；從成固、洋縣出者，皆屬漢中。為斜谷道，武侯屯渭上由之，此皆關南之險阨。

《宋中興四朝志》：大散關隸梁泉縣，屬鳳州，今鳳縣。在鳳翔寶雞縣之南，為秦蜀往來要道，兩山關控斗絕，出可攻，入可守，實表裏之形勢也。和尚原，鳳之東境，抵鳳翔不百里；仙人關，興之東境，興州，今略陽縣。距利州纔七驛。自利抵劍閣百里而贏，倘棄和尚原而退守仙人關，則蜀之險要所失過半。敵既得和尚原，或自梁、洋經米倉山入巴閬，或自均房由達州山路入夔峽，或直攻仙人關，形分勢散，所備皆急，一處破壞，在在震動矣。自南北講好，中分關中之界，如大散、仙人、饒風、武休，皆吾界也，而仙人關外又分左右二道。自成州經天水縣，出皂林堡，直抵秦州，昔吳璘大軍由此而出。地勢平衍，因為溝塹，引水縱橫，名曰地網，以遏敵衝。自兩當縣直至鳳州，取大散關，距和尚原，纔咫尺，敵常憑原下，視如蟻垤，故其勢難守，所恃緩急有仙人關耳。

**岷、嶓既藝，**岷，《史記》作汶，《漢書》作嶓，《說文》作崏。

《漢・地理志》：蜀郡有湔　音箋。氐道，縣有羌夷曰道。岷山在西徼外，江水所出。蔡《傳》：岷山在茂州汶山縣。晁氏說之曰：蜀以山近江源者通為岷山，連峯迭岫，不詳遠近。青城、天彭諸山之所環遶，皆古之岷山，青城乃其第一峰也。青城山在成都府灌縣西南五十里。天彭山在成都府彭縣北三十里。陸游曰：自蜀

境之西，大山廣谷，谿谷起伏，西南走蠻箐，中皆岷山也。王樵曰：岷山蟠據華夷，江出其間，誠有如晁氏所言，但禹導江必有所始，導山曰岷山之陽，至於衡山，則固有定指矣。漢汶山縣有江瀆廟，蓋禹導江始此云。《興地廣記》：岷山在茂州汶山縣西北，俗謂之鐵豹嶺，禹之導江發跡於此。《水經》：隴西郡氐道縣嶓冢山，《釋名》：山頂曰冢。漾水所出。《漢·地理志》：隴西郡西縣嶓冢山，《史記正義》：漢隴西郡西縣在今秦州上邽縣西南九十里。蔡《傳》：即今興元府西縣三泉縣也。按：後魏分沔陽置嶓冢縣，隋改西縣，今漢中府沔縣也。蔡氏誤以後代漢中之西縣為漢隴西之西縣，當正之。西漢水所出。《華陽國志》：漢水東源出武都，韓邦奇曰：漢武都所治甚遠，西北自鞏昌府成縣，東南至漢中府沔縣，千八百餘里。漾山為漾水西源，出隴西嶓冢山，徑葭萌入漢。杜氏《通典》：嶓冢一在天水之上邽，今鞏昌府秦州。一在漢中之金牛。注見前。在天水者為西漢。

愚按：班固以西漢出嶓冢於武都，東漢第言受隴西氐道漾水而不著所出之山。今鞏昌秦州、漢中沔縣皆有嶓冢，《一統志》：嶓冢山，一在秦州西南六十里，一在沔縣西一百二十里。韓邦奇曰：鞏昌是漢源，嶓冢山可證，漢中無嶓冢山。沔水源出金牛山，人誤以沔水為漢水，遂以金牛為嶓冢。其說不知何據。蓋一山而跨二府之城。《水經》以漾水為西源，沔水為東源。道元謂東西兩川俱出嶓冢而同為漢水者，是也。但西漢水南入廣漢白水，東南至江州入江。經文漾流為漢，乃東至彭蠡入江。博考圖志，源流本不相合。自漾、沔之名亂於桑欽，而學者遂輾轉滋惑矣。常璩以漾水為東源，正與經應，所云漾山未詳，豈即嶓冢別名歟？江漢順流，則二山之墟皆可樹藝，史稱岷山之下沃野千里，與漢中俱號天府之國，蓋成於李冰而發於神禹也。

## 沱、潛既道，

孔《傳》：沱、潛發源此州，入荊州。《正義》：《地理志》蜀郡郫縣、今成都府郫縣。汶江縣　今成都府安縣。皆有沱水，《地理志》：沱水在蜀郡郫縣西，東入大江。其一在汶江縣西南，東入江。及漢中安陽縣　今漢中府漢陰縣。有潛水，《地理志》：濰谷水出安陽西南，北入漢。濰，音潛。其尾入江漢耳，首不於此出。江源　今成都府崇慶州。有潀　音仇。江，首出江南，至犍為、武陽　今成都府新津縣。又入江，豈沱之類與潛？蓋西漢出嶓冢，東南至巴郡江州入江，行二千七百六十里。《爾雅音義》：沱水自蜀郡都安縣湔山　在今灌縣，即玉壘山。與江別而東流，又云有水從漢中沔陽縣　今漢中府沔縣。南流至梓潼、漢壽　今保寧府廣元縣，漢廣漢地。入大穴中，通岡山下，西南潛出，《水經注》：潛蓋漢水枝分。潛出謂之伏水。

舊俗云即《禹貢》潛水也。

愚按：梁州沱水，《通典》在唐昌，今成都府崇寧縣。《近志》云一在灌縣，在成都西。一在新繁。在成都西北。灌縣之沱，即《爾雅》所云別江於湔山者。其郫江，《寰宇記》一名皂江，自青城縣百丈水南流入崇慶州，至新津入江，孔《疏》以為即沱江所未詳也。潛水，《水經》出巴郡宕渠縣。今順慶府渠縣，縣有渝水，古潛水，亦名宕渠水，俗謂之渠江。《史記正義》云：潛水源出利州綿谷縣東龍門山大石穴下。在今保寧府昭化縣西。庾仲雍以墊 音迭。江 晉縣，屬巴郡。有別江出晉壽縣，晉縣，今保寧府廣元縣。此即潛水。考綿谷，即晉壽。石穴水當經綿谷出宕渠，杜甫詩「綿谷元通漢」，亦一證也。郭璞所解沱、潛，惟據梁州，不言荊州沱、潛。鄭康成以荊、梁二州各有沱、潛，故荊州之潛曰未聞，於梁州則云漢別為潛。其穴本小，禹自廣漢疏通，即為西漢，蓋即指綿谷水耳。然此水既從沔陽南流，則是東漢支派，與西漢水不相蒙。《地理志》：西漢水出嶓冢，南至巴郡江州入江。潛水出巴郡宕渠符特山，西南入江。不云潛即西漢，鄭康成始合之為一，而酈道元、孔穎達輩遂因之。疑康成說不足信，及考西漢水，自嶓冢而下，即西南流，過祁山，入嘉陵道，為嘉陵水，又東南流經宕渠，合宕渠水，見《水經注》。乃知西漢水入潛，故世遂以潛即西漢耳。若必求出漢、入漢者為潛，則今之宕渠水與西漢水皆至合州入大江，何嘗與沔、漢相為沿注哉？鄭端簡以梁州三十六江皆是潛水，此又非定論，謹識之以俟博聞者。王樵曰：凡河、江、淮、漢惟一見，沱、潛於二州再書。既道者，其名雖同而原委各別也。蔡《傳》：上志岷、嶓，下志沱、潛，江、漢源流，於是乎見。臨川吳氏謂凡江、漢支流，皆名沱、潛，不拘一處，猶蜀山近江源者皆為岷山。或云岷謂之汶，漢謂之漾，亦謂之沔，恐屬方言。今寧羌州有沔縣，又東有洋縣，即古洋州。洋、漾聲相近。

## 蔡、蒙旅平，

《輿地志》：蔡山在雅州嚴道縣。今雅州榮經縣。金氏曰：在嚴道縣南。《四川志》：在州城東五里。《漢·地理志》：蒙山在蜀郡青衣縣。今雅州名山縣。《四川志》：蒙山在名山縣西十五里。楊慎以蒙山為雲南蒙樂山，非是。蔡《傳》：酈道元謂其山上合下開，沫水經其間，《水經》：沫水出蒙山南，與青衣水合，東入於江。《一統志》：沫水在雅州西五十里。出為溷崖水，水脈漂疾，歷代為患，李冰發卒鑿平溷崖。楊慎曰：《元和志》：李冰鑿離碓在雅州，舊《蜀志》言在灌縣，謬。則此二山，在禹為用功多也。按《水經注》：上合下開，本指蒙山言之。蔡《傳》引之似混，近說遂以蔡、蒙二山都是志沫水，蓋因蔡

《傳》而誤也。孔《傳》：祭山曰旅。顏師古曰：旅，陳也。旅平，言已平治而陳祭也。《一統志》：旅平舊址在今雅州城東十里，俗呼落平。陳氏大猷曰：旅獨於梁、雍言之者，九州終於梁、雍，以見前諸州名山皆有祭也。旅獨於蔡、蒙、荊、岐言之者，蓋紀梁之山終於蔡、蒙，紀雍之山始於荊、岐，以見州內諸名山皆有祭也，故末復以九山刊旅總結之。然必言於諸州後者，亦先成民而後致力於神之意與？

**和夷底績。**

蔡《傳》：和夷，地名。嚴道以西有和川，有夷道，或其地也。《寰宇記》：雅州東北有和夷壩。晁氏說之曰：和、夷，二水名。和川水自蠻界羅品州東來，《寰宇記》：和川路在雅州榮經縣界，西去吐蕃大渡河五日程，從大渡河西至吐蕃松城四日程。經蒙山而入岷江，所謂青衣江也。《水經》：青衣水出蒙山，東與沫水合入江。《一統志》：青衣江在雅州名山縣。夷水出巴郡魚復縣　今夔州府奉節縣。東，過夷道縣　今荊州府宜都縣。北，東入於江。《水經注》：魚復縣南，夷水出焉。縣有夷谿，即很山清江也。按：此夷水在今川東，去和川絕遠，晁氏引之，非是。

愚按：和夷無定說。《水經注》：鄭玄曰：和上夷所居之地。和，讀曰桓。《地志》：桓水出蜀郡蜀山，《水經》作岷山。西南行羌中，故晉道記曰：梁州南至桓水，自桓水以南為夷，《書》所謂「和夷底績」也。古桓、和二字誠通用，但《地志》所云桓水出蜀山者，已不可考。若以為「西傾因桓」之桓水，又不在梁州域內。《一統志》：天全招討司治南四十里有和水，即蔡、晁所指，在蔡、蒙之西。又《地志》：越嶲蘇示縣西北有　江。師古《注》：示讀祗。汜，古夷字。《集韻》：夷，古作汜。此夷江與和川相近，《四川志》亦云和夷在黎雅、越嶲等處，則此疑是《禹貢》之和夷，而先儒顧不之引，何也？經文凡云底績，皆主地言，此當是地名因水者。蘇《傳》以和夷為西南夷名，曾氏謂嚴道有和川，夷人居之，蓋皆本康成之說。

**厥土青黎，**黎，《史記》作驪。

孔《傳》：色青黑而沃壤。按：馬融、王肅云：黎，小疏也。蔡《傳》：黎，黑也。蓋主孔《傳》。吳氏澄曰：梁土不言質，質不一也。金氏履祥曰：梁土色青，故生物易性疏，故散而不實。此從馬、王說。史亦謂成都土疏，難以築城。《唐書》：高駢築成都羅城，蜀土疏惡，以甓甃之。董二酉曰：黎訓黑，以色言；或訓疏，以性言。考黎字無疏訓，疏乃黑土之性耳。說者見蜀土疏惡，遂以附會字義，實不然也。蓋土性黏膩，然於其中復分五行，黃者，土之土也，得其本，然為最上；赤者，

火之土也，為次之；白者，金之土也，又次之；青者，木之土，又次之；黑者，水之土也，為最下。土本尅水，今反為水所勝，其疏惡何疑哉？至若一州之土色有不同，如壤之與墳壚，為性各別，不足異也。

**厥田惟下上，厥賦下中三錯。**

田第七，賦第八，雜出第七、第九。《正義》：梁州之賦下中為正，上下取一，通第八為三，故言三錯。胡氏一桂曰：梁州，夷狄北境，變故不常，而定出八等，似若太優，故無事則錯出第七等，有事則錯出第九等也。

蔡《傳》：賦雜出他等者，或以為歲有豐凶，或以為戶有增減，皆非也。意者地力有上下，年分不同，如《周官》田一易、再易之類歟？王樵曰：按《周官》不易之地謂歲種之地，為上田；一易之地謂休一歲乃復種也，為中田；再易之地謂休二歲乃復種也，為下田。蔡氏之意，謂田遇年分休不耕者多，則賦從而少，然豈偏冀、揚、豫、梁四州？田有一易、再易，而餘州皆可歲耕者耶？蓋冀州地大物繁，賦既上上，而又間出上中以寬之。豫為中土，原田既美，人功亦修，幾與冀埒，故賦既上中，而又間出上上以進之。揚田下下，然人稠而地力亦盡，故賦高於田二等，而間出又進一等，此實東南繁阜之權輿矣。梁田下上，復優於揚，然多山而少田，人功亦劣，故賦之等退在下中，而又以七、九二等為之上下，間出調劑可謂密矣。舉此四州為法，而餘州可見無錯者，其等已定也；有錯者，其等難定時，進退以通節之也。後代卒不能易禹之等，惟雍州沃野千里，秦、漢以來稱天府之國，而禹時洪水初平，風氣未開，觀公劉、太王初起，陶復陶穴困於狄人之時，則昔之雍州豈後之雍州哉？人事未至，聖人固不能豫進之也。然田曰上上，則人事氣化亦已有所待矣。

**厥貢璆、鐵、銀、鏤、砮磬，熊羆、狐狸織皮。**

孔《傳》：璆，玉名。《廣韻》：璆與球同。《集韻》：球，或作璆。蔡《傳》：璆，玉磬。按：《字書》多作玉名，蔡本《說文》。鐵先於銀者，鐵之利多於銀也。蜀卓氏、程氏以鐵冶富，擬封君，則梁之利尤多於鐵。徐廣曰：臨邛出鐵。《後漢·郡國志》：宕渠、臺登、會無、滇池、不韋諸縣皆出鐵。鄒氏近仁曰：《漢志》犍為郡朱提縣　今嘉定州犍為縣。有朱提山，出銀，《南中志》：朱提舊有銀窟數處。每銀八兩，為一流，直一千五百八十他銀。一流但值千，是梁州之銀獨美於他州，故以為貢也。鏤者，可以刻鏤剛鐵也。金剛切玉如泥。《寰宇記》：定筰縣有鐵石山，在今四川行都司。出砮石，火燒之成鐵，為劍戟最利。《華陽國志》作出臺登。《名勝志》云：鹽井衛，古定筰縣也。今山在衛西七十里，亦近臺登。臺登、定筰，《漢志》皆屬越巂。禹時所貢

之䂞，疑即此。蔡《傳》：磬，石磬。按：磬有玉石，蔡訓石磬，蓋嫌與璆混耳。林氏之奇曰：浮磬貢於徐，磬錯貢於豫，此州既貢玉磬，又貢石磬，知當時樂器磬最為重，豈非以其聲角在清濁大小之間，最難得其和者哉？《說文》：熊，山獸，冬蟄。《異苑》云：熊無穴，或居大樹孔中，見人則顛倒投地。羆大於熊，黃白文。郭璞云：長頸高腳，猛憨多力，能拔樹。《山海經》：嶓冢之山，其獸多熊羆。狐，妖獸。狸，伏獸。孔《傳》：貢四獸之皮織金罽。《釋言》云：氂，罽也。胡人續羊毛作衣。《正義》：織毛而言皮者，毛附於皮，故於皮表毛耳。蘇《傳》：以罽者曰織，以裘者曰皮。王樵曰：罽，西胡毳布織毛為之，若氈毹罣毺之類，字當作繝，作罽非。罽，魚網也。吳澄曰：通外國之俗者言，織皮是獸皮熟之去毛，削令至薄，裁極細如縷，以金傅之，織而為布，非織皮為裘，亦非織毳為褐也。

### 西傾因桓，是來浮於潛，逾於沔，入於渭，亂於河。

西傾，雍州山。《漢・地理志》在隴西郡臨洮縣西南。《一統志》：在今陝西臨洮府西南一百五十里，一名強台山。《雍大記》：西傾在洮州臨潭縣西北九十里。臨潭，唐縣故城，在今洮州衛西南。《水經》：西傾之南，桓水出焉。愚按：《水經》桓水出岷山，西南行羌中，入南海。《近志》云：即洮水。洮水流洮岷界，入黃河。今二說並存，無從考據。鄭端簡云：桓水過嶓冢山，東流入潛。此則大謬。孔《傳》：漢上曰沔。《漢志》：沔、漢，水一二名。《一統志》：沔水在漢中府褒城縣南四里。蘇《傳》：禹時通謂褒水為沔。《水經注》：自西傾而至葭萌，浮於西漢。西漢，即鄭玄所謂潛水也。自西漢遡流而屆晉壽界，阻漾枝津，南歷罣穴，罣，山名，有大穴。作岡北者誤。迤邐接漢、沔，歷漢川，至南鄭 今屬漢中府。屬，於褒水逾衙嶺 《括地志》：衙嶺，山名，在褒城縣西北九十里。之南溪，灌斜川，屆武功 今西安武功縣。而北以入於渭。蔡《傳》：經言沔、渭而不言褒、斜，因大以見小也。絕流而渡曰亂。河，即冀州之西河。

愚按：梁州西境之貢，自西傾陸運傍桓水而行，不曰浮桓，而曰因桓，至潛始泛舟也。潛之北為沔，沔之北為渭。沔在梁州，渭在雍州。《疏》云：沔在渭南五百里。褒通沔，斜通渭，其間絕水百餘里。不言逾者，蒙逾於沔之文；曰入，則亦包斜湄在內矣。自渭入河，由西而東，故橫絕以渡。夫貢道皆言浮、言達，惟荊、梁間曰逾。然陸運特以濟水，運之窮未有全用陸者，聖人之不欲勞民，於此見之。

王樵曰：漢中棧道七百里，北口曰斜，南口曰褒，《後漢書注》：長四百七十里。同為一谷。褒水出太白山，在漢中府洋縣。經鳳縣，屬漢中府。南流入褒谷，《雍大記》：褒谷在褒城縣東北十里，出連雲棧，直抵鳳縣斜谷七百里。又南流入沔。《水經注》：

褒水出衙嶺東南，歷故棧道至褒口，又南徑褒縣故城，入於漢。斜水出衙嶺山，北至郿屬鳳翔府。入渭。《雍錄》：渭水東至武功縣受斜水，褒、斜二水介衙嶺而分南北，斜經武功而東入於渭也。所謂絕水百餘里者，以褒、斜二水兩首相距言之，非謂褒、斜二谷也。漢武帝時，人有上書欲通褒、斜道及漕，事下張湯。湯言漕從南陽上沔入褒，褒絕水至斜百餘里，以車轉從斜下渭，如此則漢中穀可致。是逾沔入渭之道，漢人常用之。今蜀中通貢賦，水則大江，陸則棧道，此道無復講矣。

葉氏少蘊曰：雍言織皮崑崙、析支、渠搜，非中國之貢明矣。西傾，即西戎之境，疑熊羆、狐狸織皮與西傾因桓是來相屬，謂四獸織皮乃西傾之戎，因桓水而以此來貢也。

愚按：西傾僻在雍州之西南，不應梁州貢物乃紆道由之，「西傾因桓」正記織皮所由來耳。況他州貢道各以「浮」字起，此與雍州西戎之貢相似，當從葉說無疑。鄭端簡亦云：「西傾因桓」是來當合上作一節，「浮於潛」四句作一節。

禹貢長箋卷八

# 禹貢長箋卷九

黑水、西河惟雍州，雍，去聲。

《爾雅》：河西曰雝州。應劭曰：四面積高曰雍。東二崤、西隴山、南商山、北甘泉、九嵕諸山。王肅曰：西據黑水，東距西河。古注誤作西距黑水，東據河。王肅始正之。《正義》：禹治豫及梁，自東向西，故先華陽而後黑水。從梁適雍，自南向北，故先黑水而後西河。河在雍州之東而曰西河者，龍門之河在冀州西界，故謂之西河。《王制》云：自東河至於西河，千里而近。是河相對為東西也。

愚按：雍州之境，阻以函谷二崤，表以終南、太華，山最高而不言者，以不勝紀也。黑水在雍州西北，鄭端簡謂是鎮夷黑水，與經導黑水不同，且與《注》據字合。鄭意以梁、雍二州各有黑水，故前云疊溪，此云鎮夷。今考鎮夷所在，陝西行都司城西北三百里，即漢張掖地，與三危相近，此政導黑水之黑水也。《水經注》：白水出臨洮西傾山，東南流與黑水合。黑水出羌中，西南經黑水城西，在陰平西北、臨洮西南，古沓中之地。意此，即從張掖來者乎？若漢中黑水源出太白山，山在慶陽府城北百五十里。南流入漢，《雍大記》：黑水在城固縣西北，諸葛亮陵「朝發南鄭，暮宿黑水」是也。又非雍州所表識。又按：《爾雅》無梁州，李巡云：雍州兼得梁州之地。則商制與《周·職方》同。漢改雍為涼，以西方常寒涼也。地勢西北斜出，在南山之間，南隔西羌，西通西域。獻帝時，涼州數有亂。河西五郡去州隔遠，於是乃別為雍州，末又合關右為雍州。

熊氏禾曰：雍州，秦地。婁敬謂金城千里，天府之國。合天下形勢言之，所謂秦得百二者，實以據地勢之上游，當天下之要脊，四塞為固，全一面之險，以東制諸侯，故言定都者必先焉。但其地迫近西戎，周、秦、漢、唐，世有羌

胡之患，必盡陰山與唐三受降城及靈夏、河西五郡為塞地，乃可耳。又常考之古今地志，雍州之地即無黑水，所謂導黑水至於三危者，三危山或云在燉煌郡，則今瓜州也，曷嘗有此水踰跨諸山以至于南海哉？若以河源崑崙推之，崑崙山脊以西，人跡所未到。其東中一支，則重岡積嶺，直至終南、太華，皆是雍之南山，而瓜州乃在河西五郡，實當西北界上。漢人所謂斷匈奴右臂者，以其不與西戎相接也，史當有錯。

班固配十二次，自東井十六度至柳八度，為鶉首之次，費直起井十二度，蔡邕起井十度。於辰在未，秦之分野，屬雍州。張衡曰：雍州乃金水之位，河漢之源。《春秋緯·文耀鉤》：華、岐以西，龍門、積石至三危之野，雍州屬魁星。《陝西志》：柳星及張雖豫州分野，而雍州分野亦得柳之七度至張十七度，寖及鶉火之次焉。故《唐志》謂柳在鬼，東接於漢源，當商洛之陽。《晉·天文志》：東井、輿鬼，秦雍州。雲中入東井一度，定襄入東井八度，雁門入東井十六度，代郡入東井二十八度，太原入東井二十九度，上黨入輿鬼二十度。袁黃曰：《周禮》保章氏以星土辨九州之地，所封之域各有分星。《左傳》：熒惑守心，宋景禳其咎，實沈為祟，晉侯受其殃。是也。然其間相配者少，相反者多，並在北而娵訾在北，荊在南而鶉尾在南，此其躔次相配可考也。青在東，玄枵在北；雍在西，鶉首在南；揚在東南而星紀在北，冀在北而大梁在西，此其躔次相反可疑也。唐一行謂分星有山河脈絡之兩戒，雲漢升沉之四維，認而識之可以見其相配。鄭漁仲深取其說。近世蘇平仲又指為疏遠，而謂分野、分星，古不謂地，又引有分星而無分野之言以證其不必盡泥。然以史冊觀之，四星聚牛女而晉元王吳，四星聚觜參而齊祖王魏，彗星掃東井而苻堅亡秦，景星見箕尾而慕容德復燕，此豈非分野之驗而不容誣者耶？陳子龍曰：分野之說，自古有之。然中國之於天下，數分之一耳。奈何以周天之星而分配之，止以辰星廟為蠻夷之星乎？且兗、青、徐千餘里之地，而占角、亢、氐、虛、危、奎、婁、胃八星，吳越以南瀕海，荊楚以南包嶺，何啻萬餘里而皆在牛、女、翼、軫之分乎？此皆不可解者也。或封國之始實主此星，或分陰陽，若街南北之說，當近是。

《周·職方氏》：正西曰雍州，其山鎮曰嶽山，其澤藪曰弦蒲，其川涇、汭，其浸渭、洛。《通典》：雍州，秦其分野，兼得魏、趙之交。始皇置郡，此為內史、上郡、北地、九原、隴西及雲中之西南境。項羽分秦地為三，曰雍、塞、翟，章邯，雍王，都廢丘，今興平縣。司馬欣，塞王，都櫟陽，今咸寧縣。董翳，翟王，都高奴，今安塞縣。謂之三秦。漢武帝置十三州，以其地西偏，為涼州，又置司隸，領三輔。京兆、左馮翊、右扶風。《漢·地理志》：秦地，其界自弘農故關以西，京兆、扶風、故城在今永壽縣東南。馮翊、故城在今高陵縣西南。北地、上郡、故城在

今綏德州城北。西河、安定、天水、隴西，西有金城、武威、張掖、酒泉、燉煌。秦之先栢益，佐禹治水，至非子為周孝王養馬汧、渭之間，乃封諸秦，今隴西秦亭、秦谷　在今秦州。是也。平王東遷，以襄公將兵有功，賜以岐、豐之地。秦遂橫有宗周畿內八百里之地。後穆公稱伯，惠公稱王。其地於《禹貢》跨雍、梁二州。《詩‧風》兼秦、豳兩國，有鄠杜竹林，南山檀柘之饒，稱陸海，為九州膏腴。天水、隴西，民以板為屋，及安定、北地、上郡、西河皆迫近戎狄，上氣力修習戰備。漢興，六郡良家子選給羽林、期門，名將多出焉。自武威以西，本匈奴昆邪王、休屠　音除。王地，武帝時攘之，初置河西四郡，以通西域，隔絕南羌匈奴。內西河郡應入冀州。《後漢‧郡國志》：涼州刺史　台隴，今隴西縣。部郡國十二：隴西、漢陽、武都、金城、安定、北地、武威、張掖、酒泉、燉煌。張掖屬國，居延屬國。《通考》：漢時為弘農、安定、北地、上郡、朔方、五原、本秦九原，武帝改。故城在今延安府神木縣。天水、隴西、金城、武威、張掖、酒泉、燉煌，凡十三郡，而西河、雲中二郡之西南境亦隸焉。《唐‧地理志》：關內道，採訪使，以京官領之。古雍州域。京兆、本雍州。華、華陰，析京兆置。同、馮翊。鳳翔、扶風，本岐州。邠、新平，析北地置。隴、汧陽，析扶風、安定二郡置。涇、安定。原、平涼。渭、隴西，析原州平涼縣置。武、析原州蕭關置。寧、彭原，本北地郡。慶、順化。鄜、洛交，本上郡。坊、中部，析鄜州置。丹、咸寧，析延州置。延、延安。靈、靈武。威、析靈州故鳴沙縣置。雄、故城在今寧夏。會、會寧，析平涼置。鹽、五原。綏、上郡，本雕陰郡。宥　寧朔。為鶉首分，麟、新秦，析勝州置。豐、九原。勝、榆林。銀、銀川，析綏州置。夏　朔方。為實沈分，商　上洛。為鶉火分，府二，京兆、鳳翔。都護府二。單于、安北。內雍、華、同、岐、邠，《通典》入京畿道。渭州，《通典》《十道圖》俱入隴右道。隴右道，則涼、武威。秦、天水。瓜、晉昌，析沙州置。鄯、西平。沙、燉煌。肅、酒泉，析甘、瓜二州置。蘭、金城。河、安昌，本枹罕郡。廓、寧塞。洮、臨洮。甘、張掖。伊、伊吾。西、交河。亦鶉首分，都護府二。北庭、西安。杜佑曰：伊吾以西，並雍州封域外，羌胡之地。自祿山之亂，沒於吐蕃，至貞元間，隴右州縣盡矣。《初學記》：關內道，東自同華，略河而北；西自岐隴，原會極於北垂。隴右道，自隴而西盡其地也，並得《禹貢》梁州之北境。《宋史》：雍州為陝西路，慶曆初，仁宗。分陝西沿邊為秦鳳、涇原、環慶、鄜延四路。熙寧五年，神宗。以熙河洮岷州、通遠軍為一路，五路共三十四州軍，後分京兆、本永興軍。河中二府。陝、商、鮮、同、華、耀、虢、鄜、延、丹、坊、環、慶、邠、寧等州，清平、保安、綏德、定邊等軍，為永興路；鳳翔府秦階、本武州。隴鳳、成涇、

原渭、熙河、洮岷等州。鎮戎、德順、通遠等軍，為秦鳳路；仍以永興、鄜延、環慶、秦鳳、涇原、熙河分六路，各置經略安撫司。宋陝西路南得利州路興元府之城固、襄城、廉水三縣，及洋、文、沔、金房、階、西和、鳳七州，大安一軍；東得河東路之麟、府二州，及石州之葭蘆、吳堡二砦地。《通考》：宋陝西、夏寧、綏、宥、靜、靈、鹽諸郡為西夏所據，甘、涼、瓜、沙、肅、西伊、安北、安西、北庭亦沒於西夏及諸蕃。後以五路三十四州軍分為兩路，見上。富平之敗，五路俱陷，僅守鳳翔之和尚原。和議成，歸陝西地，尋背盟再取，止餘階、成、岷、鳳四州，屬四川之利州路云。《大明·一統志》：古雍州域，今陝西省西安、秦置內史郡，漢為三輔，長安以東為京兆，以北為左馮翊，渭城以西為右扶風，東漢曰雍州。周、秦、漢、晉、西魏、後周、隋、唐並都焉。宋升大都督府，領永興軍路。其地左崤函，右隴蜀，南有巴漢之饒，北有胡苑之利。**鳳翔**、周岐、雍地，秦屬內史，漢屬右扶風，隋曰岐州，唐為鳳翔府，號西京。其地厚田肥美，汧、渭、岐、漆、雍五水所會。**平涼**、春秋朝那地，秦屬北地郡，漢分置安定郡，唐置原州，宋為涇原路。其地左控五原，右帶蘭會，黃流在其北，崆峒阻其南。**鞏昌**、春秋羌戎地，秦置隴西郡，漢分置天水郡，東漢更名漢陽，三國魏為重鎮，晉分置南安郡，唐置渭州，宋改鞏州。其地接壤羌戎，通道隴蜀，用武要地。**臨洮**、古西羌地，秦屬隴西，漢置金城郡，晉析置狄道郡，唐置洮州，宋為鎮洮軍，改熙州。其地接巴雟，控邊陲，長城始於此。**慶陽**、周之先不窋所居，號北豳，春秋義渠戎地，秦置北地郡，漢因之，東漢至晉復為戎有，元魏置朔州，唐、宋為慶州。其地原阜列峙，溝澗輻輳，為關輔保障。府城北白豹城，宋與西夏分界處。**延安**　春秋白翟所居，秦置上郡，漢因之，東漢時郡廢，晉陷於戎，元魏置東夏州，改延州，宋升延安府。其地因河為塞，五路襟喉。**各府**，寧夏、秦屬上郡，漢屬朔方郡，元魏置夏州，唐末以拓跋思恭鎮之，其後元昊叛宋為西夏。其地西北有賀蘭之固，東南有黃河之險。寧夏中衛，即唐靈州。**洮州**、秦、漢諸戎地，晉為吐谷渾所據，後周置洮陽郡，唐、宋曰洮州。其地西控番戎，東蔽湟隴。**岷州**、秦、漢屬隴西，隋屬臨洮，唐置岷州。其地東連熙鞏，西並洮迭。**河州**、秦屬隴西，漢屬金城、隴西，隋置枹罕郡，唐、宋曰河州。其地環山距河，華夷分壤。**靖虜**、秦屬隴西，漢屬金城、安定，唐置會州，宋因之。其地面山背河。**榆林**　秦屬雲中、九原，漢置五原郡，隋、唐曰勝州。其地西北邊河套，朔方要關。**各衛及陝西行都司**。古月氏國地，武帝置酒泉、武威、張掖、西平四郡，晉置涼州，後分五涼，入拓跋，魏為甘州，宋、金時，西夏所據。其地河山襟帶，為羌戎通驛之路。**其漢中府**，戰國屬秦、楚之北境，始皇置漢中郡，漢因之，晉置梁州，唐、宋為興元府。其地前控三秦，後據兩蜀，左通襄沔，右走陰平。崖谷峻絕，十里百折。**梁、雍二州域**。南鄭、襄城、城固、洋縣、西鄉、鳳縣、略陽，屬雍州。鳳縣是梁、雍之交。

朱子曰：前代都關中，以黃河左右旋繞，所謂臨不測之淵也。近東獨有函谷關一路通山東，故可據以為險。又關中之山，皆自西而東，若橫山之險，今名橫嶺，在慶陽府寧州東一百里，蓋子午山別阜。乃山之極高處。本朝則自橫山以北盡為西夏所有，據高以臨我，是以不可都也。神宗銳意欲取橫山，夏人以死爭之。

章俊卿曰：河北、江南皆天下制勝之地，而挈南北之輕重者，又在川、陝。夫江南所恃以為固者，長江也，而四川據長江上游，下臨吳、楚，其勢足以奪長江之險；河北所恃以為固者，黃河也，而陝西據黃河上游，下臨趙、代，其勢足以奪黃河之險，是川、陝二地常制南北之命也。

鄭曉曰：雍州，今全陝之地。據「岷嶓既藝」，則鞏昌府半當屬梁州；據「西傾因桓是來」，則臨洮府州縣亦當有屬梁者。按《一統志》：四川松潘指揮使司北至陝西洮州衛界八百六十里，大抵洮州以南屬梁州境。夫雍州四面山回，而東面臨中原，險處正在華、岳，與黃河交會雖在潼關，在西安府華州華陰縣。然河之南若無新安，河南府新安縣有函谷、新關，漢武時楊僕所徙。則由沙澗可渡河至蒲州；屬山西平陽府。河之北若無平陽，則由烏嶺、冷泉　平陽南有東烏嶺，北有冷泉關。入平陽至蒲州。自蒲州至龍門，兩岸平廣可渡者百里。秦據函關，陝西統平陽也。夫守河北者，當守陝西；守陝西者，當極力守平陽。河南府無陝西，則河之南、江之南皆不可守。六朝以迄宋、元，皆炯鑒也。又曰：東距西河者，今西安府同州朝邑縣及臨河諸縣是也。據《職方》，豫州其山鎮曰華山，則西安府東境華陰、華州當屬豫，按：華山宜入雍州，《周禮》與《禹貢》不同。而臨河諸邑皆當為冀州地。《一統志》俱作雍州，豈別有據乎？

愚按：從古入秦之道，由河北為正道，由河南為要道，由南陽為間道，由漢中為險道。其從河北入者，必渡河津，經臨晉。歷代以來，若東漢鄧禹、唐高祖及金洛索皆由之，餘多由河南道。戰國時，秦兼有河東之地，故六國攻秦必叩函谷。雖項羽戰勝河北，仍從新安攻破函谷至咸陽。以後劉裕滅姚泓，安祿山犯長安，皆自潼關入，所謂要道也。武關路通南陽，西即嶢關。《漢書注》：武關在商洛。始皇南巡衡山，自南郡由武關歸，知此是間道。當山東兵起，秦必以重戍守函谷，故漢高從宛城南攻武關，入藍田，所以搗其虛也。劉裕之伐秦，檀道濟攻潼關，沈田子入武關，所以分其備也。至漢中道險，實為窺三秦之要徑。項羽王漢高巴蜀，而張良力請漢中地，其意已在關中，故漢高從武都故道今鞏昌府兩當縣。入巴蜀，已而又從此路出襲雍王章邯。諸葛亮亦從此攻魏，進窺關洛，然陳倉、箕谷之間山谷陡峻，轉運極艱，此亮之屢出而無成也歟？

## 弱水既西，

《漢·地理志》：弱水在張掖郡刪丹縣。今陝西行都司甘州山丹衛。《一統志》：弱水在甘州衛城西。薛氏肇明曰：源出吐谷渾，界窮石山。自山丹西至合黎山，詳導山。與張掖河合。《雍大記》：張掖河，俗名黑河，北入亦集乃海子，即古居延海。弱水去雍州甚遠，初必壅遏，而東欲治主水，先治客水，禹因其性導之西流，使不復入中國。林氏之奇曰：眾水皆東，而弱水獨西，黑水獨南，此其性與勢然也。必欲東之，則逆其自然，非行所無事矣。

蔡《傳》：《通鑑》魏太武擊柔然，循栗水西行，至菟 音徒。園水，在燕然山南，去平城三千七百餘里。又循弱水西行，至涿邪 音耶。山，則弱水在菟園水之西、涿邪山之東矣。《北史》載太武至菟園水，分軍搜討，東至瀚海，西接張掖水，北渡燕然山，與《通鑑》小異，豈瀚海、張掖水於弱水為近乎？程氏據《西域傳》以弱水為在條支，《漢書·西域傳》：條支臨西海，傳聞條支有弱水，西王母亦未嘗見。自條支乘水西行，可百餘日，近日所入也。按：條支，一名大秦。魏略云：弱水在大秦西。援引甚悉。然長安西行一萬二千二百里，又百餘日方至條支，去雍州如此之遠，禹豈應窮荒而導其流也哉？其說非是。《唐書》：小勃律王居孽多城，臨娑夷水。娑夷水，即弱水也。不能勝草芥，去長安九千里而贏。

愚按：郭璞云弱水不勝鴻毛，柳宗元謂弱水渙散無力，不能負芥。而《舊唐書》又云：東女國王居康延川中，有弱水南流，用牛皮為船以渡。夫牛皮船可渡，則前說為誣矣。王樵亦云宗元《愚溪對》近於寓言，未可深信。

## 涇屬渭、汭，

《山海經》：涇谷之山，涇水出焉。《郡縣志》：涇水源出原州百泉縣西南涇谷。《漢·地理志》：涇水出安定郡涇陽縣 今平涼府平涼縣。西开 音牽。頭山，《淮南子》：涇水出薄洛山。高誘《注》：一名笄頭山。顏師古曰：山在今靈州東南。《雍大記》：笄頭山，今在平涼府城西十里，山如婦人笄頭狀。東南至馮翊陽陵縣 今西安府高陵縣。入渭，過郡三，安定、扶風、京兆。行千六十里。《雍大記》：涇水自平涼府城西南發源，至涇州，又東南至邠州界，屬西安府。又東北至涇陽縣界，屬西安府。又東至高陵會於渭。《漢·地理志》：渭水出隴西郡首陽縣 今臨洮府渭原縣。西南鳥鼠同穴山，東至京兆北船司空縣，《三輔黃圖》：有船庫官後為縣。《水經注》：《春秋》之渭、汭也。水會即船司空所在。蔡《傳》：今華州華陰縣。入河，過郡四，隴西、天水、扶風、京兆。行千八百七十里。《一統志》：渭河在渭源縣北二里，自鳥鼠山東流經岐山、扶風、鳌屋、興平、咸陽、渭南至華陰界入黃河。孔《傳》：屬，連也。水北曰汭。言治涇水入

於渭。《正義》:《毛詩傳》:汭,水涯也。鄭云汭之為言內也,人皆南面望水,則北為汭。涇水南入渭,名為渭汭,知是水北。蔡《傳》:汭水,《地理志》作芮,出扶風郡汧縣　今鳳翔府隴州。弦蒲藪西北,東入涇。《陝西志》:汭水在隴州南七十里。《職方》:雍州,其川涇汭。《詩》:芮鞫之即,是也。蔡說是,謂涇水上屬於汭而下屬於渭。鄒氏季友曰:若涇水先合汭,後入渭,則經當言汭渭,不當先渭而後汭,況下文即有渭汭,不可異說。黃震曰:古注水內為汭,如古說涇入於渭水之內,而漆、沮、灃水皆主渭言,文意俱協。若以汭為一水而入涇,則涇屬渭、汭者,是涇既入渭、汭,又入涇,下文漆、沮之從,灃水之同,孰從孰同耶?《職方氏》:其川涇汭,易氏解云:汭非《禹貢》之汭。《禹貢》言汭,皆水內,此川名。蔡氏解瀰汭云水北,解洛汭云洛水交流之內,此卻自背其說,當為《職方》所誤,由未覩易氏解耳。況導渭止言灃、涇,漆、沮絕不及汭。

愚按:涇、渭合流三百里,涇未屬渭之時,雖濁而未甚見。二水既合,而清濁益分,《詩》所謂「涇以渭濁」也。《夏書》以洛表對洛汭,汭是水北之曲,此與同義,當從《傳》《疏》無疑。

夏允彝曰:涇、渭、灞、滻、灃、鎬、潦、潏為關中八水,而溉田之利得之涇水為多。秦時鄭國鑿涇渠並北山,東注洛三百里,溉田四萬餘頃,收皆畝一鍾。漢兒寬穿六輔渠益溉鄭渠旁高仰之田,白公復穿渠引涇水,首起谷口,漢谷口縣,故城在今醴泉縣東北。尾入櫟陽,故城在今臨潼縣北。注渭,袤二百里,溉田四千五百餘頃。唐長孫無忌言:白渠水帶泥淤灌,田極肥美,又渠水發源本高,向下支分極眾,若得流至同州,則水饒足。比為碾磑用水,泄渠水隨入渭,加以壅遏耗竭,所以失利,於是盡毀水上碾磑。自宋迄今屢修鄭、白二渠,項忠、余子俊、阮勤並鑿石通水,乃得引涇入渠,水分為三,名上白、中白、下白,立陡門以均水。夫秦、漢時,涇河平淺,計古溝澮猶有存者,故引河作渠易耳。年久河益深,水勢與渠口相懸,益就上流,然後能引水,而疏鑿非故渠,且多石,故其用力益難。然欲變舄鹵為沃壤,亦存乎?人若高涇、渭之渠,杜入河之口,如李冰壅江作埤法,即高陵、櫟陽以北,不讓江南諸郡矣。

**漆、沮既從,**

《漢・地理志》:漆水出扶風漆縣　今西安府永壽縣。西。闞駰《十三州志》:出漆縣西北岐山。《水經》:漆水出扶風杜陽縣　今鳳翔府麟遊縣。俞山,東北入於渭。《括地志》:漆水出富平縣,今耀州富平縣。入渭。《寰宇記》:漆水自耀州同官縣　今屬西安府。東北界來,《一統志》:同官水,即漆水。《水經》作銅官。經華原縣,今省入

耀州。合沮水。《水經》：沮水出北地郡直路縣，今延安府宜君縣。東過馮翊祋祤縣今耀州同官，漢祋祤地。祋，丁活反。祤，音詡。北，東入於洛。此非冢嶺之洛，詳下文。蔡《傳》：沮水自坊州昇平縣 故城在今延安府宜君縣西北。北子午嶺出，俗號子午水，下合榆谷、慈馬等川，遂為沮水，至耀州華原縣合漆水，至同州朝邑縣 今屬西安府。東南入渭。《疏》云：沮不知所出。蓋東入渭時已與漆合。《雍大記》：沮河在臨潼縣東三十里，自華原、富平來入縣界，合渭水。王世懋曰：沮水自耀州城後折而東，漆水自石城右至。考《圖經》，是從扶風、武功來者。蘇《傳》：從如少之從長，渭大而漆、沮小，故言從。

　　程大昌曰：雍地四漆、沮而實三派，富平、新平、普潤。《禹貢》漆、沮，惟富平石川河正當其地，何以知其然也？曰：《禹貢》敘導渭，自渭源以至入河，漆、沮僅一見，而其水行之。序又在灃、涇之下，則自灃、涇而上，凡後世名為漆、沮者，皆非也。今以漢、唐郡言之，灃之入渭在鄠邑縣 今屬西安府。境。縣，蓋咸陽西南。涇之入渭在陽陵，則在咸陽之東矣。漆、沮入渭在漢馮翊之懷德縣，即唐同州之朝邑縣也。《括地志》：懷德故城在朝邑縣西南四十三里。朝邑又在陽陵東北三四百里，故石川之漆、沮，其派序入渭在灃、涇之東，全與經應也。

　　【此處有闕文】

　　《漢志》：扶風漆縣有漆水。此漆縣疆境甚闊，唐鳳翔之普潤，普潤廢縣在今麟遊縣西一百二十里，本漢杜陽縣地。暨邠州之新平。新平縣，今併入邠州。邠在岐北二百里。其地本皆屬漆，今從唐郡縣。以求古地，則公劉之邠在邠州新平，太王之岐在鳳翔普潤。岐之與邠，固皆同隸漢世漆縣，然而《漢志》漆水特一出，無兩漆也。李吉甫《元和志》遂分《漢志》一漆為兩，故普潤、新平皆有漆水，仍於新平明立之。說曰：漆水在縣西九里，西流注於涇。今鳳翔麟遊 即普潤上流。亦有漆水，與此異也。據《志》，此言政謂邠州漆水合經，於《綿》詩：自土沮漆，而岐下漆水不與《綿》應也。按《一統志》，不言邠州有漆水。至秦、漢以後，皆言洛即漆、沮。所謂洛水者，《地理志》：源出北地郡歸德縣北蠻夷中，《山海經》：白於之山，洛水出於其陽，而東流注於渭。《括地志》：白於山在慶州洛源縣。其水自入塞，後經鄜、坊、同三州，乃始入渭。孔安國輩謂自馮翊懷德縣入渭者，是也。《水經注》：渭水過華陰縣北，洛水入焉。闞駰以為即漆、沮。所謂沮水者，《長安志》曰：自邠州東北來，涇水向陽陵入渭，在邠之南面，沮水在邠之東北面。至華原縣南流，乃合漆水，入富平縣石川河。石川河者，沮水正派也。所謂漆水者，

《長安志》曰：漆水自華原縣東北同官縣界來，南流入富平縣石川河，是為合漆之地也。此三水分合之詳也，漆在沮東，至華原而西，乃始合沮；沮在漆西，既已受漆則遂南，東而合乎洛；洛又在漆、沮之東，至同州白水縣與漆、沮合，而相與南流，以入於渭。三水雖分至白水，遂混為一流，故自孔安國、班固以後，論著皆指懷德入渭之水為洛水，而云洛即漆、沮，言其本同也。若鄭、白二渠，亦分漆、沮之名者，二渠自雲陽谷口東入石川河。石川河既為漆、沮，故世亦誤以二渠為漆、沮也。

韓邦奇曰：漆水，蔡《傳》云自同官縣來，他更無證，而鳳翔有漆，出鳳翔府隴州。鞏昌有沮，出鞏昌府潘州境。皆自本境入渭，源派甚明，但其地在灃水入渭之上，與經文不合。考洛水出慶陽府環縣，即古洛源縣也，經延安府甘泉縣、鄜州宜君縣子午嶺，至中部縣入西安府界，經耀州及同官縣，至富平合沮水，歷蒲城、同州至朝邑縣，東南入渭，至今人皆呼為洛河。顏師古曰：漆、沮，即洛水也。豈洛亦名漆歟？沮水出宜君縣，至子午嶺合子午水，徑中部縣，東南流至富平，合漆水，即洛也。子午嶺乃子午山一支，其山歷延安、慶陽、西安三府，綿亙八百里。蔡《傳》：榆谷川，非也。榆谷在臨洮，去渭源近。合榆谷者，乃鞏昌沮水也。延安沮水何由西行數百里至臨洮？既至臨洮，又何由至西安之耀州？又曰：作記者以二漆為一水，而莫究其源，但云自同官縣界來，而不知自同官來者洛也。《一統志》遂言同官之漆出自鳳翔，而不知漆水為涇、汭所間，其能飛渡涇、汭而來同官耶？同官有漆潭，三面山如壁立，水流出東塹間，正所謂自同官縣界來者。至富平不百里，即入洛。但其水甚小，禹何故捨洛而取漆？豈無施勞者，雖大亦略歟？或漆、沮實鳳、鞏之水，而經文有錯簡，漆、沮既從當在灃水攸同之前歟？《雍大記》曰：漆水在武功縣東門外。康子《武功志》曰：漆水，今謬為武水者也。自邠、岐之間來縣，北受洛水，南受漳水，入渭。鄭漁仲信漆由富平入渭之說，蓋《括地志》未審邠、岐、涇、渭脈絡。富平在涇東，漆在涇西，安有岐、梁之水越涇而東，再至富平始入渭也？按：何仲默此辨止據入渭上流者言之，與韓苑洛合。但武水，《一統志》不云即漆水，當更考。

愚按：漆、沮雖名三派，實止二派。段氏謂《詩》漆沮入渭上流，在岐、周之間。此漆、沮入渭下流，在灃、涇之下。故惟富平石川河足當之。據韓氏所疑，程氏又未為定說。

**灃水攸同。**灃，《漢書》作酆。

《漢·地理志》：酆水出扶風鄠縣　今屬西安府。東南，《雍大記》：出長安縣西

南五十里終南灃谷。北過上林苑，在今西安府渭南縣。入渭。《詩傳》：灃水東北流經豐邑之東，鄭氏《詩箋》：豐邑在灃水之西，鎬京在灃水之東。《三輔決錄》：相去二十五里。入渭而注於河。《水經注》：渭水又東與灃水會於短陰山。蔡《傳》：東至咸陽縣入渭。蘇《傳》：灃、渭相若，故曰同。西魏取「灃水攸同」名州，今西安府同州是也。程大昌曰：漆、沮下流，既已附從，則上流不壅，灃水亦遂東行也。

徐常吉曰：涇、漆、沮皆在渭水之北，涇水自北來注於渭，漆、沮自東北來注於渭，惟灃水在渭之南，自南來注於渭。

## 荊、岐既旅，終南、惇物，至於鳥鼠。

孔《傳》：此荊在岐東，非荊州之荊。此北條荊山。《漢·地理志》：荊山在馮翊懷德縣　注見前。南。《郡縣志》：荊山在京兆府富平縣西南三十五里。蔡《傳》：即耀州富平縣掘陵源。馬理曰：此原乃唐之獻陵，非山也。《四夷郡縣圖記》謂黃帝鑄鼎於荊山，在今三原縣　屬西安府耀州。嵯峨山，蓋嵯峨即荊山也。《郡國志》：嵯峨山在三原山顛，雲起則雨，一名慈峨山。按《一統志》：荊山在富平縣西南十里。嵯峨山在涇陽縣北五十里。此又云嵯峨在三原，豈一山而連跨三邑，遂異名歟？其山高出雲表，登其巔，則涇、渭、黃河俱在目前，其別嶺有西原、中原、東原，縣所由名。按《帝王世紀》，禹鑄九鼎於荊山，即此富平之荊山也。山下有荊渠，相傳禹鑄鼎處。黃帝鑄鼎之荊山，《一統志》云在河南閿鄉縣，然馬溪田乃三原人，其言又當不誣，俟更考。《漢·地理志》：岐山在扶風美陽縣　今鳳翔府岐山縣。西北。《郡縣志》：岐山在岐山縣東北十里。皇甫謐云：今美陽西北有岐城舊址。《說文》：山有兩岐，故名。文王時鳳鳴岐山，即此，俗呼鳳凰堆。又名天柱山。《詩譜》：周自太王居岐之陽，地形險固，而原田肥美。《雍錄》：邠州南一百三十里為奉天縣，有梁山焉，是太王去邠所踰也。岐水之北有岐山焉，是太王所邑也。其南為周原，蓋太王元都渭北而兼跨周原，以廣其聚，故合兩地而稱岐周也。岐周在唐都西三百六十里。《正義》：禹治水從下，自東而西，故先荊後岐。《漢·地理志》：扶風武功縣東有太一山，古文以為終南。《一統志》：終南山在西安府城南五十里，東西連互藍田、咸寧、長安、盩厔四縣境。《水經注》：終南，杜預以為中南，言居地絡陰陽之中。亦名太白。太白山在武功縣南，俗云武功太白，去天三百。《一統志》：太白山在武功縣南九十里。《三秦記》：南山深處高而長大無異名者曰秦嶺。嶺水北流入渭，號八百秦川。《舊陝志》：秦嶺南為地絡之陽，山為南列、南條，水則為江，州則為梁；北為地絡之陰，山為北列、北條，水則為河，州則為雍，星野亦於此分焉，是地之脊也。《漢·地理志》：扶風武功縣東有垂山，古文以為惇物。《一統志》：惇物山在武功縣東南二百里。按《水經注》，華山，古之惇物也。觀經文所舉諸山，

皆自東而西。華山隸華陰，在終南東二百餘里，其說謬妄甚明。鳥鼠在隴西郡首陽縣 今臨洮府渭源縣。西南。蔡《傳》：俗呼為青雀山。詳導水。孔《傳》：終南、惇物、鳥鼠，三山名，言相望。《正義》：至於為首尾之詞，故言相望也。惇物在終南之西，鳥鼠在惇物西北。蔡《傳》：舉三山而不言所治者，蒙上「既旅」之文。鄭曉曰：荊山，漆、沮所經；岐山，涇、汭所經。終南，澧水所出；惇物，澧水所經。按：惇物非澧所經，近解誤。鳥鼠，渭水所出。

程大昌曰：終南山橫亙關中南面，凡雍、岐、郿、鄠、長安、萬年 即咸陽縣。相去且八百里，而連綿峙據其南者皆此一山，既高且廣，多出物產，故《禹貢》曰「終南惇物」。惇物者，即《東方朔傳》所記謂出玉石、金銀、銅鐵、豫章檀柘，百工可以取給，萬民可以仰足者也。《秦詩》：終南何有？有條有梅。條梅，其物也。兼有此者，明其富，舉一以見餘也。是自堯、禹以至周、漢，皆言終南之饒物產，不當別有一山自名惇物也。《漢志》引古文而曰：太一者，終南也；垂山者，惇物也。不知何本。按：惇物辨甚核而疑其鑿。又曰：太一之名，先秦無之。漢武帝始用方士言，尊太一以配天帝，則凡言太一者，皆當在武帝後也。《水經注》於武功、終南引杜預為據，而曰此山亦名太白，其曰終南則無間乎？武功之與萬年，此山皆在矣。至曰太白，則實隸武功，東距萬年蓋不啻三百里，古圖經無言太白即為太一者也。《長安志》：萬年縣炭谷有太一祠焉，始可命為太一，而非武功之太白矣。古文謂武功之終南，即為太一，是殆誤認武功之太白，而世莫之正耳。《關中記》曰：終南，南山之總稱；太一，山之別號。《元和志》亦曰：終南、太一，非一山。此其說是也。又《三秦記》曰：太一在驪山，西去長安二百里，一名地肺山。《一統志》：太一山在終南山南二十里。則凡指終南以為太一者，當在萬年，不當在武功，此又可審也。至於南山首末，不止近在關中而已。《西域傳》曰：于闐南山東出金城，與漢南山屬焉。則自于闐南山以至長安之南山，數千里相屬，未嘗間斷。合其本末，于闐南山為南山發跡之始，而關中南山為南山東出之終。《秦詩》作於周時，固已指關中南山為終南矣，知非班固臆說。

**原隰底績，至於豬野。**

《說文》：隰，阪下濕也。王樵曰：原隰泛言，則廣平下濕之地。此對豬野，則有定指，故鄭玄引《詩》「度其隰原」以為說，而曰其地在豳。《郡縣志》：邠州新平縣有五龍原，永壽有永壽原，宜祿縣有淺水原。朱子《詩傳》亦曰豳在岐山之北、原隰之野、禹之底績、公劉之徹田為糧，一也。《漢·地理志》：武威縣東

北有休屠　音除。澤，本匈奴休屠王所居，漢武置武威郡，因以名澤。古文以為豬野澤。
《陝西志》：在今涼州衛城東北。《水經注》：谷水出姑臧南山，北至武威分為二，一
水北入休屠澤，俗謂西海。一水又東徑一百五十里入豬野，世通謂之都野矣。蔡
《傳》：治水成功，自高而下，故先言山，次原隰，次陂澤也。

　　愚按：原隰在豳、岐之間，豬野在甘、涼之境，相去凡三千里而皆底績，
蓋豳地務農桑，好稼穡，其本業也，而涼州澤草茂盛。自魏太武北伐，謂姑臧
城外　姑臧，漢武威郡治，故城在今涼州衛城東北。湧泉如河，自餘溝渠流入澤中，
其間乃無燥地。又《漢書》稱涼州之畜為天下饒，吏民相親，穀糴常賤，誠沃
土也。是故諸涼以一郡而雄視西河，西夏以一隅而抗衡中國。張軌為前涼，呂光
為後涼，李暠遷酒泉為西涼，沮渠蒙遜據張掖為北涼，禿髮烏孤據姑臧為南涼，宋元昊並五涼
之地，兼有靈夏。

## 三危既宅，三苗丕敘。

　　《山海經》：三危山在積石山西一千二百里，廣圓百里。郭璞《注》：今在燉
煌郡。《括地志》：在沙州燉煌縣東南三十里。《一統志》：在陝西行都司沙州衛城東南二十里，
其山三峰峭絕，因名。《雍大記》：俗名昇雨山。《正義》：《左傳》：先王居檮杌於四裔，
故允姓之奸居於瓜州。杜預曰：允姓之祖與三苗同放於三危。瓜州，今燉煌也。
鄭玄引《地記》云：三危在鳥鼠西南，當岷山，則在積石之西南。《地記》未
必可信，要知三危必在河之南也。當作河西。

　　愚按：舜流三苗於三危，其後子孫為羌戎，黃榦曰：羌本姜姓，三苗之後居三
危，今迭、宕、松諸州皆羌地。代有其地，謂之瓜州。《漢書注》：其地多生瓜。秦及漢
初，為月氏、匈奴境。《水經注》：瓜州之戎並於月氏。武帝後元，分酒泉置燉煌郡，
即古瓜州，南七里有鳴沙山，故亦曰沙州。唐置，故城在今肅州衛城西八百餘里。禹
治水至此，使三苗亦可安居，大得其敘，聖人之仁，不以投之四裔而棄之也。
杜佑曰：三苗本有苗氏之族，今長沙、衡陽間是，徙居三危，分而為三。

　　三苗之國，左洞庭，右彭蠡，負固衡湘之間。舜竄其首惡，而立其次者於
舊都，及竄者既丕敘，而留者猶不即工，故命禹徂征，至來格後，乃考其善惡
而分背之。今自巴蜀以東，歷湖南北、桂嶺、雲貴數千里谿峒山箐之中，蠻獠
數種，曰犵、曰狑、曰獠、曰猺、曰獞。其間最輕捷者曰苗，依山以居，若猿
猱然。說者謂即古三苗之後。陳子龍曰：三凶皆一人可遷，三苗則舉國西徙，
亦猶漢武之遷歐越，成周之遷殷頑也。

## 厥土惟黃壤，

林氏之奇曰：物得其常性者最貴，雍之土黃壤，故其田非他州所及。

**厥田惟上上，厥賦中下。**

田第一，賦第六。王氏炎曰：東方朔云：豐、鎬之間，號為土膏，賈畝一金。田上上可知。孔《傳》：賦第六，人功少。蔡《傳》：地狹而人功少也。按：雍州之境，首言弱水，終言三危，不得為狹，從孔《傳》是。

**厥貢惟球琳、琅玕。**

《正義》：球琳，美玉名。琅玕，石似珠者。《釋地》云：西北之美者有崑崙虛之球琳、琅玕焉。蔡《傳》：今南海有青琅玕，珊瑚屬。

愚按：古崑岡出玉，見之經志。又《漢書》：藍田縣出美玉。《三秦記》：藍田有川三十里，其水北流出玉。《括地志》：驪山之陽多美玉，驪山，在今西安府臨潼縣。今皆不復產矣。琅玕，孔《傳》訓石似玉，而《說文》云：琅玕似珠，孔《疏》及蔡《傳》從之。蓋古人謂石之美者多曰珠，《廣雅》謂瑠璃、珊瑚皆為珠是也。

林駉曰：三品、琅玕之貢，幾如漢人之誅酐　音宙。金矣；熊羆、狐狸之貢，幾如漢人之求天馬矣；海錯、橘柚之貢，幾如唐人之荔枝驛騎矣。然古者以貢為賦，政什一便民之法。球琳之屬，皆入土貢，以償田賦之輕也。聖人初何心過求哉？

丘濬曰：漢時關中之藍田、幽州之玉田，皆出玉。其時西域未通也，今關中所用之玉，皆來自于闐，其國有白玉、綠玉、玄玉河。源皆出崑崙山，西流千三百里至國界。每歲五六月，水暴漲，玉隨流至，多寡由水細大，水退乃可取。國人視月光盛處必得美玉。抑土石之精，其生有限，而取之易盡，古人比德於玉，用為器用雜佩之屬，不一而足。是玉在古為用甚多，今世小民有不識玉者，由是推之，漢之金以斤計，每以萬言。唐漸少，宋與今益少，無乃千歲之後，中國之金將與玉同耶？不可不為之限節也。

**浮於積石，至於龍門、西河，會於渭汭。**

《漢・地理志》曰：積石山在金城河關縣西南羌中。《水經注》：積石在西羌之中，燒當所居。鄭樵曰：積石在鄯州。鄯州，古湟中。《一統志》：今陝西行都司西寧衛，唐鄯州地。積石山在西寧衛廢龍支縣之南。又曰：在河州衛城西北七十里。龍門山，兩山如削，黃河中流，西臨蕃界。《正義》：河行塞外，東北入塞內，積石非河源。河從西來，至此北行，故沿河順流而北。《釋水》云：河千里一曲一直，故千里而東，千里而南，至於龍門、西河也。《漢・地理志》：龍門在馮翊夏陽縣　故城在今西

安府合陽縣東四十里。北。孔《傳》：在河東之西界。《三秦記》：龍門去長安九百里。《一統志》：龍門在西安府韓城縣東北八十里。又云：在平陽府河津縣西北三十里。《正義》：此山當河之道，禹鑿以通河。《魏地記》：梁山北有龍門山，大禹所鑿，通孟津河口，廣八十步，岩際鐫跡猶存。《一統志》：兩厓絕壁，相對如門，惟神龍可越，故曰龍門。鄭曉曰：河自積石至龍門三千里，繞雍州西、北、東三面之地。龍門在雍東、冀西二州之間河流最險隘處。蔡《傳》：西河，冀之西河也。雍之貢道有二，其東北境則自積石至於西河，其西南境則會於渭汭。言渭汭，不言河者，蒙梁州之文也。他州貢賦亦當不止一道，發此例以互見耳。鄭曉曰：渭汭，渭之北也。貢物之來，或由漆、沮，或由灃、涇，皆會渭水之北而入河。汭字甚當。今渭水舟楫入蒲州，必經渭北岸。蒲州，即冀州也。惟往陝州者，屬河南府。由南岸，或中流耳。

愚按：河在渭北，渭水入河之後為渭汭，況上文已出西河，則不必更言入河矣。蔡謂蒙梁州之文，非是。王樵曰：蔡《傳》雍之東北境則自積石至於西河，東北當云西北。蓋雍東距河，若東北境，則直浮西河，不須從積石也。蔡氏所以知其為兩道者，以龍門非可越，而渭自鳥鼠而東，中貫雍境，取漕莫徑焉。使內地之漕，則當徑達西河，更無用經涉龍門，以此知其西北一道、西南一道也。

熊氏禾曰：正道皆從渭達河，惟山脊以西之地，道不可通者，必由積石、龍門。

愚按：導河始於積石，而即以為貢道。治河兼治漕，不獨今然也。春秋時，秦輸粟於晉，自雍及絳相繼，命曰泛舟之役。秦都雍，今鳳翔府鳳翔縣。雍臨渭；晉都絳，今平陽府絳州。絳臨汾。由渭入河，渭水至華陰入河，是順流。由河溯汾，汾水至汾陰入河，是逆流。疑即雍州之西南貢道。

漢歲漕關東粟，以給中都官，從渭水而上，初止數十萬石，武帝增至六百萬石。從鄭當時議發卒引渭穿渠，以漕起長安，並南山下，至河三百里，溉民田萬頃。于慎行曰：漢漕山東粟百萬更砥柱之險，以達於渭。吳寬曰：漢初穿渠引渭，以漕關東之粟。其後又引汾、引河以漕，又其後通褒斜道。唐初，府兵未廢，漕甚省。開元中，裴耀卿主運，凡三歲運至七百餘萬石，沿河置倉，於三門東西置倉，開山十八里為陸運，以避水險，自河套西至太原倉。隨地轉輸。天寶三載，韋堅修漢運渠，乃占咸陽，壅渭為堰，絕灞、滻並渭，而東注永豐倉下，永豐倉在渭水入黃河處，漢之船司空也。復與渭合，是歲漕粟四百餘萬石。其後劉晏遵耀卿之路，隨江、汴、河、渭所宜，江船不入汴，汴船不入河，河船不入渭。江南之運積河陰，河船

之運積渭口，渭船之運入太倉，歲運一百十萬石，無升斗溺者。呂東萊曰：唐時漕運極迢遞，自江入淮，自淮入汴，自汴入洛，自洛入黃河，自黃河入渭，方至關中。耀卿之法雖稍紓民力，當時民丁約四百萬，使丁出錢一百為漕運費，亦大擾民矣。章潢曰：漕莫善於轉般，莫不善於直達，直達自宋徽宗始。

　　王樵曰：河從積石北流，入北狄界中，折而東流，凡二千餘里，漢人謂之北河。其內今謂之河套，即秦始皇斥奪匈奴河南地也。在古已為通舟轉漕之道，蓋唐虞聲教暨於朔南，冀之北垂遠出河外，猶在荒服，此其所以不可及也。三代之季，北狄入居河內，始皇逐出之。劉、項之際，復為匈奴所據，武帝開朔方，復取之。宋時為西夏所據者幾三百年。凡據河內外州郡二十有二。蓋其地肥饒，其人勁悍，又產健馬，乃關中之屏蔽，得之則強，失之則弱。歷代知其為邊境之要害，而不知其為唐虞之故疆也。蔡《傳》引李復駁邢恕之說，恕奏乞下熙河路造船五百，於黃河順流，藏會州西小河內，去取興州。熙河路漕使李復駁之，謂會州西小河鹹水淺狹，豈能藏舟？黃河過渭州，石峽險窄，垂流直下，高數十丈，船豈可過？此聲若出，必為夏國侮笑。事遂寢。疑積石至龍門三千里，通舟無阻，於後世之跡多所不合。然神禹導川通貢，著其道路所經，明若指掌。此曰「浮於積石，至於龍門、西河」，後曰「導河，積石至於龍門」，曰導、曰至，非河通流至於龍門之驗耶？曰浮、曰至，非舟通行至於龍門之驗耶？邢恕所奏會州小河等，當非積石、龍門故道，李復所言，亦或出吏民之託辭，不必引也。抑不特此，北河之外，陰山綿互，中外大限，當以此分。敵得之則據以窺中國，中國得之則據以窺敵。乘高而望，出沒蹤跡皆見。其外皆大磧，南北數千里，東西數千里，無水草，不可駐牧，敵不得陰山，必踰大磧而居其北。北，即漠北也。漢武長驅於陰山之外，而漠南無王庭，後過之未嘗不哭也。漠南，即陰山之南。黃河之北，敵所利以飽其力而內犯者也。奈之何北河之內復使得為巢窟哉？程大昌曰：漢朔方之北、代郡之西、高闕之東，有陰山焉，在豐勝河之北。《漢書音義》謂為河南，誤也。鄭曉曰：陰山在今陝西、山西之北，西出賀蘭，東抵醫無閭，重山連阜，隔絕北狄，唐三受降城正在陰山。按史，西城南直靈武，今寧夏地；中城南直朔方，今河套地；東城南直榆林，在今綏、雲之間。

## 織皮、崑崙、析支、渠搜，西戎即敘。搜，《漢書》作廋。

　　《山海經》：西海之南、流沙之濱、赤水之後、黑水之前，有大丘，名曰崑崙。《漢·地理志》：崑崙山在金城郡臨羌縣西。《括地志》：在肅州酒泉縣南八十里。熊氏曰：崑崙，《唐書》以為在吐蕃界。《一統志》：在肅州衛城西南二百五十里，與

甘州山連，經夏積雪不消，世呼雪山。又云：在西番朶甘衛東北，蕃名伊喇瑪博囉，山極高峻，綿亙五百餘里，黃河經其南。《後漢書》：羌地在金城郡河關縣之西南，濱乎賜支，至乎河首，綿地千里。應劭曰：析支在河關西千餘里。賜支者，《禹貢》所謂析支也。司馬彪曰：西羌居析支水西，河水屈而東北流，經於其地，是為河曲。《舊唐書》：党項羌在古析支之地，漢西羌別種。其地東距松州，北接吐谷澤。《一統志》：析支水在西番。《漢‧地理志》：朔方郡有渠搜縣，中部都尉治。《武帝紀》：北發渠搜。《水經》：河自朔方東轉，經渠搜縣故城北。《異物志》：古渠搜國，當大宛北界。孔《傳》：在荒服之外，流沙之內，羌髳之屬，皆就次序，美禹之功，及戎狄也。蔡《傳》：三國皆貢皮衣，故以織皮冠之；皆西方戎落，故以西戎總之。金氏曰：雍州西界黑水，此諸國又在黑水之外，故附於後。孔《傳》：四國皆衣皮毛。《疏》分渠搜為二國，鄭玄並為一，蔡《傳》從之。

　　蘇《傳》：三國篚織皮，其文當在「厥貢球琳琅玕」之下，「浮於積石」之上，簡編脫誤，不可不正。王樵曰：「浮於積石，至於龍門、西河」，正記崑崙、析支、渠搜三國貢道所由也。梁州織皮之貢，則曰「西傾因桓是來」；雍州織皮之貢，則曰「浮於積石，至龍門、西河」，此與冀州「島夷皮服，夾右碣石，入於河」，書法相類，特古文詳略變化有不同耳。蔡《傳》亦取蘇說，當從之。但云「三國篚織皮」，則非是。蓋梁、雍二州本無入篚之貢。會於渭汭，與梁州「浮於潛」四句對，乃是通州貢道。西戎織皮，當亦由此也。又曰：雍州崑崙，蔡《傳》謂即河源所出，鄭端簡非之，是也。此崑崙，今在西番界，近甘肅。若河源崑崙，去中國極遠。《水經》崑崙虛在西北，去嵩高五萬里。《山海經》自崑崙至積石一千七百四十里。《穆天子傳》天子自宗周至崑崙合八千一百里。數說遠近不同，難以詳究。近世焦竑又謂崑崙近山在西涼、酒泉之地，穆王見西王母之所。晉酒泉太守馬岌所言石室玉堂、珠璣鏤飾尚在者也。崑崙遠山，則《博物志》所言在大秦西海之濱，成光子云在香山南雪山北，山頂上池周八百里，河源出焉。佛經謂之蘇迷山也。其言祖崑崙為地中之說，雖未可深信，要之導河不及崑崙，亦以九域而外，荒遠宜略，聖人所以別華壤、限絕域也。使在雍州外徼，必為禹跡所經，何以張騫、甘英輩久歷西域諸國，而卒不得其詳哉？觀《禹貢》，崑崙與析支、渠搜並志，則其地不越玉門、在故瓜州西北十八里。嘉峪　在今肅州衛城西六十里。之間，其國亦在歲見終王之列，而非即河源所出之崑崙明矣。析支、渠搜，馬理謂即今河套直寧夏東北。考《唐書》，吐蕃之先本羌屬，散處河湟、洮岷間，其酉唐旄等居析支水西。《一統志》云即

《禹貢》析支。後有樊尼者西濟河，逾積石，居貲布川或邏沙川。據此，則析支又在積石之東，為河套以西地。惟渠搜在今河套內耳。熊氏謂析川即陰山、河南等處，恐非。又曰：雍州迫近戎狄。西周末，戎偪諸夏，自隴山以東及乎伊洛，往往有戎。渭北有翟、貘、邽、冀之戎，涇北有義渠之戎，洛川有大荔之戎，渭南有驪戎。西漢先零、東漢燒當、晉氏羌、唐吐蕃，歷代侵軼為患，皆西戎也。漢武圖制匈奴，患其兼從西國，結黨南羌，乃表河曲，列四郡，開玉門，通西域，以斷匈奴右臂，隔絕南羌，月氐、單于失援，由是遠遁。漢通西域，南道從蜀，北道從金城、酒泉。南道險遠，卒不通，而北道焉。蓋匈奴遠遁故也。然賂遺萬里，師旅之費，不可勝計，卒致輪臺之悔。且通西域有龍堆、葱嶺之險，有身熱、首痛、風災、鬼難、繩行、懸度之阨，班固所謂與漢隔絕，道路又遠，得之不為益，失之不為損也。明初，下河西，棄燉煌，漢燉煌郡，今為赤斥蒙古衛。畫嘉峪關為界，蓋亦用班固之說云。

後世號關中為沃野，謂之天府，然就其間較之，亦惟涇、渭、灃、漆之區最為膏壤。西北二邊偪於戎狄，故禹於雍州，自終南至鳥鼠，則自東而西；自原隰至豬野、三危，則自內而外。賦出六等，生聚蓋不同也。戰國、秦、漢時，富庶甲天下。自唐至今，雍、冀悉非古矣。雖關中亦仰東南之粟，昔鄭、白二渠之饒，衣食京師億萬口。唐杜佑以為大曆初所溉田，比於漢，減三萬八千頃。是時長安尚為京都，而佑言已如此。然則古今地利之不同，豈無其由哉？輯金仁山諸家說。

王樵曰：九邊，陝居其四，延綏、寧夏、固原、甘肅也。延綏鎮城舊在綏德，成化中徙榆林，在种世衡所城青澗外二百餘里，橫絕河套之口。固原地近肇，漢與寧夏稱唇齒。自河套棄而敵據西海，鳴鏑日驕。甘涼以西，即哈密地。雖內附無繫中國重輕，蘇子由云：戎強則臣狄，狄強則臣戎。戎狄皆弱而後中國可得而臣，戎狄皆強而後侵略不至於中國。一強一弱，中國之憂也。斯言豈不信哉？

鄭曉曰：夾右碣石，入於河，今遮洋運道也。浮於汶，達於濟，浮於濟、漯，達於河，今會通河也。浮於淮、泗，達於河，淮安至徐邳也。沿於江海，達於淮、泗，國初海運，及永樂初中灤之運也。浮於江、沱、潛、漢，江西、湖廣之道也。未必盡同，大勢若此。劍閣、雲棧通於秦始皇時故梁州，故道必因桓浮潛逾沔入渭，視他州為遠且難也。浮於積石，至龍門、西河，今蘭州北折而東為河套，轉入中國山西之西、陝西之東之河道是也。

羅泌曰：堯之水，河患為甚，濟次之，淮次之，江、漢次之。濁河所被，

冀、兗重而雍輕；濟之所被，徐輕而豫、兗重。又曰：揚不言南，梁、雍不言北，則以境接蠻狄，提封叛服不常故也。

許氏謙曰：冀、梁、雍言山獨詳者，天下之勢，西北高而多山故也。徐雖言山，乃蒙、羽之小者，又止言藝，則不專主於導山。冀、青、梁不言澤者，冀、梁多山而地峻，青邊海而水易泄，故三州無澤也。雍雖多山，而豬野在其西北之偏，黃河之外，地形稍下，故有之也。揚、荊、豫、梁不言原隰者，諸州有澤者無原隰，有原隰者無澤。揚州、彭蠡、震澤，其浸甚大。荊州、雲夢闊數百里。豫之滎波、菏澤、孟豬皆巨浸，則原隰之地固少矣。兗、徐、雍，二者皆有者。兗止言宜桑之土耳，而雍則豬野在河外，原隰在河內，相去甚遠。徐之東原地甚卑，嘗有水患，雖曰原，其實下濕，謂居濟之東而稍高爾。梁州，二者皆無，為多山而下不足豬水，且無曠平之地也。梁、雍無篚者，多山之地，惟出獸皮，而所織為罽，不假於篚也。兗、荊、豫不言夷者，凡地接山海邊陲之地則有夷，豫居天下之中，荊雖居南，而《禹貢》之地不踰嶺，兗雖在東北，而東南接青、徐，西北皆冀境，故三州無夷也。兗、徐、揚獨言草木者，三州在東方，為河、濟、江、淮下流，被水特甚，草木不生，今水去而生草木，故特志之也。

禹貢長箋卷九

# 禹貢長箋卷十

　　導岍及岐，至於荊山，逾於河；壺口、雷首，至於太嶽；厎柱、析城，至於王屋；太行、恒山，至於碣石，入於海。岍，又作汧。

　　此下隨山也。岍、岐、荊皆雍州山。《漢·地理志》：吳山在扶風郡岍縣　今鳳翔府隴州。西，古文以為岍山。《天中記》《國語》謂之西吳，秦都咸陽，以為西嶽。蔡《傳》：今隴州吳山縣吳嶽山也。《周禮》：雍州山鎮曰嶽山。又按：《寰宇記》隴州汧源有岍山，岍水所出，《禹貢》所謂岍水。《括地志》：岍山在隴州汧源縣西六十里。其山東連汶岫，西接隴岡，汧水出焉。《雍大記》：在今隴州西四十里。王樵曰：汧水出其西而南入渭，汭水出其北而東入涇。按《水經注》：汧水出汧縣之蒲谷鄉弦中谷，決為弦蒲藪。蔡《傳》：汭出弦蒲。是二水本通流。

　　愚按：岍山，《地理志》《水經注》皆云即吳嶽，商、周之世，疑以岍為西嶽，故《爾雅》《職方》皆名嶽山。《爾雅》：河南華，河西嶽，河東岱，河北恒。《一統志》岍山、吳嶽山並載，岍山在隴州西四十里，吳嶽山在隴州南八十里，今為西鎮。《雍大記》亦云岍與吳嶽非一山，而蔡《傳》引晁氏說，又謂今隴山、天井、金門、秦嶺皆古之岍山，不知何據。

　　岐、荊，見雍州。河即龍門西河。壺口，見冀州。《漢·地理志》：雷首在河東蒲阪縣　今平陽府蒲州。《水經注》：雷首山去蒲阪三十里。南，或云首陽山即雷首之南阜。山臨大河，山下有雷澤，相傳即舜漁處。《括地志》：雷首一名中條山，亦名歷山。太岳見冀州。孔《傳》：太嶽在上黨西。厎柱在西虢界。《正義》：厎柱在太陽關東，析城之西。《水經注》：山在虢城東北太陽城東太陽虢都北虢也，在今陝州。按《地理志》云：北虢在太陽，東虢在滎陽，西虢在雍州。孔《傳》謂厎柱在西虢界，則似以太陽為

西虢矣。《水經注》：河水分流，包山而過，石見水中，若柱然，故曰厎柱也，《山西通志》：厎柱在平陽府平陸縣東界河，自河津西來，微析而南至平陸，東流五十里至厎柱，達於垣曲。高不踰數尋，圍不及百丈，巋然中流，撐持地軸。亦謂之三門山。中曰神門，南曰鬼門，北曰人門。其始特一巨石平如砥，禹鑿之為三，水行其間，聲激若雷，鬼門尤為險惡。

愚按：蔡《傳》本《水經注》，以三門山為厎柱，州志亦以砥柱即三門山。都穆謂厎柱在陝州東五十里黃河之中，循河至三門、集津。三門之廣約二十丈，其東百五十步為砥柱，崇約三丈，周數丈。蔡氏未嘗親歷其地，故誤據此，則厎柱又在三門之東。

《漢·地理志》：析城在河東獲澤縣 今澤州陽城縣。西，《山西通志》：析城在陽城縣西南七十里太行支山下，有神池，其深莫測，世傳與濟瀆相通。晁氏說之曰：山峯四面如城。《漢·地理志》：王屋在河東郡垣縣 今平陽府絳州垣曲縣。東北，濟水所出。《一統志》：王屋在澤州陽城縣南境，廣三十里。又云：在懷慶府濟源縣西八十里，其絕頂曰天壇，濟水發源處。晁氏說之曰：山狀如屋，故名。或云王屋車蓋，山形如之。

《漢·地理志》：太行山在河內郡山陽縣 今懷慶府河內縣。西北。《一統志》：太行山在懷慶府城北二十里。《述征記》：首始河內，北至幽州，凡百嶺，有八陘。徐廣曰：陘者，山絕之名，常山有井陘，中山有苦陘。程大昌曰：居庸關，其最北之第八陘。朱子曰：太行自崑崙北支入中國，西南行，歷三晉，抵河東，復與河會。過河便見太行在天半，如黑雲然。河北諸州皆旋其趾。太行分畫東西，上黨是山脊最高處。按《山西通志》：太行互三省，隨地異名，析城、王屋即其支也。《關鎮志》以太行即恒山，似誤。程子謂太行山千里片石，眾山皆石上起峰爾。《漢·地理志》：恒山在常山郡上曲陽縣 今真定府定州曲陽縣。西北。漢避文帝諱，改常山。《括地志》：在定州恒陽縣西北一百四十里。

愚按：恒山一在曲陽，一在雲中。據《周禮》，恒山為并州鎮，當以雲中為正。《一統志》：古北嶽在大同府渾源州南二十里，廟址猶在。山北四十里即蜚狐口，上有飛石窟，兩崖懸立，谺然中虛，相傳飛至曲陽，故歷代就祠以為嶽靈所寓，然故封不可不正也。明代弘治中，馬文升建議欲改祠渾源，為禮臣倪岳所格，見《昭代典則》。

碣石，見冀州。入於海，言此諸山之水皆有趨海之勢也。孔《傳》：百川經此眾山，禹皆治之。川多不可勝名，故以山言之。《正義》謂漳、潞、汾、涷在壺口、雷首，大河經厎柱、析城，濟出王屋，淇近太行、恒衛，漳、沱、澅、易近恒山、碣石等，以上皆大河以北之山。

愚按：逾於河，唐孔氏謂山勢相望，越河而東。蘇《傳》云：地之有山，猶人之有脈，有近而不相屬者，有遠而相連者，雖江河不能絕也。北條諸山，河不能盡；南條諸山，江不能絕，非地脈而何？蔡《傳》則深非之，謂逾者，禹自荊山而過於河也。禹之治水，其表識諸山之名，必高大可以辨疆域，廣博可以奠民居，故謹而書之，以見施功之次第。初非有意推其脈絡所自來，若今葬師所言也。即以山脈言之，河北諸山，根本脊脈皆自代北寰、武、嵐、憲諸州乘高而來，其脊以西之水，則西流以入龍門、西河之上流；其脊以東之水，則東流而為桑乾諸水，以入於海。其西一支為壺口、太嶽，次一支包汾、晉之源，而南出以為析城、王屋，而又西折以為雷首，又次一支乃為太行，又次一支乃為恒山。其間各隔沁、潞諸州，不相連屬，豈自荊、岐跨河而為是諸山哉？其說本朱子。朱子謂太行自西北發脈來為天下之脊，底柱、王屋等山皆是太行山腳。其辨甚核，然《疏》謂山勢越河，但言壺口、雷首與河西諸山綿亙不絕，非以底柱、太行等山皆從荊山發脈也。即子瞻解，亦未可盡非。朱、蔡於岷山條有南支、北支之說，非所云地脈耶？

鄭曉曰：由壺口而雷首，自北而南順行也；由雷首而太岳，則向北逆行也。冀西河上山。由底柱而析城，自西而東順行也；由析城而王屋，則向西逆行也。冀南河上山。由王屋而東北，有太行；由太行而北，有恒山；由太行、恒山迤邐而東北，有碣石，則皆順行也。冀東河上山。壺口、雷首、底柱、析城、太行、恒山，千里而近，其至於太嶽、王屋、碣石，千里而遙。又東河之山長於南河，南河之山長於西河。

呂氏祖謙曰：山川之分見於九州者，其經也；聚見於後者，其緯也。無經則不知其定所，無緯則不知其脈絡。又曰：導山有二意，水之源未有不出於山，水之勢未有不因於山。既隨山通道，相其源委，又以導山旁磵谷之水而納之川也。林氏之奇曰：方洪水懷襄，故川舊瀆皆浸沒不見，不可施功，故先以九州高山巨鎮為表識。自西決之使東，以殺其滔天之勢，水既潤下，漸入於海，川流故跡稍稍可求，於是濬川之功施焉。蓋其序然也。徐常吉曰：導有疏通推挽之意，山何以言導也？《易》曰：山澤通氣。西周之季，三川竭而岐山崩，是山川之通為一也。使山之氣壅遏而不行，則水之流必泛溢而善潰，故禹之導水，必先以導山。導之云者，芟繁剔蔚，接殘陻斷，以使其脈絡之相通而已。

導山，先儒有三條、四列之說。三條者，導岍，北條；西傾，中條；嶓冢、岷山，南條。此馬融、王肅之說也。四列者，導岍，正陰列；西傾，次陰列；

蟠冢，次陽列；岷山，正陽列。此鄭玄之說也。大略即蒙恬所謂地脈。然內方、
大別在荊州，岷在梁州，相去數千里，豈可合為一條？四列雖是，而陰陽正次
名稱未當，故蔡仲默不取，分之為南北二條，而江、河以為紀焉。然此說亦有
所本，《唐·天文志》云：天下山河之象存乎兩戒。南條、北條，即所謂南戒、
北戒。江為南河，河為北河。南北兩河，上應雲漢，蓋天文地理，自然之分判
也。於二之中又分為二，北條有大河之南北，南條有江漢之南北，橫則先北而
南，從則自西而東。義視王、鄭，益精密矣。

### 西傾、朱圉、鳥鼠，至於太華；熊耳、外方、桐栢，至於陪尾。

西傾，見梁州。鄭曉曰：此西傾在鞏昌府漳縣西北，非梁州臨洮之西傾。臨洮西傾，
渭水未嘗經流。按：梁、雍二州無二西傾。《一統志》：鞏昌府西接臨洮，故此山二府並載。本
與渭水無涉，鄭說誤也。《漢·地理志》：朱圉，在天水郡冀縣　今鞏昌府伏羌縣。南。
《雍大記》：山在伏羌縣西南三里。鄭曉雲：去鳥鼠西二百里。《水經注》：山在冀縣南梧
中聚。《開山圖》謂之天鼓山。王應麟曰：在西和州大潭縣，俗呼為白崖山。西和，今鞏
昌府西和縣。鳥鼠，見雍州。《漢·地理志》：華山在京兆華陰縣南。《山海經》：太
華之山削成，而四方高五千仞，廣千里。《陝志》：太華山在華陰縣南十里，即西嶽以西八十里
有少華山，故此曰太華。《述征記》：華山對河東首陽山，黃河流於其間。王樵曰：
河自下龍門南流，其勢湍急，及太華之陰，喬岳綿互，不可復南，乃折而東行。
渭率灃、涇、漆、沮，洛率伊、瀍、澗諸水爭赴焉，山水一大交會也。《正義》：
西傾、朱圉，《傳》言在積石以東，見河所經也。按：朱圉非河所經。鳥鼠東望太
華甚遠，故《傳》云相首尾而東。《漢·地理志》：熊耳在弘農郡盧氏縣　注見
豫州。東，伊水所出。孔《傳》：洛經熊耳。《一統志》：熊耳在盧氏縣西南五十里，山連永
寧界，兩峯相併如熊耳。

愚按：熊耳當據《地志》，蔡《傳》謂在上洛，今商州。蓋本《山海經注》。
若熊耳在上洛，則為雍州山矣。

《漢·地理志》：潁川郡嵩高縣有嵩　一作崧，又作嵩。高山，《括地志》：在洛
州陽城縣西北二十三里。陽城，即今河南府登封縣。《孟子》：益避禹之子於箕山之陰。《注》云：
嵩高之北。古文以為外方。郭璞曰：太室山，別名外方，即中岳也，伊水所經。
《述征記》：東北曰太室，西南曰少室，相去十七里，嵩其總名。金氏履祥曰：外方，非嵩
山也。嵩高為中嶽，安得與江夏之內方相為內外哉？據《唐志》，陸渾山一名
方山，蓋古外方，云在伊闕。《漢·地理志》：桐柏，在南陽郡平氏縣　今南陽府
唐縣。東南，淮水所出。《史記索隱》：桐柏，一名大復山。《一統志》：桐柏山在南

陽府唐縣東南一百八十里，其山東南接隨州界，西接棗陽界。隨州屬德安府，棗陽屬襄陽府。

《漢·地理志》：江夏郡安陸縣　今湖廣德安府安陸縣。東北有橫尾山，《一統志》：橫尾山在德安府城東北四十里。古文以為陪尾，淮水所經。俗呼橫山。金氏履祥曰：陪尾，徐州山也。泗水縣桃墟西北有陪尾山，乃泗水所出。《一統志》：陪尾山在兗州府泗水縣東五十里，泗水源發於此。舊說拘於地脈，故謂即橫尾。鄭曉曰：此徐州泗水所出之陪尾，因安陸有陪尾，故誤為一。

愚按：《禹貢》書法，凡言及者，以相距之近也；言至者，以相去之遠也。太華去鳥鼠遠，故曰至，則陪尾亦應遠。觀經文，導淮自桐柏東會於泗、沂，其為徐州之陪尾明矣。孔《傳》：四山相連，《疏》云：四山接華山而相連。東南在豫州界。王樵曰：志熊耳四山，明伊、洛、淮水之所以治。先舉所施功之山於上，而後條列所治水於下，互相備。以上皆大河以南之山。按：陪尾，《地志》云在安陸，宜屬荊州。金氏云在泗水，宜屬徐州。孔氏以安陸之陪尾在豫州界，與《志》不合。《唐書·天文志》曰：中國地絡在南北河之間，首自西傾，極於陪尾。故隨、申、光皆豫州分，屬鶉火，則亦以安陸屬豫州矣。

鄭曉曰：西傾在雍州西南，自西傾而東有朱圉、鳥鼠，又轉而南至於太華。熊耳在豫州東南，當作西北。自熊耳而東有外方、桐柏，又轉而南至於陪尾。其間皆非止一山。

王樵曰：山川之脈，皆起西北。上導河之北境，故自雍而盡乎冀之東北；此導河之南境，故自雍而盡乎豫之東南。

曾氏曰：岍與西傾皆北條山，故西傾不言導，其文蒙於導岍也。岷、嶓皆南條山，故岷山不言導，其文蒙於嶓冢也。

**導嶓冢，至於荊山；內方，至於大別。**

嶓冢，見梁州。荊山，南條荊山，見荊州。《漢·地理志》：章山在江夏竟陵縣　今承天府沔陽州景陵縣，皆漢竟陵地。東北，古文以為內方山。《水經》：沔水自荊城東南流經當陽縣　今承天府當陽縣。章山。《注》：《禹貢》所謂內方也。

愚按：《左傳》：吳自豫章與楚夾漢。杜預云：豫章，漢東江北地名。《圖經》：豫章，即章山。《一統志》：內方山在荊門州南一百八十里漢江之上，一名章山是也。其漢陽漢川縣南六十里亦有內方山，與《禹貢》不應，名偶同耳。

《湖廣名勝志》：章山在安陸縣城東四十里，古內方山。《荊州記》：山高三十丈，周圍百餘里。

《漢·地理志》：大別在六安國安豐縣　今鳳陽府壽州霍丘縣。西南。鄭玄亦云在盧江安豐。《一統志》：霍丘縣有大別山，接河南固始界。《正義》：《左傳》：楚濟漢而

陳。自小別至於大別，乃近漢之山，無緣得在安豐，必在荊州界也？

愚按：《水經注》：漢水東行，觸大別之陂，南與江合。今漢陽府漢陽縣東北漢江右有大別山是也，一名翼際山，一名魯山。漢水至此入江，謂之沔口。小別山在其西。《一統志》：小別在漢陽府漢川縣南十里，一名甑山，山形如甑。孔《傳》：荊山、內方、大別在荊州，漢所經。漢水經此三山，其入海尚遠。以上皆江、漢北境之山。

鄭曉曰：嶓冢而東至於荊山，千里而遠；內方而南至於大別，千里而近。

**岷山之陽，至於衡山，過九江，至於敷淺原。**

岷山，見梁州。變文言陽者，明為南條之南也。衡山，見荊州。《正義》：衡，即橫也。東西長，今人謂之嶺。

愚按：孔《傳》：衡山，江所經。今大江未嘗經衡山也。《水經注》云：衡山東、南二面臨映湘水，江水流入洞庭湖，勢似中斷，衡山正與相望。孔氏所云，特舉地脈言之耳。

九江，詳荊州。孔《傳》：敷淺原，一名傅陽山，在揚州豫章界。《漢·地理志》：豫章郡歷陵縣　今九江府德安縣。南有傅陽山，傅陽川在南，古文以為敷淺原。蔡《傳》：晁氏以鄱陽有博陽山，又有歷陵山，以為應《地志》。然鄱陽，漢舊縣，不應又為歷陵。江州德安近之。《潯陽志》：博陽山在德安縣南十三里，根蟠三十里為一邑之鎮。按《韻會》：敷，古作尃，隸作敷，或作傅。《史·世家》：傅錫其庶民，《漢·文紀》：傅納以言，是也。博陽山、傅陽川，其字皆當作敷。敷轉為傅，傅訛為博耳。又按《通典》云：潯陽蒲塘驛，漢歷陵縣也。有敷淺原，西十里有博陽山，與《志》不合。羅泌云：今縣南十三里有陽居山，舊經以為敷淺原，名博陽山。縣境僅有一水流入大江。又謂傅陽川乃在此山東北，復與《志》不合。《潯陽志》云：博陽山在德安縣南十三里，望夫山在德安縣西北十五里。邑人或謂縣古有敷淺原，登此可以望之，故名望敷。存其說以待考。

愚按：德安博陽，朱、蔡疑其山卑小，不足表識，又非山脈盡處。朱子答程泰之書云：詳經文，敷淺原是衡山東北一支盡處，意即今廬山。山之陽為南康，山之陰為九江。若如晁氏說，以為江入海處合是。今京口所過之水，又不特九江而已。鄭曉謂廬山在大江、彭蠡之交，當南北匯水口，猶導嶓冢於漢入江，《書》：至於大別也。王樵亦謂廬山雖高，而其中原田連互，人民錯居，故名為敷淺原。顏師古云：博陽當為敷陽。敷陽者，敷淺原之陽也。其山正在廬阜西南，是可證敷淺原為廬阜本名矣。其說皆本朱子，甚有據，但《水經注》稱廬山疊嶂千層，崇巖萬仞，周四百餘里，最高且大，恐不當有淺原之目。及考《爾雅》，

廣平曰原，而敷淺之名尤不似山。《水經注》：敷淺原，地在豫章歷陵縣西南。
羅泌曰：《水經》所載《禹貢》山川澤地凡六十，稱地者四，流沙、九江、東陵、敷淺原也。若
作地名，與導水至於東陵一例，於敷淺原之稱甚合，特未詳果在歷陵否耳。以
上皆江、漢南境之山。

又按：過九江，孔《傳》：衡山連延，過九江，接敷淺原。朱子主禹過說，
蔡《傳》因之，謂岷山之脈，其北一支為衡山，盡於洞庭之西；其南一支度桂
嶺，在湖廣郴州。包瀟湘之原，而北經袁、今袁州府。筠　今瑞州府。之境，以至敷
淺原。按：敷淺原在衡山北，而曰南支者，以其環出北支之南也。二支之間，湘水間斷，
衡山在湘水西南，敷淺原在湘水東北。其一支又南而東度庾嶺，在江西南安府。
包彭蠡之源，以北盡於建康；其一支則又東包浙江之源，而北其首以盡會稽，
南其尾以盡閩粵也。經文正舉前二支。金氏曰：岷山之陽，東出一支為衡山，其南行而東
者為嶺，包瀟湘之源；而又一支北向，以至敷淺原，故禹自衡山過洞庭而至敷淺原也。大抵過
九江與導岍逾於河同義。近秦繼宗、徐常吉、郝敬皆左朱、蔡而右二孔，今備
其說待詳。

鄭曉曰：自岷山而東，至衡岳為遠；自衡岳而北，至敷淺原為近。

陳氏櫟曰：岍、岐一列，河、濟所經，既入海矣，何下文導河、導沇二條
又各言入於海歟？意者當時水患，河、濟尤甚，比江、漢、淮用功尤難，故自
發源以至入海，先之相視疏導，後之開鑿濬導，必極於歸宿之地。若江、漢、
淮之屬，則先行疏導且可，至陪尾、大別、敷淺原而止。下文方自源徂流言之
歟？

鄭曉曰：導岍及岐一條，從河西北迤邐而東南；西傾一條，從河西南迤邐
而東北，此雍、梁、豫、冀、兗、徐六州表裏之山。導嶓冢一條，從漢西北迤
邐而東南；岷山一條，從江西南迤邐而東北，此梁、荊、揚三州表裏之山。程
泌曰：導山獨言雍、梁、冀、豫、荊、揚之山，而兗、青、徐不記焉，蓋三州之山絕在東河之
東，不與西屬，各於其州見之矣。

導山不及濟、淮、洛、渭者，王屋則濟也，鳥鼠至桐柏則伊、洛、淮、渭
也。鄭康成以為四列正此。至所謂隨山，疑禹只循行關要，將天下水脈大勢統
會胸中，其餘皆更宜遣官各處濬治。若必一一禹自親歷，山必臨巔，水必窮源，
雖八年，奈之何哉？

唐僧一行言：山河兩戒，頗合《禹貢》。北戒自三危、積石，負終南地絡
之陰，東及太華，逾河，並雷首、底柱、王屋、太行，北抵恒山之右，乃東循

塞垣，至藏貊、朝鮮，是謂北紀，以限戎狄。南戒自岷山、嶓冢，負地絡之陽，東及太華，連商山、熊耳、外方、桐柏，自上洛南逾江、漢，攜武當、荊山，至於衡陽，乃東循嶺徼，達東甌、閩中，是謂南紀，以限蠻夷。故《星傳》謂北戒為胡門，南戒為越門。河源自北紀之首，循雍州北徼，達華陰，而與地絡會，並行而東，至太行之曲，分而東流，與涇、渭、濟瀆相為表裏，謂之北河。江源自南紀之首，循梁州南徼，達華陽，而與地絡會，並行而東，及荊山之陽，分而東流，與漢水、淮瀆相為表裏，謂之南河。故弘農分陝　今陝州。為兩河之會。自陝而西為秦、涼，北紀山河之曲為晉、代，南紀山河之曲為巴、蜀，皆負險用武之國也。自陝而東為成周，宋、鄭、陳、蔡、邠、衛、申、隨，皆四戰用文之國也。北紀之東，至北河之北，為邢、趙；南紀之東，至南河之南，為荊、楚。自北河下流，為三齊、北燕；自南河下流，為鄒魯、吳越，皆負海之國，貨財之所阜也。自河源循塞垣北，東及海，為戎狄；自江源循嶺徼南，東及海，為蠻越。《天官書》：東井西曲星曰鉞。鉞北，北河；鉞南，南河。此南北兩戒之所分。

　　魏校曰：南絡發於崑崙之東，委蛇南行，其背為西戎，其面為中國，而其餘氣為南蠻。蔥嶺自起為祖，南起雪山，其東為江源地脈，因界為二。江以南仍為南絡，其北別為中絡，與大河分為兩戒。南絡蓋與岷山別祖，折而南行，東出為五嶺，乃折而北，大盡於建康，而長江至此入海，自昔以為帝王都矣。

　　王樵曰：山本同而末異，故導山言某至某者，其勢漸分。水本異而末同，故導水各言所自、所會、所入者，其勢漸合。鄭漁仲言山過山則分，水過水則合。愚謂山過山則分，雖分而性不分，其脈理通也；水過水則合，雖合而性不合，其色味別也。

　　禹貢長箋卷十

# 禹貢長箋卷十一

導弱水，至於合黎，餘波入於流沙。

此下濬川也。弱水，見雍州。孔《傳》：合黎，水名，在流沙東。《正義》：弱水得入合黎，知合黎是水。此水出合黎山，因山為名。鄭玄及蔡《傳》皆作山名。《雍大記》：合黎山在陝西行都司甘州衛城西北四十里，張掖河水出其北。《舊陝志》：弱水在甘州衛西環，合黎山東北，入東莎界。《漢・地理志》：張掖郡刪丹縣，桑欽以為導弱水自此，西至酒泉合黎。酒泉，今陝西肅州衛。居延澤在張掖郡居延縣東北，古文以為流沙。《正義》：酒泉在張掖西。如《志》言，合黎屬酒泉，居延屬張掖，則流沙在合黎之東。按經，弱水西流，既至合黎，餘波入於流沙，當如《傳》文，合黎在流沙之東，不得在其西也。

愚按：金氏謂居延澤即古合黎澤，與《志》不合。《史記正義》云：合黎水出臨路松山東北，流經張掖縣二十三里，又北經合黎山，山在張掖縣西北一百里。折而北，經流沙磧之西，入居延海，即古居延澤。行千五百里。又考《雍錄》，流沙出蔥嶺之西。蔥嶺，注別見。《舊陝志》：大秦國西為弱水、流沙，去長安四萬里，而杜佑謂流沙在沙州西八十里，其沙隨風流行，故曰流沙。唐沙州城在今肅州衛城西八百餘里，則流沙亦豈極遠地哉？唐樞言自祁連合黎北張掖河即合黎水，俗名黑河。諸水俱北注亦集乃河，即居延海。《指掌圖》：亦集乃路在甘州北千五百里，東北有大澤，漢之西海郡居延城。西入峽口，穿沙磧，繞出為黑水，放於南海。禹導弱水，不言其所極，蓋有黑水為續。其說未知何據。大抵西北之地都是沙磧，裴矩《西域記》：自高昌東南去瓜州千三百里，並沙磧，乏水草，四面茫然。《北史》：魏太武分道出四域，一自玉門、流沙，西行至鄯善；一自玉門度流沙，北行至車師。自鄯善西

至且末，七百里而遙。且末國有大流沙數百里，則流沙非一地矣。史書所謂河沙，諸國佛書所謂沙界，恒河沙是也。沙則水滲而下，入於流沙，餘波盡消，故不言入海耳。程大昌曰：導弱水，至於合黎，則其逆者已順，此正流也。其遠而無所事治者，固不必極之於西海；近而無能為害者，亦任其餘波之入於流沙則已矣。故於雍止曰既西，於導水不曰入於西海，皆紀實也。《唐書·西域傳》：吐谷渾西北有流沙數百里，夏有熱風，傷行人。風將發，老駝引項鳴，埋鼻沙中，人候之，以毡蔽鼻口乃無恙。《一統志》：古沙州城南七里有鳴沙山，沙如乾糖。天氣清朗，沙鳴聞數里外。《五代史·于闐傳》：瓜州南十里鳴沙山，云冬夏殷殷，有聲如雷，即《禹貢》之流沙也。《正義》：此下所導九水，亦自北為始。弱水最在西北，水又西流，故先言之。黑水雖在河南，水從雍、梁西界南入南海，與諸水不相參涉，故又次之。四瀆、江河為大河在北，故先言河也。漢入於江，故先漢後江。濟發源河北，越河而南與淮俱為四瀆，故次濟、次淮。其渭與洛俱入河，故後言之。蘇《傳》：弱水不能載物，入居延澤中不復見，此水之絕異者也。黑水、漢水與四瀆皆特入海，渭、洛皆入河，達冀之道，故特記此九者，餘不錄也。

**導黑水，至於三危，入於南海。**

黑水，見雍、梁二州。三危，見雍州。《正義》：按《水經》，黑水出張掖雞山，南流至燉煌，過三危山，南流入於南海。然張掖、燉煌並在河北，所以得越河入南海者，河自積石以西多伏流，故黑水得越河而南也。程大昌曰：漢張掖，唐甘州。燉煌者，沙州也。甘州之水皆入積石河，河流竟東，則其水已非南向，況積石既在其南，亦無緣可以截河而過。

愚按：《地志》：黑水出犍為郡南廣縣汾關山。不言張掖有黑水，然汾關黑水，非《禹貢》所指。蔡《傳》並引之，而不置辨惑矣。黑水在雍、梁間，郭璞云出崑崙山。金氏曰：出崑崙南谷。《一統志》：黑水源出肅州衛城西北一十五里，今鎮夷城南五里有黑水渡，而《括地志》則云黑水出伊吾縣北百二十里。伊吾，唐伊州，《史記正義》云：黑水源在伊州，漢屯田於此。即今哈密衛，南去玉門關八百里，東去陽關二千七百三十里。又在肅州西一千五百餘里。《唐書》：北庭都護府有葉河守捉，波黑水七十里有黑水守捉。蓋即此黑水。

蔡《傳》：中國山勢岡脊皆自西北而來，積石、西傾、岷山岡脊以東之水既入於河、漢、岷江，其岡脊以西之水即為黑水。樊綽曰：西夷之水南流入於南海者凡四，曰區江、曰西洱　音耳。河、曰麗水、曰瀾滄　音眉若。江，皆入於南海。其麗水，即古黑水也，三危山臨峙其上。程大昌曰：樊綽以麗水為黑

水，恐狹小不足為界。所稱西洱河，《通典》：一名昆瀰池。與《漢志》葉榆澤 《地理志》：葉榆澤在益州郡葉榆縣東。《水經》：東南過交址郡東界入海。相貫，廣處可二十里。既足界別二州，其流正趨南海，又漢滇池，《漢志》：益州郡在蜀郡西南三千餘里，有滇池縣。即葉榆之地。武帝初開滇巂 音髓。時，其地有黑水舊祠，夷人不知，載籍必非附會。而綽及道元皆謂此澤以榆葉所積得名，則其水之黑似榆葉積漬所成，且其地乃在蜀之正西，又東北距宕昌不遠。宕州宕昌郡，唐置，故城在今岷州衛城南一百二十里。宕昌，即三危之地，與三苗之敘於三危者，又為相應也。韓邦奇曰：黑水自雍之北境直抵梁之南境，乃一大水，橫過二州西界。今四川止疊溪、千戶所有黑水，合汶江，經茂州安縣，入羅江。《漢·地志》：黑水出犍為郡南廣縣汾關山符。即今敘州府慶符縣，以志山符二字，故縣以慶符名。今慶符有黑水，蔡《傳》少一符字。按《漢志》：汾關山符，黑水所出。《水經注》：符黑水出廣南郡廣南縣導源汾關山北。蓋漢犍為有符縣，汾關山在廣南，是言符縣之黑水出此耳。《水經注》本了然，若以汾關山符為句，於義難通，且《漢志》未嘗有山符縣也。而其水乃自西夷中來，北流入江。《漢志》亦謂黑水北至僰道入江，且安縣黑水在成都北，敘州黑水在成都南，一入羅江，一入大江，於經文「至於三危，入於南海」不合。雍之黑水五，亦各異源，與經文、志傳皆不合，獨肅州衛城西十五里，黑水所出，與《漢志》相近，而《水經》引之，云：南過燉煌。今肅州西、沙州東西，即其地也。又云：南流入於南海，則當遂入於梁。梁全無考，豈梁、雍西界各自有黑水為界，與導黑水之黑水不相涉歟？程氏又謂葉榆澤為黑水之源。葉榆，即西洱海，出今雲南大理府鄧川州點蒼山，匯為巨湖，周三百里，去雍之三危，南北數千里。又不經流梁境，又不出於張掖。顏師古亦謂滇池西北有黑水祠，《地理志》：滇池澤在滇池縣西北，有黑水祠。楊慎曰：黑水祠在今雲南昆明縣之官渡。豈黑水既入西域，故人莫得而知，又南至西洱海，復入中國，又流入於南海歟？然不可考矣。若牽合以為相屬，則燉煌在肅州，今屬敵，是極北境；葉榆在大理，是極南境。梁境黑水是迭溪黑水，斷非導黑水之黑水也。至謂水黑為榆葉之積，梁、雍為黑水者凡七，漢中亦有黑水，未聞皆榆葉落其下也。杜佑曰：《漢志》滇池有黑水祠，而不記水之所在。酈道元注《水經》，銳意尋討，亦不能知黑水所經之處。顧野王撰《輿地志》，以為至僰道入江，其言與《禹貢》不同，未為實錄。按：韓苑洛疑雍、梁二州是兩黑水，不相通。魏莊渠言本一黑水，觀「導黑水，至於三危，入於南海」，一黑水為得。《雍錄》云：黑水遠矣，在唐為小勃律，以及交廣皆是。是亦以黑水為一也。顧起元曰：雍州黑水有六，若入積石河，則是平涼及寧夏之黑水，而非張掖之黑水

也。今肅州有黑水，南流去積石凡三百里，不與積石河相通，此為《禹貢》之黑水無疑。但其去南海遼遠，而交南久棄，無從考其入海之道。唐咸通中，懿宗。樊綽宣慰安南，志其所親見山川，而以麗水為黑水。但綽所案行者西南諸夷，而未及於西北。其所稱麗江，得其下流，而不知其上源，乃程氏不取。其所稱麗水，而指其所稱西洱河，引古黑水祠在益州者為證，不知此成都安縣南之黑水，而非《禹貢》之黑水也。元金仁山又謂西南諸水合而為瀘水，夷人謂黑為瀘，瀘水即黑水也。至交址，又名歸化水，廣處如江，東南入海，《海道圖》自名黑水口。考四川行都司城南有瀘山，瀘水所出，何得以瀘為黑？又交址、海口並無所謂黑水口，則金氏之言豈足信歟？按《通典》云：吐蕃有可跋海，去赤嶺百里，方圓七十里，東南流入西洱河，合流而東，號漾濞水。又東南出會州，為瀘水。瀘水，即黑水也。程氏、金氏之說，蓋皆本杜佑。漾濞水，見《唐書》，今在大理之西百里，土人訛作漾備。李元陽曰：黑水之源不可窮，而入南海之水則可數。隴蜀無入南海之水，今惟雲南瀾滄江、潞江 舊名怒江。二水，皆由吐蕃西北來與雍州相連，但未知果出張掖否。水勢洶湧，併入南海，豈所謂黑水者乎？然潞江西南趨，蜿蜒緬中，內外皆夷，其於梁州之境，若不相屬。瀾滄由西北迤邐向東南，歷雲南諸郡界，至交址入海。今水內皆為漢人，水外即為夷緬，則禹之所別州界者，唯瀾滄足以當之。孟津之會曰髳人、今雲南北勝州，楊慎云：即漢之寯叟地，在蜀之邊。濮人，今雲南順寧府，楊慎云：諸濮地與哀牢相接。哀牢，即永昌濮人，今名蒲蠻。濮、蒲字音相近而訛。以今考之，皆在瀾滄江內，則瀾滄之為黑水無疑矣。《地理志》謂南中山曰昆彌，水曰洛。《山海經》曰：洱水西南入於洛。西洱河出大理府浪窮縣羅谷山下，數處湧起如珠樹，相傳即黑水伏流。由石穴中出，會瀾滄江而入南海。瀾滄江，又名洛水，言脈絡分明也。《元史》：至正八年，張立道使交址，並黑水，跨雲南，以至其國。觀此，則瀾滄之為黑水益明。若三危山即不在麗江，當亦不遠。古今山川之名因革，不可紀極。夫不可移者，山川之跡也；隨時異者，山川之名也。不據不可移之跡，而據易變之名，亦末矣。說者但謂隴在蜀之北，蜀在滇之東北，而《禹貢》黑水為雍、梁二州界，又入南海，故不得不疑其跨河；知跨河非理，又不得不疑其湮涸。曾不知隴、蜀、滇三省鼎立，隴則西南斜長入蜀，滇則西南斜長近隴，蜀則尖長入滇、隴之間，如三足旛然。黑水之源正在旛頭，故雍以黑水為西界，對西河而言也；梁以黑水為南界，對華陽而言也。蓋各舉兩端，若曰西河在雍東，黑水在雍西，華山在梁北，黑水在梁南云爾，所謂梁州可移，而華陽、黑水之梁州不可移也。茅瑞徵曰：雲南是梁州

域，以二大江為界，東北曰金沙，古名麗水，楊慎云即瀘水。西南曰瀾滄。二江之
源皆出吐蕃，流徑雍州而入雲南。金沙自雲南北界入東海，瀾滄自雲南南界入
南海。金沙在《漢書》為若水，瀾滄在《禹貢》為黑水。

愚按：黑水證據互異，主張掖者，不符南海之文；主滇池者，難合三危之
跡。考《一統志》，瀾滄江源出雍州南吐蕃鹿石山，本名鹿滄江，後訛瀾滄。
自麗江經雲龍州東南，流入永昌、蒙化、順寧、景東、交趾，乃入南海。《漢書》
名博南津。然《志》但稱出吐蕃，未見其必自張掖經燉煌，如桑欽所指也。或云
雲龍州西五里有三崇山，頂有三峰，即三危山。楊慎亦云三危在雲南麗江，其
說本之樊綽。此後人附會之說，豈足據乎？

羅泌曰：弱、黑二水，塞外之橫流，失其故道，而為我民患者也。今為中
國治之，則決其奔突而注之塞外，則已矣。又奚必由塞外決之，以入於流沙、
南海而後已哉？計弱之距流沙，與黑之距南海，皆數千里而遙。然導弱必至合
黎，而納餘波於流沙；導黑必至三危，而入其流於南海。禹之心，一視夷夏，
視西戎之民無以異於梁、雍之民，此天地所以為大也。

**導河，積石至於龍門，南至於華陰，東至於底柱，又東至於孟津，
東過洛汭，至於大伾；北過洚水，至於大陸，又北播為九河，同為逆河，
入於海。** 孟，《漢書》作盟。洚，《注》《疏》作降，鄭讀戶江反。

朱子曰：河為四瀆宗，《穆天子傳》曰：河與江、淮、濟三水為四瀆。河曰河宗，四
瀆之所宗也。《釋名》：瀆，獨也。各獨出其所而入海。發源西北，故敘中國之水，以河
為先。積石、龍門，見雍州。《山海經》：積石之山，其下有石門，河水冒以西
南流。王應麟曰：積石在鄯州龍支縣西九十八里，黃河在縣西南六十里，禹導
河始此。河州枹 音夫。罕縣積石山，一名唐述山，羌人目鬼為唐述，傳其山有神人
往還也。在縣西北七十里，今人目龍支縣山為大積石山，此名小積石山。《史記正
義》：河出大崑崙東北隅，東北流經于闐，入鹽澤，即東南潛行，至吐谷渾界大積石山，又東北
流至小積石山，河始闡。杜佑曰：積石之西，砂鹵之地，河流小，地勢復高，不為
人患，不須疏鑿，故施功始於積石。班固謂河從蒲昌伏流，至此方出。斯未詳
也。《正義》：河從積石北行又東，乃南行至龍門，計應三千餘里。《傳》謂或
鑿山，或穿地，以通流，龍門、底柱，鑿山也；其餘平地，穿地也。言自積石至海皆
然也。按：李復云：同州韓城北有安國嶺，東西四千餘里，東臨大河，瀕有禹廟在山斷河出
處。自東受降城以東至此，皆禹疏鑿。此正與《疏》合，蔡《傳》疑之固矣。朱子曰：禹未經
鑿治時，龍門正道不甚泄，一派西入關陝，一派東往河東，為患尤甚。禹自積石至龍門施功最

多，其上則散從西域去。李復曰：大河自北而南，盤束山硤之間千數百里，及至龍門，山高岸闊，豁然奔放，聲若萬雷。華陰，華山之北。梁州東據華山之陽，則華陰為雍州境矣。程大昌曰：黃河自鹽澤達潼關，在今西安府華陰縣。凡四大折，由積石而徑湟中，則鄯、蘭也，是一折也；至靈州西南，遂轉北行，凡千餘里，北河西岸即為涼、肅、甘、沙四郡，是又一折也；迨其北流，千里而遙，至九原、豐州，則又轉而東流，故豐州北面正抵大河，是又一折也；豐州之東為榆林北境，河從此州之東又轉而南，故勝州北、東兩面皆抵大河，自此直至潼關，是又一折也。《陝西志》：河經積石，至河州，東北受九水，至臨洮，又東受湟水，至蘭州，又北受高平水，至寧夏東，又東過新秦中，北受五水，至閭陽，又南受十三水，出龍門，又南受七水，至華陰。大抵自河源至華陰，通計九千餘里。鄭曉曰：《禹貢》書法互見，導山則敘河東之山，如壺口、雷首、太岳，導河則敘河西之山，如龍門、華陰是也。厎柱，見導山。《水經注》：自厎柱以下、五戶以上，其間一百一十里，河水竦石桀出，勢連襄陸，合有一十九灘。五戶，灘名也。《正義》：孟，地名，今懷慶府孟縣。津渡處。杜預云：河內河陽縣，南孟津也，在洛陽城北，都道所湊，古今嘗以為津。武王渡之。《水經注》：八百諸侯來同此盟，亦曰盟津，後世名富平津。《正義》：洛汭在河南鞏縣東，今河南府鞏縣。洛水入河處，一名什谷。張儀說秦塞什路之口，即此。程若庸曰：洛既北入於河，河之南，洛之北，其兩間為汭，言在洛水之內也。《正義》：大伾，黎陽縣 今大名府濬縣。山，臨河。《括地志》：名黎陽東山，在黎陽縣南七里。《一統志》：大伾山在濬縣東二里，高四十丈，周十五里。蔡《傳》：孔氏曰：山再成曰伾。或作坯，又作岯。《爾雅》：再成英，一成伾。李巡《注》：山再重曰英，一重曰伾。與《傳》異。張揖以為在成皋，《水經》：河水東徑成皋大伾山下。是亦以大伾在成皋。鄭玄以為修武、今懷慶府修武縣。武德 故城在今懷慶府城南五十里。界。按：黎陽山在大河垂欲趨北之地，故禹記之。若成皋之山，既非從東折北之地，又無險隘如龍門、厎柱之須疏鑿，西去洛汭既已太近，東距洚水、大陸又為絕遠，當以黎陽者為是。黃度曰：黎陽有津。梁、雍渡河自蒲津，荊、豫自孟津，青、兗自黎陽津。《漢·地理志》：洚水在信都國信都縣。今真定府冀州。《水經注》：漳水又北，洚水出焉。洚水故瀆徑南宮城 今南宮縣，屬真定府冀州。北，又北徑信都城，東連廣川縣 今河間府景州。之張甲故瀆，《地理志》：張甲河首受屯氏別河，東北至蓚入漳水。同歸於海。程若庸曰：周時河徙砱礫，至漢又改向頓丘，注見兗州。東南流，與禹河跡大相背戾。《漢志》：魏郡鄴縣有故大河在東北，直達於海，疑即禹之故河。孟康以為王莽河，非也。古洚瀆自唐貝州 今廣平府清河縣。經城北入南宮，《金

史）：南宮下有涂水枯瀆。貫穿信都。大抵北向而入，為合「北過涂水」之文。《左傳疏》：大伾以上，河道不改；大伾以下，即是汲郡以東。河水東流，秦、漢後始然也。古之河道，自大伾而北過涂水，故跡不可復知。

愚按：古涂水，《一統志》在冀州治北，俗名枯涂渠。自漳水斷，而涂水亦輟流，其源遂莫考。桑欽所言涂水出屯留縣西南，《史記正義》：涂水出潞州屯留縣西南方山。東入漳者，豈即信都之涂，如濟水之入河而還出乎？宋張洎以為即濁漳，則訛矣。

大陸，見冀州。《史記·河渠書》：禹以河高，水湍悍難行平地，乃廝二渠廝，《漢書》作醒。孟康曰：醒，分也。二渠，一出貝丘西南，南折者也；一則漯川。貝丘河自王莽時空，但用漯耳。王莽河，詳兗州。引而北，載之高地，過涂水，至大陸。《爾雅》訓陸為高平，知大陸乃地之高者。陳子龍曰：載河高地，使沿太行之麓以北，此測量水平之法。蓋其原高者，其委不得遂卑，升之高而不失就下之性也。黃度曰：《地說》以太伾為地喉，言河自此始北行也；大陸為地腹，言水所鍾也。九河，見兗州。張洎曰：河自魏郡貴鄉縣今大名府元城縣。分為九道，下至滄州合為一河，今其東界至莽枯河是也。趙偁曰：河自孟津初行平地，必須全流乃成河道。禹之治水，自冀北抵滄、棣，始播九河，以其近海無患也。《正義》：九河將至海，更合同為一大河，名逆河，入於渤海。鄭玄云：逆河，言相向迎受。蘇《傳》作以一迎八而入海，意逆河即河之經流。蔡《傳》：逆河，以海水逆潮而得名。《初學記》：海口有朝夕潮以迎河水。河上播為九，下同為一，其分播合同，皆水勢之自然，禹特順而導之耳。朱子曰：逆河是開渠通海，以泄河之溢。秋冬則涸，春夏則泄。王橫曰：禹因地之形逆設為河，以防暴至之患。未至則不妨民耕，既至則不墮民舍，故曰逆河。按：橫是漢人，故有此議，然以解經則鑿。《漢·地理志》：河水行塞外，東北入塞內，至渤海郡章武縣 故城在今河間府鹽山縣。入海，過郡十六，按《水經》，大河徑燉煌、酒泉、張掖、西海、隴西、西平、金城、武威、安定、北地、朔方、五原、雲中、定襄、西河、上郡、河東、京兆、弘農、河南、河內、陳留、東郡、魏郡、清河、平原、渤海，凡二十七郡。行九千四百里。《水經》：河水自蒲昌入塞，出積石山，過燉煌、酒泉、張掖郡南，又自東河曲徑西海郡 在今陝西都司西寧衛城西三百餘里。南，又東過隴西河關縣北，又東北流入西平郡 即今西寧衛，古湟中。界，又東過金城允吾縣 故城在臨洮府蘭縣西南五十里。北，又東徑浩亹 音門。縣故城 在臨洮府金縣西二十里。南，又東過榆中故城在臨洮府蘭縣西二百里。蒙恬為秦開榆中地，即此。後世榆林塞自在上郡。天水縣 漢牧苑地。北，又北過武威媼圍縣 未詳。東北，又東北過安定祖厲縣 故城在靖虜

衛城西南一百三十里。西北，又北過北地富平縣　今河套地。西，又北過朔方臨戎縣　今河套地。西，又北屈而為南河，迤西溢窳渾縣　今河套地，西漢朔方郡治。東，又屈而東流為北河，又南徑陰山西，又東南徑朔方縣故城　《詩》：城彼朔方。東北，東徑渠搜縣城　注見雍州。北，又東徑五原稒陽城　古豐州，在今大同府。南，又東過雲中楨陵縣　注見冀州。西北，又南過定襄桐過縣西，又南過西河圁　音銀。陽縣　固水出上郡，即無定河。東、離石　今屬汾州府。中陽縣　今汾州府孝義縣。西，又南過上郡高奴縣　今延安府安塞縣。東、蒲子縣　西魏汾州治。西，又南過河東北屈縣　今平陽府河津縣。西，又南出龍門口，汾水東來注之，詳冀州。又南徑梁山東，道元云：在馮翊夏陽縣西。又南過汾陰縣　今平陽府榮河縣。西、郃陽縣　今西安府郃陽縣。《詩》：在郃之陽。東，又南過蒲坂縣　今平陽府蒲州。西，又南過雷首山西，又南至華陰潼關，渭水西來注之，詳雍州。又東徑湖縣　今河南府閿鄉縣。北，又西徑陝縣故城　今河南府陝州。南，又東過砥柱間，又東過平陰縣　今開封府河陰縣。北、河陽縣　今河南府孟津縣。南，又東徑洛陽鞏縣北，洛水西北流注之，詳豫州。又東過成皋縣　今開封府汜水縣，古東虢地。北，濟水北來注之，濟水出王屋山，而南截河渡，正對成皋。又東過榮陽縣，見豫州。又東徑卷縣　故城在今開封府原武縣西北。北、武德縣　注見前。東、酸棗縣　今開封府延津縣。西，又東北通謂之延津，又東，淇水入焉，又東，右徑滑臺城　故東郡治。又東北過黎陽縣　注見前。南，又東北為長壽津，俗名王莽河，在頓丘。又東北徑繁陽縣故城　在今大名府內黃縣東六十里。東，又東北徑昌樂縣　故城在今大名府南樂縣。東，又東北徑元城縣　今屬大名府。西北，而至沙丘堰，《春秋》沙鹿崩，即此，在今大名府城東。至於大陸，北播為九河。漢屯氏河從沙丘堰而分，道元云：自堰以北，館陶、慶陶、貝丘、鬲般、廣光、信都、東光、河間、樂成，以東城地並存，川瀆多亡。鄭樵云：東北過館陶為屯氏河，過靈縣為鳴犢河，又北過平原，又東北過渤海、千乘，又東北過甲下邑。別出一枝入濟，又東北入於海。黃承玄曰：考《近志》，河自積石至河州，徑蘭州、寧夏，出塞外，東北至古東勝、在大同府城西五百里。廢武州，在朔州西一百五十里。復南入中國。西則為陝西界，凡歷延安、西安二府，起府谷、神木、吳堡、清澗、延川、宜川、韓城、合陽、朝邑，以至華陰、潼關，東則為山西界，凡歷大同、太原、平陽三府，起河曲、保德、興縣、寧鄉、石樓、永和、大寧、吉州、河津、榮河、蒲州、南望、華陰，為西河，而龍門之險在韓城東北境，與河津值；呂梁之險在石州　即永寧州。西境，與郃陽值；壺口之險在吉州西境，雷首之險在蒲州東境，南傳所稱孟門之險，即在龍門以上，亦吉州西界也。又自蒲而東，徑

芮城、平陸、垣曲　俱屬平陽。入河南懷慶之濟源。孟溫、武陟曰河內。自華陰而東，入河南、開封二府，徑閿　音閔。鄉、靈寶、陝州、澠池、新安、洛陽、孟津、鞏縣、偃師、俱屬河南。河陰、滎澤、原武、延津。俱屬開封。西北望大伾曰河外，為南河，而厎柱之險在陝州東界，析城、王屋之險在澤州、陽城，濟源由此過鞏之洛汭、潛之大伾，此《禹貢》所載，今郡縣可考也。其東河則降水，而大陸，而九河，而逆河，而碣石入海，雖亦《禹貢》所載，而今郡縣並不可指名焉。如以地形揆測，當在今大名真定河間，及古北平營遼之間。鄭曉曰：河自積石北行，東轉又折而南，至龍門；自龍門而南，至華陰，所謂「雍河，冀之西河也」；自華陰而東，至大伾，所謂「豫河，冀之南河也」；自大伾而北，至九河，所謂「兗河，冀之東河也」。

程若庸曰：自洛汭以上，山水名稱跡道，古今如一；大伾以下，不特水道難考，雖名山舊常憑河者，亦復不可究辨。非山有徙移也，河既變遷，年世又遠，人知新河之為河，不知舊山之不附新河也。輒並河求之，安從而得舊山之真歟？

《爾雅》：河出崑崙虛，漢武帝按古圖書，名河所出山曰崑崙。色白，並千七百一川，色黃。《注》云：源高激湊，故水色白；潛流地中，受渠多沙壤混淆，故水色黃。《漢書》：河有兩源，一出蔥嶺，《水經注》：河水重源，一源西出身毒之國蔥嶺之上，西徑罽、賓諸國北、月氏國南。蔥嶺在今于闐國西南。于闐在肅州衛西南六千三百里。一出于闐。于闐在南山下，《水經注》：南源出于闐國南山。于闐西去皮山國三百八十里，東去陽關五千餘里。陽關，在今沙州衛城西一百五十六里。其河北流，與蔥嶺河合，東注蒲昌海。蒲昌海，一名鹽澤，《山海經》《水經》作泑澤。《史記》：于闐以西，水皆西流注西海；其東，水皆東流注鹽澤，為河源。鹽澤，在今火州土魯番西南，去玉門、陽關一千三百餘里，去長安可五千里。廣袤三百里，其水停居，冬夏不增減，皆以為潛行地下，河自蒲昌伏流。南出積石，為中國河。唐長慶中，穆宗。薛元鼎使吐蕃，自隴西成紀縣　今鞏昌府泰州。西南出塞二千餘里，得河源於莫賀延磧，尾曰悶磨黎山。地在劍南之西，東距長安五千里。其山中高四下，所謂崑崙也。東北流，與積石河相連，河源澄瑩，冬春可涉，下稍合眾流，色赤，行益遠，他水並注，遂濁。吐蕃亦自言崑崙在其國西南。鄭樵言河源有三，正源出崑崙東北阪而東行，一源出天竺蔥嶺，一源出于闐南山。三河合而至積石。《初學記》：河源出崑崙，東流潛行地下，至規斯山北，流分為二，一出蔥嶺，一出于闐。或云：張騫窮河源止蔥嶺爾，故《西域傳》但言蔥嶺、于闐兩源，而沒其正源也。元世祖至元十七年，命學

土都實 <sub></sub>一作富察篤實。往窮河源，言出吐蕃朵甘思西鄙，有泉近百泓，方可七八十里，沮洳渙散，登高望之，若列宿然，名星宿海。在中國西南，直四川馬湖蠻部正西三千餘里，雲南麗江宣撫司西北一千五百餘里。羣流奔湊，近五七里，匯為二巨澤，自西而東連屬成川，號齊賓河。又合齊爾綽、呼喇、雅爾楚三河，流浸大，始名黃河，行二十日至大雪山，即崑崙也。又合細黃河，北行折而西，過崑崙北，又折而東北，行約二十日至貴德州，地名博勒齊爾。始隸河州，又四五日至積石州，即《禹貢》積石，又自河州安鄉關東北行，合洮河水，至蘭州城下。臨川。朱思本所譯梵字圖書言黃河所歷皆西番地，至蘭州凡四千五百餘里，始入中國，又東北流，過胡地凡二千五百餘里，始入河東境。世言河九折，蓋彼地有二折云。

　　以上河源考。

　　自禹迄周，河不為患者千五百餘年。定王五年始決。漢文時，決酸棗東，潰金堤。《溝洫志》：淇口東十里有金堤，東即遮害亭。武帝時，決瓠子東南，決鉅野，通淮、泗。古今河患惟此為甚，梁、楚二十餘歲不登。帝親沈璧馬塞之，築宮其上，名宣防。一作房。防、房，古通用。導河北，行二渠，梁、楚獲寧。後又北決館陶，分為屯氏河，復播為八，東北經魏郡、清河、信都、渤海，入海。元帝時，決清河靈鳴犢口，而屯氏河塞。成帝時，決館陶及東郡金堤，入平原、千乘、濟南，後又決平原，決渤海，今景、滄、武定等州。決清河，決信都。至隋煬帝引河入汴，引汴入淮，而河、淮始通矣。煬帝開通濟渠，自西苑引谷洛水達於河，後自坂渚引河與沁合流，入於泗。《初學記》：煬帝於衛縣因淇水入河，立淇門以通河，東北行，得禹九河故道，隋人謂之御河。宋初，大決濮陽，又決陽武。太宗時，大決滑州韓村，東南流至彭城界。真宗時，滑州河溢，歷澶、濮、曹、鄆，注梁山泊，又合古汴渠，東入淮。仁宗時，決商胡埽，復決大名、館陶。富弼主李仲昌　垂子。議，穿六塔河，塞商胡北流入六塔河，不能容，復大決，死者數十萬人。神宗熙寧時，屢決恩、瀛、澶、衛等州。王安石主程昉議，開二股河，導河而東，北流斷絕。自魏之北至恩冀、乾寧入海，是謂北流。河道南徙，東匯於梁山張澤濼，在東平州西。分二派，一合南清河入淮，河決入鉅野，溢於泗，以入淮者謂之南清河，即今清河口。一合北清河入海。由汶合濟，至滄州入海者謂之北清河，即濟水故道。凡灌郡縣四十五，而濮、齊、徐、鄆為甚，壞田踰三十萬頃。又決鄭州滎澤。元豐時，河復歸北，決小吳、大吳埽，自澶注入御河。哲宗即位，又決大名。文彥博、呂大防主回河東流之議，功卒不成。時議黃河以界契丹，河北行則失中國之險，為契丹利。元符初，決內黃口，東流斷絕。自魏恩東至德滄入海，是謂東流。金之亡也，河始自

開封北衛州　今衛輝府。決，入渦河，以入淮。元順帝時，河暴溢，北決並河郡邑，以至曹州。從賈魯議，塞北河，疏南河，發丁夫十五萬挽河東行，由淮入海，而汝潁之兵動矣。明初，洪武二十四年，河決原武之黑羊山，屬開封府。東經開封城北五里，又南行至項城，屬開封府。經潁川潁上縣，東至壽州正陽鎮，全入於淮，而故道遂淤。舊河在開封府城四十里，東至歸德府虞城縣，達濟寧川界。永樂時，復疏故道，築堤導河，經二洪南入淮通漕，因罷海運。正統末，決滎陽，衝張秋，又決孫家渡，全河南徙。自是汴城在河之北。景泰中，復決張秋。徐有貞作九堰八閘，濬漕渠四百餘里，名廣運渠，河流始安。弘治初，決原武支為三，一衝張秋長堤，一趨中牟下尉氏，一溢蘭陽，至宿州合汴河。白昂築長堤，遏河入淮，復古汴河，導汴入泗，又疏下流諸河，河南以寧。繼又決黃陵岡，劉大夏先疏祥符、滎澤上流，又疏賈魯舊河四十里，然後於黃陵東西各築長堤三百里、金龍口二百里，河由歸德、徐州以達之淮。張秋決口始塞，名安平鎮。鎮在陽穀縣境。正德時，決曹縣，並決沛縣飛雲橋入運。嘉靖初，飛雲橋水北徙魚臺谷亭。十三年，決開封趙皮寨入淮。是年，河忽自夏邑　屬歸德府。趨東北，經蕭縣，出徐州小浮橋下濟二洪，趙皮寨尋塞。十九年，又決野雞岡，由渦口入淮，二洪大涸。自後河勢分流，所在多淤，遶豐、沛，漫秦溝，在豐、沛間。入運。朱衡始開新河。起南陽湖至留城。隆慶時，決睢寧，屬淮安府。高家堰大潰，淮水東趨桃、清。桃源、清河。萬曆初，潘季馴築高家堰，故道盡復。其後河北決蓮花口，又決荊隆口，衝張秋，已復南。三十一年，決黃莊，浸豐、沛。李化龍始開泇河。起李家巷口下至直河口。泇河，以嶧山東西兩泇水來會，故名。于慎行曰：泇河出費、嶧諸山，左合沂武，南入於淮。崇禎中，決睢、虹，睢寧、虹縣。注歸仁堤，在泗州護皇陵。又決長山，淹邳、宿。邳縣、宿遷。末年，決開封，勢又漸北。

　　以上河決考。

　　《宋史・河渠志》：河出三門、集津，過虎牢，奔放平壤，吞吐小水以百數，勢益雄猛，故虎牢迤東距海口二三千里，恒被其害，宋為特甚。始自滑臺、大伾，嘗兩經泛濫。一時建議，必欲回之。屢塞屢決，至南渡而後，貽其禍於金源氏，由不能順其就下之性也。

　　丘濬曰：古時河水有所豬，如鉅野、梁山之類，又有所分，如屯氏、赤河之類。雖以元人排河入海，而東北入海之道尚微有存者。今則河、淮合一，而清口又合沁、泗、沂三水，同歸於淮，以一淮受眾水之委，欲其無潰，不可得已。鄭曉曰：河不決於底柱之上者，河由兩山中行也。出底柱，則平原廣野，

並受關東諸山之水，水流益多，水勢益大，地形益卑，水勢益急。虞夏以前，皆都在底柱之上。商初都亳，西亳。亦在諸山中，《書》所謂適於山，降凶德是也。以後殷數遷都，就水利，反受其害。盤庚自耿遷亳，從河北而河南也。至武乙，又遷河北。至周之衰，井田漸廢，侯國爭水利者築堤以封已，避水害者亦築堤而鑿鄰，堤日多，水日束，決溢之禍，所由來也。又曰：本朝黃河之役，比漢唐以後不同，逆河性挽之東南，行濟漕運，故河患時時有之。自海運既罷，中灤運又罷，專由邗溝入淮、沔、河，以達會通河，故河不得如《禹貢》故道入北海，而河之東南行者，又分數道。蓋自經汴以來，支流益演，南出二道皆經入淮，東南出五道皆合漕以入淮，乘淮入海。今數道皆塞，止存徐沛一道。河流大而所受狹，不能容，勢必橫溢而決，決而東南，有山限閡，為禍不大；決而東北，非東昌則河間等處，故往歲張秋之潰，運道不通，為禍不小。既防決臨清，又防決濟寧，又防決徐州，又防決潁壽，以犯鳳陽，又欲遏其流不南出、不北走，循我運道而接江淮之舟，此其計誠難也。徐階曰：明興，九河之跡既遠，然其始自汴而出者，河猶有六，出滎澤者，至壽州入淮；出祥符者，至懷遠入淮；出長垣者，至陽穀入漕；出曹州者，至魚臺入漕；出儀封者，至徐之小浮橋入漕；出沛之南者，飛雲橋入漕；出徐沛之中鏡山之北者，溜溝入漕。此猶有禹分之遺意。其後或塞或微，或並為二，或合為一，而河之道愈寡，其力愈專，則其決固宜。

王樵曰：嘉、隆以來，雲梯關海口 在淮安。有漲沙甚大，是以上流益壅。徐州河身高於城郭，呂梁無復昔日之險。徐、沛、淮揚數百里間幾於閭殫為河矣。黃水至漫入寶應湖，說者謂河有注江之勢。夫河若入江，尚有淮揚耶？

袁黃曰：河水半混泥沙，急則行，緩則澱，故禹自河州、蘭州而北，大同、岢嵐而南，直至華山之陰，皆引之由兩山間，使相激蕩，而泥不得積。及龍門而下，懼其將入平地而奔潰四出也，則疏三門、七津，為之節蓄。水流至此，崩轟沖激，泥沙先下而清水隨之，故底柱真如柱，析城真如城，王屋真如屋，皆鱗次植立於河中。自唐貞元時，王琪開運道，將諸山險阨相繼鑱夷，而大禹導山節水之意失矣。又曰：昔陳平江、瑄。宋司空 禮。之治會通河也，驅汶水逆流出南旺，北至安民山，地降九十尺，因析六分之水，北達臨清；為閘十有七。南至沽頭，地降百十有六尺，因析四分之水，南接徐沛。為閘二十有一。貯六分之水者，其閘長；貯四分之水者，其閘短。後人以意增損，而水之分數紊矣。紊而長淤，固其宜也。顧不此之察，乃更閘而東焉。當時故閘由茶山而南，地甚峻，勢如建瓴，故入河無礙。後更夏鎮以南，地平而水緩，黃強清弱，每

會必淤，此河渠之一壞也。徐州、呂梁二洪，其流甚駛，其石如牙。永樂間，運道初開，人惡其傷舟，欲稍平之。宋司空不可，蓋欲藉山之險、激水之流，使泥沙先下而河流不壅。後人相繼磨其崖石，而呂梁無洪矣。無洪則水平而河身漸高，此河渠之再壞也。至淮河入海之處，平曠無山，而海沙逆上，尤易壅塞。陳平江就山陽之滿蒲村累石為山，蜿蜒千尺，即古鋸牙遺制。鋸牙，見《宋史》。水得翻騰踴躍以入海，俗謂之磯嘴，取相激而名，今皆沒於土中，此河渠之三壞也。

以上言河患之由。

賈讓曰：古者立國居民，必遺川澤之分，度水勢所不及。今徙冀州之民當水沖者，決黎陽遮害亭，在頓丘。放河使北入海。河西薄大山，東薄金堤，勢不能遠，泛濫期月自定。此功一立，千載無患，謂之上策。若多穿漕渠於冀州地，使民得以溉田，分殺水怒，謂之中策。至若繕完故堤，增卑倍薄，勞費無已，數逢其害，此最下策也。蓋堤防起自戰國，齊、趙、魏以河為竟，作堤去河各二十五里。雖非其正，水尚有所游盪，時至而去，則填淤肥美，小民耕作其間，並起宅室，久成聚落，更恃堤為命，是與水澤爭處所，湛溺固其宜也。

歐陽玄曰：治河一也，有疏、有濬、有塞。醴河之流，因而導之，謂之疏。去河之淤，因而深之，謂之濬。抑河之暴，因而扼之，謂之塞。疏、濬之別有四，曰生地，曰故道，曰河身，曰減水河。生地有紆直，直者鑿之。故道有高卑，卑者平之。河身有廣狹，狹難受水，以計闢之；廣難為岸，以計禦之。減水河者，水放曠則以制其狂，水奔突則以殺其怒。治堤一也，有刱築、修築、補築，有刺水堤、截河堤、護岸堤、縷水堤、石船堤。治埽一也，有岸埽，有水埽，有龍尾、攔頭、馬頭等埽。其為埽臺及推卷、牽制、薶掛之法，有用土、用石、用鐵、用草、用木、用緉、用絙。塞河一也，有缺口，有豁口，有龍口。缺口者，已成川。豁口者，舊常為水所豁。龍口者，水之所會，自新河入故道之濼也。賈魯常言：水工之功，視土工為難。中流之工，視河濱為難。決河口，視中流又難。十丈之口，視百丈為難。北岸之功，視南岸為難。用物之效，草雖至柔，能狎水。水漬之生泥，泥與草並力，重若碇然，維持夾輔纜索之功實多。

余闕曰：河自漢末入千乘、海口，而德、棣之河又播為八，水多泄而力分，偶合禹跡，故自東都迄唐，河不為患者千餘年。至宋而東南入淮，與武帝時無異。然南方之地本高於北，河之南徙難而北徙易。袁黃亦云山脈自兗南行，勢同奔馬。故大河在梁、冀之郊，北流為順；邳、淮以下，北行則逆。自宋南渡至今，謂元。殆二

百年，而河旋北。議者以為河之北則會通之，漕廢，當築堤，起曹南，訖嘉、祥，獲嘉、祥符。東西三百里，以障遏之，不使之北。予則以為河北而會通之，漕不廢，何也？漕以汶而不以河也。河北則汶，自彭城以下必微，微則吾有以制而相之，亦可以舟以漕，《書》所謂浮於汶，達於濟者也。

霍韜曰：三代以前，黃河東北入海。今宜自河陰、原武、懷孟之間審視地勢，引河水注衛河。冬春水平，漕舟由江入淮，泝流至於河陰，順流至於衛河，則一舉而得兩運道，不惟徐沛水患可殺其半，而京師形勢亦壯一倍。

潘季馴曰：議者因海壅河高致決堤四溢，遂以濬海為上策，不知漲沙當海口之中，潮退則見，潮長則沒，無可施之處。縱乘潮退施功，而一沒之後，濁流淤沙，隨復如故矣，故海無可濬之理。惟當導河以歸之海，繕治河防，俾無旁決，則流合勢勇，沙隨水去，海口自不虞淤。若堤日繕而決日聞，非庳薄不能支，即迫近不能容，與雜以浮沙而不能久耳，誠多築縷堤　縷，水堤近河濱者。以束之，又為遙堤，離河六七里，任伯雨云：河止宜寬立河防，約攔水勢，使不大段漫流。此即遙堤之意。使水有所游盪。築必以真土，則復何患哉？如上流聽其旁決，下流復岐而分之，水勢益分，則其力益弱，安能導積沙以達之海乎？支河一開，正河必塞，近事良可鑒也。

李化龍曰：河自開歸而下，合運入海，其路有三。由蘭陽　屬開封府。道考城，屬歸德府。過堅城集，在碭山。出茶城而向徐邳，是名濁河，為中路。由曹軍經豐沛，泛昭陽湖，出秦溝而向徐邳，是名銀河，為北路。由潘家口經符離，道睢寧，入宿遷，出小河口入運，是名符離河，為南路。南路近陵，北路近運，惟中路不南不北，既遠於陵，亦濟於運，此守行堤、開迦河，無容再計也。

愚按：河決於北，則急在張秋；決於南，則急在徐沛。總之，河與運不可合。先朝開新河、迦河，又開駱馬河，皆以遠河安漕，使不至衝入為害也。今又決張秋以北，或遂欲求九河故道，獨不慮河貫會通，則汶、泗諸泉流皆從之入海，是尚有漕渠乎？賈讓下策在今日反為上策，特須得其人而任之耳。

以上言治河之策。

**嶓冢導漾，東流為漢，又東為滄浪之水，過三澨，至於大別，南入於江；東匯澤為彭蠡，東為北江，入於海。**漾，《史記》作瀁。

孔《傳》：泉始出山為漾水，東南流為沔水，至漢中，東流為漢水。鄭樵曰：漾水東流為沔水，故地曰沔陽。又東至南鄭，為漢水。黃度曰：漢有沔、漾之名，皆東漢水也。《地理志》：西漢水出西縣嶓冢山，南入廣漢白水，蓋潛漢也。經不著

其所出，自古皆以為東、西兩漢俱導嶓冢，則或然矣，而西漢固無沔、漾之名。《漢志》：漾水出隴西氐道，至武都為漢。武都東，漢水受氐道水，名沔。是則沔、漾俱為東漢也。獨氐道、武都脈絡不通，川渠阻隔。武都受漾為不可據，而桑欽遂徙氐道漾水為西漢之源，由是愈紛錯。酈道元委曲遷就，通之以潛伏之流，證之以難驗之論，更覺齟齬。故當盡廢諸說，而一之以經文。杜佑《通典》：秦州上邽縣嶓冢山，西漢所出，經嘉陵，曰嘉陵江；經閬中，曰閬江。漢中金牛縣嶓冢山，禹導漾水至此，為漢水，亦曰沔水。其說為可據。

愚按：漾訓泉始出，蓋漾出嶓冢時，涓流未盛，故於嶓冢不曰導。漢江自岷山以上猶未汎濫，至徑汶關，歷氐道，則其流已大，故於岷山直曰導江。

又按：古稱漢源有二，韓邦奇謂鞏昌嶓冢是漢源，漢中無嶓冢。沔水出金牛山，注見梁州。人既誤以為漢水，遂以金牛為嶓冢。考《一統志》云：漢江在漢中府城南三里，出沔縣嶓冢山。沔水在襃城縣南四里，出古金牛縣界，東至南鄭，合漢水。大抵沔、漢不同源，《書傳》之誤容有之，今未敢以臆斷也。

《水經注》：武當縣西北四十里，漢水中有洲，曰滄浪洲，水曰滄浪水。鄭樵曰：漢水東南過南漳荊山，為滄浪之水。《一統志》：滄浪水在均州北四十里。《湖廣通志》：漢水至武當縣為滄浪水，過潛江縣為沔水。或以《禹貢》滄浪在沔陽州者，非是。不言過而言為者，明非他水決入也。

孔《傳》：三澨，水名，入漢。《水經注》：《地說》：沔水東行過三澨，合流至大別山陂。故馬融、鄭玄、王肅皆作水名，鄭云在竟陵縣界。蔡《傳》：今郢州長壽縣磨石山發源，東南流者名澨水，至復州景陵縣界，又名汊水，疑即三澨之一。《湖廣名勝志》：唐武德初，析漢陽置漢川縣，以廢縣南汊水為名，即《左傳》澨水也。《承天府志》：景陵有三參水，又有三汊水，云是三澨。

愚按：許慎云：澨者，埤增水邊土，人所止也。《春秋傳》有勾澨、文十六年，楚軍次於勾澨。漳澨、宣四年，楚令尹子越師於漳澨。雍澨、定四年，左司馬戌敗吳師於雍澨。薳澨。昭十三年，司馬薳越縊於薳澨。杜預《注》作水際及邊地，名與孔《傳》不合。韓邦奇謂三澨，汊澨、漳澨、薳澨也，在京山縣西八十里。考各志，或云在沔陽，《湖廣志》：沔陽州黃蓬之山，下枕大江，其東南有三澨，北即滄浪水。《沔陽志》謂石家河為澨。或云在京山，《京山志》謂馬溪河為澨。或云在景陵，《湖廣志》：三澨水在景陵縣南三十里，自安陸達景陵，發源長壽鄉磨石山。俱無確記。今沔陽、景陵皆古竟陵地，與康成所云合。或一水而經三地，故有三名。然桑、酈諸家已不能辨其津途，未可以今流傳古蹟矣。

大別，見導山，漢水入江處。孔《傳》：匯，迴也。水東迴為彭蠡大澤。彭蠡，見揚州。鄭曉曰：江初匯於洞庭，南受沅、湘，諸水過此匯於鄱陽，南受嶺北豫章諸水。洞庭、鄱陽二湖俱當南水北入江處，猶今畎澮。北兩港相交，即成大漾。蔡《傳》：入海在通州靜海縣。今揚州府通州海門縣。

朱子曰：彭蠡在大江之南，自今江州湖口縣南跨南康軍饒州以接於隆興府之北，彌漫數十百里。其源則東自饒、徽、信州、建昌軍，南自贛州南安軍，西自袁、筠，以至隆興分寧諸邑，方數千里之水皆會而歸焉。北過南康、揚瀾左里，則西岸漸迫山麓，廬山。而湖面稍狹，遂東北流以趨湖口，而入於江矣。然以地勢北高而南下，故其入江也，反為江水所遏而不得遂，因卻而自豬以為是彌漫數十百里之大澤。則是彭蠡之所以為大澤者，初非有仰於江漢之匯而後成也。不惟無所仰於江漢，而眾流之積日邁日高，勢已不復容江漢之來入矣。又況漢水自漢陽軍大別山下南流入江，則其水與江混而為一已七百餘里，今謂其至此而後。一先一後，以入於彭蠡。既匯之後，又復循次而出，以為二江。則其入也，何以識其為昔日之漢水而先行？何以識其為昔日之江水而後會？其出也，何以識其為昔日之漢水而今分之以北？何以識其為昔日之江水而今分之以居中耶？且以方言之，則宜曰南會，而不應曰東會；以實計之，則湖口之東但見為一江，而不見其分流也。今湖口橫渡之處，其北則江漢之濁流，其南則彭蠡之清漲而已。蓋彭蠡之水雖限於江而不得泄，然其既平，則亦因其可行之際而未嘗不相持以東也，烏覩所謂中江、北江之別乎？

吳澄曰：漢水南入於江，乃循江北岸東行，為江之北而入於海。夫漢既入江，與江混為一水，而又曰「東為北江，入於海」，似別為一水，何也？蓋漢水源遠流大，與江兩相匹配，與他小水入大水之例不同，故漢得分江之名而為北江也。記其入海者，著其為瀆也。三瀆皆自為一瀆，惟江與漢共為一瀆，不以漢附於江而沒其入海之實，故於漢、於江並言入海而為瀆也。若漢不為瀆，則「東為北江，入於海」七字衍文，此鄭樵說。而其序當殿導江之後矣。

韓邦奇曰：曰東匯、曰東為者，謂漢自西東流而匯為彭蠡，又東流而為北江，非謂漢之東邊也，何足疑哉？

愚按：《爾雅》江、河、淮、濟為四瀆，而不及漢，以漢本附江為瀆也。入江之後，不得復稱漢，故曰北江。蘇氏嘗味之說既迂，朱子兩江不分之辨亦贅。

《水經》：沔水出武都沮縣　今漢中府寧羌州略陽縣，皆漢沮縣地。狼谷中，東南流注漢，曰沮口。按《地理志》：沮水出東浪谷，南至江夏沙羨，南入江，過郡五，行四千里，是沮水即沔水也。又東徑沔陽城　在今漢中府沔縣西。南，又東過南鄭　今屬漢中府。城固　今屬漢中府。縣南，又東過魏興、安陽、今漢中府從陰縣。西城　今漢中府金州。縣南，又東徑鄖鄉縣　今鄖陽府鄖縣。南，又東北流，又屈東南，過武當縣　今襄陽府均州。東北，酇縣　今襄陽府光化縣。西南，又南徑築陽縣　今襄陽府穀城縣。東，又東過襄陽縣　今屬襄陽府。北，又南過宜城縣　今屬襄陽府。東，又徑鄀縣　《左傳》：楚自郢遷鄀。南，又東南自荊城東南流徑當陽縣之章山　即內方。東，又東南徑江夏雲杜縣　故城在今沔陽州景陵縣西北。東，又東徑沌陽縣　今漢陽府漢陽縣。北，又南至沙羨　音夷。縣　今武昌府江夏、蒲圻縣皆漢沙羨地。北，南入於江。郭璞曰：至江夏安陸縣，江即沔水。今漢陽府漢安、陸縣地。《一統志》：自夏水入沔之後，兼流至漢陽，曰南沔。夏水，見荊州。按：史傳多稱沔水，即漢水。今考漢水在漢陽府城北五里，沔水在漢陽府城西南三十里，源出襄水，南入大江，與漢水合。《一統志》曰：二水源流不同，惟《書疏》引應劭云：沔水下尾與漢合，乃入江。為得其實。

祝穆曰：班固所謂東漢，則《禹貢》之漾。漢自嶓冢山徑梁、洋、金、俱漢中府。房、鄖陽府。均、襄、俱襄陽府。郢、復、俱承天府。今景陵縣，隋復州。至漢陽入江者也。西漢則蘇代所謂漢中之甲，輕舟出於巴，今巴州。乘夏水　謂夏潦水盛漲時也。下漢，四日而至五渚者。其源出西和州　今鞏昌府西和縣。《雍大記》：西漢水在西和縣西南。微外，徑階、今鞏昌府階州。沔，今漢中府沔縣。與嘉陵江合，又徑大安、宋大安軍，屬利州路。利、今廣元縣。劍、今劍州，俱屬保寧。果、今順慶府南充縣。合，今順慶府合州。與涪水合，至渝州入於江。按：班固以嘉陵江為西漢，程大昌嘗辨其非。考《近志》，閬水、巴水、渝水、嘉陵水，皆漢水之異名。

夏允彝曰：漢水性曲，其流十里九灣，語曰：勁莫如濟，曲莫如漢。今考漢發嶓冢，抵上津，鄖陽府上津縣。入鄖地，流至漢陽與大江合。其受害者，鄖、襄、承、漢四郡，而襄、承為甚。襄陽古有大堤曲，知堤防之設，自漢世已然。關忠義決水灌樊城，是漢水為襄、樊害最切。國朝水流故道，不溢為災，故大堤漸毀，民多侵為已業。嘉靖末，洪水四溢，漂潰以數萬計，承天則以支河盡塞，而下流竹筒湖復淤，下滯上氾，固水患之原也。童承敘曰：漢水最濁，與河水相似，每多填淤，而沮澤之區因成沃壤，故堤防為急。

**岷山導江，東別為沱，又東至於澧，過九江，至於東陵。東迤北，會於匯，東為中江，入於海。**澧，《漢書》作醴。於匯，一本作為匯。

易氏曰：考《元和志》，岷山近在茂州，而江源遠出西徼，在松州之境外。唐松州，今松潘衛。

愚按：范成大謂江源來自西戎萬山中，由岷山洞壑出。世云發源茂州羊膊嶺，乃就中國所見言之耳。考《近志》，汶江出松潘衛之甘松嶺，東經衛城，達迭溪所，西南與黑水合，入茂州，西南至威州，過汶川，轉而東南，至灌縣。《江源志》則云出臨洮之木塔山。臨洮在松潘北，復千餘里，則江源之遠幾與大河埒耶？恐主松潘之說為是。今松潘衛城東三十里有雪山，或云即岷山。《指掌圖》：松潘至成都界七百餘里。

孔《傳》：江東南流，沱東行。《正義》：以上言浮於江、沱、潛、漢，其次自南而北，江在沱南，知江東南流而沱東行。按：此是荊州江、沱，東別為沱，自在梁州。孔氏以荊、梁二州本一沱水，故云然耳。金氏履祥曰：江至永康軍導江縣，今成都府灌縣。諸源既盛，遂分為沱，東至眉州彭山縣，復合於江。

愚按：沱水分自灌縣。酈道元云開明之所鑿，開明，蜀帝杜宇之相。郭景純所謂玉壘，玉壘山，在灌縣西北。作東別之標者也。李冰壅江作堋，別支流雙過郡下，《水經注》：一名郫江，一名檢江。揚子雲《蜀都賦》：兩江珥其前，是也。大溉蜀郡之田。今二江來自成都西北，而合於郡之東南。《宋·郡縣志》：李冰開二渠，一由永康過新繁入成都，謂之外江；一由永康過郫入成都，謂之內江。蜀人以此水濯錦鮮明，名錦江。呂大防謂此即沱江支流。《四川總志》：沱江一在新繁縣治西北十五里，一在灌縣南十五里。

孔《傳》：澧，水名。《正義》：鄭玄以經自導弱水以下，言過、言會者，皆水也；言至於者，或山或澤，皆非水也。故以合黎為山名，澧為陵名。孔以合黎與澧皆為水名。弱水餘波入於流沙，則本源入合黎矣。合黎得容弱水，知是水名。《楚辭》：濯予佩兮澧浦，是澧亦水名。《漢·地理志》：澧水出武陵郡充縣歷山，《湖廣名勝志》：澧水發源岳州府慈利縣西之歷山。慈利，本漢充縣地，晉臨澧。東至長沙下雋入沅，《水經》：至下雋西北，東入於江。過郡二，武陵、長沙。行一千二百里。《水經注》：澧水東徑零陽、今岳州府石門縣。澧陽、今岳州府澧州。孱陵，今岳州府安鄉縣。流注於洞庭湖。按：澧水，即今九溪，至慈利與溇水會，稱溇澧；至石門與渫水會，稱渫澧；至澧州與涔水會，稱涔澧；至安鄉與澹水會，稱澹澧。王仲宣詩：悠悠澹澧，是也。

袁中道曰：澧居江、沅之中，與九水分源合派，以至洞庭。虞喜以為江、沅別流，誤矣。當懷襄之時，雲夢一壑，江身不可復辨。禹之導水，必於高阜之處為之表識。自夷陵以下，高阜多山，宜莫如澧。由澧導之江，偕九水入洞

庭，以趨潯陽，雲夢始出，而江流乃了了可辨。《水經注》：於江陵枚迴洲之下有南北江之名，即江水由澧入洞庭道也。陵谷變遷，今之大江始獨專其澎湃，而南江之跡僅為衣帶細流，然會澧故道猶可考耳。今江自夔門下荊州，不復至澧。

金氏履祥曰：江南受青衣、大渡、馬湖，江北受嘉陵江，又南受黔江，在辰州府。出三峽，而後東注於澧。不書諸水，以梁州蔡、蒙、和、夷、潛、沔皆互見，而三峽天險非入都通道，計不施功，故略之也。

九江，見荊州。樂史曰：大江在巴陵東北流入洞庭。今洞庭水會於江，非江流入洞庭矣。《一統志》：大江從荊州府石首縣北流過城陵磯下，合洞庭諸水，入臨湘縣。其流清者為洞庭，濁者為大江。城陵磯，在岳州府城西北平五里。孔《傳》：東陵，地名。蔡《傳》：今岳州巴陵縣也。羅泌曰：巴陵與夷陵相對為東西，夷陵曰西陵，歐陽修曰：夷陵州當峽口，江出峽始漫為平流，天下之險至是而始平夷。則巴陵為東陵信矣。《岳陽風土記》：巴陵本下雋縣之丘。郝敬曰：西北山高土平，東南地卑多丘阜，故荊州諸郡古多稱陵，竟陵、江陵、巴陵、茶陵、零陵、武陵、沅陵、邵陵是也。與荊接壤者，亦曰盧陵、歷陵、陰陵。故《唐志》以岳州為巴陵為是。九江蓋在東陵而上，必不在彭蠡下也。且以大水受小水謂之過；二水相受，大小均謂之會。河水東過洛汭，北過洚水，洚、洛之水入河，河水過之而已。漾過三澨，渭過漆沮，亦猶是也。若云江分九道，則經當云播為九江，不云過矣。朱子曰：過九江至於東陵者，言導岷山之水，而是水之流橫截乎洞庭之口，以至東陵也。是漢水過三澨之例也。過九江至於敷淺原者，言導岷陽之山，而導山之人至於衡山之麓，遂越洞庭之尾，東取山路以至於敷淺原也。是導岍、岐、荊而踰河以盡恒、碣之例也。

愚按：江水東過夷陵為西陵，南過洞庭為東陵。自《地理志》云九江在盧江西北，酈道元因之，故以盧江郡之東陵鄉為《禹貢》東陵，與江夏郡之西陵今黃州府，漢為西陵。對言，誤也。

孔《傳》：迆，溢也。《正義》：迆，靡迆邪出之意，許慎曰：迆，邪行也。故為溢也。東溢分流，又都共聚合北會彭蠡，言散流而復合也。金氏履祥曰：東迆北會於匯，當作會於漢，蓋江勢迆北處正受漢口，若至彭蠡，則東流久矣。茅瑞徵曰：江、漢皆自西來，至其合處，則迆邐相屬。漢水稍折而南，江水稍折而北。蓋江在漢南，漢在江北，其勢相屬，故會於彭蠡而復東也。又曰：東迆北會略斷與南入於江對，為匯與東匯澤為彭蠡對。自漢視江，若漢小江大，故言入；自江視漢，江固大，漢亦不小，故言會。郝敬曰：江南諸水在衡山東北者，由袁州、臨江諸府北至彭蠡入江；在庾嶺以北者，由贛州、吉州、南安諸府亦北至彭蠡入江。

但地勢西北高，東南下，江北受漢之委，而南不全受彭蠡之委，故於大別言入，而東陵以下言匯。

愚按：江與漢會在漢陽、大別，又東流七百餘里至鄱陽湖，不當云北會於匯。《注》《疏》謂江水分流，會合彭蠡，其水道無從考證。且江之合漢，乃其大者導漢。既曰南入於江，則導江豈得略之而不書耶？惟金氏說得之，而經文不可輕改。匯，《疏》以北會者，會漢也。於匯作為匯義，始可通。

吳氏澄曰：江與彭蠡合流之後，凡千四百里入海。江之入於海也，必曰為中江，何也？蓋《禹貢》以江、漢共為一瀆，漢分江之半為北江，故江不得專江之名。漢為北江，則江當為南江。然循南江面岸有彭蠡湖水，若曰南江，恐疑為指湖水而言。以江水行於湖水、漢水之中，故曰為中江也。曾氏曰：湖漢九水東至彭蠡入江，此南江也。南江乃江之故跡，非禹所導。禹導漢水入焉，與舊江合流而分南北，故漢為北江。又導岷山之江入焉，其流介乎二江之中，故江為中江。南江乃故道，故經不志。

邵寶曰：江、漢水漲，彭蠡鬱而為巨浸，無仰其入而有賴其遏，彼不遏則此不積，所謂匯也。匯言其外，蠡言其內，於匯不於彭蠡，勢則然也。若夫江、漢之合，茫然一水，惟見其為江也，不見其為漢也，故曰中江，曰北江。然其勢則相敵也，故曰江漢朝宗。《集注》謂經誤者，非是。韓邦奇曰：今通州等處土人猶有上江、下江之稱。

張吉曰：江、漢二條，朱、蔡皆以彭蠡乃江西諸水所瀦，固無仰於江、漢之匯，而江、漢二水並持東下，又不見所謂北江、中江，執是以疑經之誤。其說甚備。愚嘗親歷其地，而以經文證之，乃知經文無誤也。夫匯本訓迴，乃下流泛濫，他水勢不能泄，於是迴旋停潴，瀦而為澤之謂也。今春夏之間，江、漢水漲，則彭蠡之水鬱不得流，而逆注倒積，濟為巨浸，茫然數百餘里，無復畔岸。其匯為澤，蓋如此。雖無仰於江、漢之所入，然實賴其下流充牣，故湖水壅閼阻抑而不能出，方能成其澤爾，非謂江、漢之水截入澤內而為匯也。若其截入為澤，則但如他條曰至、曰入可也，何必變文言匯哉？此東匯澤為彭蠡，東迤北會為匯，本無誤矣。漢水不言會者，為江水所隔，與彭蠡不相接也；江水不言彭蠡者，與漢互見也。迨夫二水漸消，則彭蠡之水溢出大江，循南岸而行，與二水頡頏趨海，所謂其北則江、漢之濁流，其南則彭蠡之清漲是也。第江水瀋發最在上流，其次則漢水自北岸而入，又其次則彭蠡自南岸而入，三水並持東下，則江為中江，漢為北江，而彭蠡之水入江並流為南江者，不言可知，

非判然異派之謂也。此東為北江，東為中江，入於海，亦無誤。而朱子、九峯皆不能無疑於斯，何歟？況經文簡奧，其言南入於江，東匯為澤，蓋亦無遠不包，而曰南、曰東，與今水道屈折迤邐，勢正相符。今卻云經文有謬，與今水道全然不合，此不可曉也。又江水自東陵而下，漢水自漢陽而下，其勢皆漸趨東北，湖口為江、漢所匯之處，正在東陵、漢陽東北，與經文亦合。今卻云於漢水則宜改南匯彭蠡，於導江則宜改南會於匯，此又不可曉也。若夫所謂橫截南入於鄱陽，又橫截而北流為北江，又謂至此而後，一先一後以入彭蠡，既匯之後，又循次而出，以為二江，此自說者之誤，非經文之誤也。蓋經意以為漢雖入江，而自循北岸以達於海，故有東匯北江入海之文。朱子偶未之思，以為二水既合，則有江無漢，故既疑其誤，而復有取於鄭樵之說，以「東匯澤為彭蠡，東為北江，入於海」十三字為衍文。蔡氏篤信朱子，不復別求其說，遂再立論以疑經，皆非也。或曰：南之有江，猶北之有河，皆大水也。然渭水、洛水皆入於河，不言中河、北河，安知中江、北江之說不為誤乎？是不然。河源遠出悶磨黎山，自積石、龍門而下，氣勢雄猛，流波洶洽。而渭、洛二水近出鳥鼠、熊耳諸山，不數百里遂達於河，幾不能見，安得與河為敵？若漢源出於嶓冢，與江源既不甚相遠，而其通流之地大小雖殊，終不相掩，則漢雖入江，猶得紀其為匯、為江入海之實，夫豈過乎？河可以包渭、洛，而江不得以包漢，故兗州則曰九河既道，不兼渭、洛而言；荊州則曰江、漢朝宗，對舉二水而並言之。經之立義精矣。

黃潤玉曰：江水東出巫峽，則分流為沱，凡出沔南者皆是也。正流東至澧，乃荊之南境。近沿江築圩而田，獨華容縣章華臺下仍通川水。九江，即洞庭湖所受澧江、黔江、沅江、益陽江、安鄉江、湘江、耒江、瀏陽江、平江九水，漲則彌漫港汊。東陵，即岳陽城陵之境，又東一帶迤北，皆與前沱水會為匯澤，故沔南之湖澤最廣。今江水沖直城陵磯而臨江驛，在巴陵。至岳陽湖口六十里，皆淤沙漲起，南環湖，北沿江，塞隘九江之口，其章華臺之水亦淤窄矣。凡江自澧以西，名上江；東陵以東，名中江；彭蠡以下，名北江。而序江、漢皆曰東者，主岷、嶓居西而云，非指曲折所向為文也。此說與正注不合，存之備考。

《漢·地理志》：江水出蜀郡湔氐道岷山，東南至廣陵國江都縣入海，過郡七，按《水經》：江水徑蜀郡、犍為、巴郡、南郡、長沙、江夏、豫章、廬江、丹陽、會稽，凡十郡。行五千六百六十里。《水經》：江水自天彭闕東 《益州記》：江源發羊膊嶺下，東南百餘里至自馬嶺而歷天彭闕。徑氐道縣北，又東別為沱，又徑都安、今灌縣。

臨邛、今邛州。江鄉，即江源縣，今崇慶州。又東北徑郫縣，注見梁州。又東徑成都、今成都府治。廣都，今成都府雙流縣。又東南過犍為、武陽，注見梁州。青衣水、沫水西南來注之，俱見梁州。又東南徑南安縣，今眉州丹棱縣。又東南過僰道縣　注見梁州。北，若水西來注之，若水出蜀郡旄牛徼外，今名馬湖江。又東過江陽縣　今瀘州。南，洛水東南注之，洛水出洛縣章山，徑新都縣與綿水、湔水合入江。又徑安漢、今順慶府西充縣。符縣　今敍州府地。北，又東北至巴郡江州縣　今重慶府巴縣。東，漢水、西漢。宕渠水　見梁州。南流注之，又東至枳縣　今重慶府長壽縣。西，又東徑臨江、今重慶府墊江縣。朐忍、今夔州府雲陽縣。魚復、今夔州府奉節縣。巫　今夔州府巫山縣。縣南，又東過秭歸、今荊州府歸州。信陵、今荊州府巴東縣。夷陵　今屬荊州府。縣南，又東過夷道縣　今荊州府宜都縣。北，又東徑江陵故城　今荊州府治，楚舊都，酈《注》：縣有枚迴洲，江自此分南北。南，又東至華容縣　故城在今荊州府監利縣。西、公安縣　今屬荊州府。北，又東至長沙下雋縣北，澧水、沅水、資水東流注之，湘水南來注之，俱見荊州。又東北至江夏沙羨縣　今武昌府江夏縣。西北，沔水北來注之，見前。又東徑魯山南，即大別山。又東徑邾縣　故城在黃州府城西北一百二十里。南、鄂縣　今武昌府武昌縣。北，又東徑西陵、今黃州府黃岡縣。蘄春縣　今黃州府蘄州。南，又東過彭蠡澤，又東北出居巢縣　今廬州府巢縣。南，又東至石城縣，今池州府貴池縣。分為二，其一東北流，其一過毗陵縣　今常州府江陰縣。北，為北江。《水經》多錯簡，東過彭蠡澤以下係移沔水補入。黃潤玉曰：江水至蕪湖縣，一派入太湖，由松江入海。

愚按：古東壩未築，江水南東注於具區，見《水經注》。故《地理志》云：江水自石城東出，徑吳國南入海者為南江，今吳松江。從毗陵北入海者為北江，今大江。從蕪湖至陽羨　今宜興縣。東入海者為中江。今荊溪。《一統志》：荊溪上通蕪湖，下注震澤，達松江而入於海。其說未嘗謬戾，但與《禹貢》中江、北江之文相亂。若以傅會震澤下流之三江，則益非耳。《水經》所云南北，則東徑宣城、寧國至會稽餘姚縣東入海，並非班固所謂南江也。考會稽之浙江，乃發源徽黟，音伊。流派與岷江迴別。許慎、闞駰諸人多言江水至山陰合浙江，蓋為《水經》所誤，酈善長譏之當矣。鄭夾漈《通志》：自彭蠡以下，又東右過江寧，丹陽水南來入焉；今丹陽湖在溧水縣。又東左過江都，邗溝出焉；又東過江陰許浦入海。此據今日水道，甚合。

考《水利志》，江源在羊膊嶺，分二派，一西南流為尖囊大渡河，《一統志》：大渡河出巂州界，東至嘉定入岷江。一正南流至石紐，《括地志》：石紐山在茂州汶川縣西

七十三里。今龍安府石泉縣北有石紐鄉，大禹生此。歷灌縣境。灌之上流有水出龍溪口、白沙口，同會於灌。經灌西南流者為南江，即禹所導岷江也。自李冰鑿離堆引江水循灌城，東注北折，於是始以東南正流為南江。經離堆，薄灌城，而東北注者為北江。北江自寶瓶口穿三泊洞而北注者為外江。外江北經崇寧、彭縣、新繁、漢州界，出金堂峽。自寶瓶口直東入五斗口而東北注者為內江。內江東經郫縣、崇寧界，過府城北以趨於彭，合彭山、金堂諸水，會於瀘州，合綿、涪諸水，並嘉陵江，經合州會於重慶。遠近溉田，不可勝計。近世設都江堰在岷江中流，歲費鉅萬。李冰嘗題深淘灘、淺作堰，此治之之法也。

**導沇水，東流為濟，入於河，溢為滎，東出於陶丘北，又東至於菏，又東，**東字讀。**北會於汶，又北，**北字讀。**東入於海。**沇，音兗。《漢書》溢作軼。

孔《傳》：泉源為沇，流水為濟。《水經》：濟水出河東垣縣　今山西平陽府絳州垣曲縣。東王屋山，為沇水；《山海經》：王屋之山，灟水出焉。《注》：灟、沇聲相近，即沇也。灟，音輦。又東至溫縣　今屬懷慶府。西北，為濟水。酈道元曰：潛行地下，至共山南復出於東丘，在原城東北。原城在今懷慶府濟源縣。又曰：濟水出溫城西北平地，《疏》云：濟水所出，在溫城西北七十里。水有二源，東源出原城東北，俗謂濟源城，其水南流與西源合；西源出原城西。蔡《傳》：沇水東源周七百步，其深不測；西源周六百八十五步，其深一丈，合流至溫縣。《河南志》：濟水發源王屋山頂五斗峯下之太乙池，伏流東行九十里，復見於濟源縣西三里，匯為二池，所謂濟源池也。李濂曰：東池即東源，周僅百餘步，亦不甚深。西池即西源，周如東池，深溢三四尺耳。鄭曉曰：王屋山有三處，蔡《傳》在山西垣曲縣，今一見山西陽城縣，一見河南濟源縣，實一山也，綿亙數縣。然沇水發源處則在濟源西八十里。羅泌曰：兗、濟二郡，正以是名。濟源在河東，濟南、濟北、濟陽、濟陰皆在河南。《水經注》：濟水南歷虢公臺，在今溫縣。《皇覽》：溫城南有虢公臺，基址尚存。西南流注於河當鞏縣　注見豫州。北。孔《傳》：濟水入河並流十數里而南截河，又並流數里溢為滎澤，在敖倉東南。《正義》：濟既入河，與河相亂，而知截河過者，以河濁濟清，南出還清，故可知也。

滎，見豫州。《水經》：濟水與河合流，東過成皋縣　今懷慶府汜水縣。北，又東過滎陽縣　注見豫州。北，又東合滎澤。《後漢·郡國志》：王莽時旱，清水但入河，而已不復截河而南。《述征記》：物之不同，猶鉛錫也。北濟既入於河，性與河別，不能混合，滲漉入地伏行，而溢為滎爾。《爾雅》：再成曰陶丘。李巡曰：再成，其形再重也。《釋名》：陶丘於高山上一重作之如陶竈然。郭璞曰：在濟陰定陶　注見豫州。

城中。《漢‧地理志》：濟陰郡定陶縣西南有陶丘亭。《一統志》：陶山在東昌府館陶縣南，館陶鎮西北七里微有土阜，即《禹貢》陶丘。又濟南府肥城縣西三十里有陶山，連兗州府平陰縣界。按：陶丘當以定陶為據。《一統志》所載陶山，皆與定陶相遠，更詳之。陳師道曰：濟入於河，東出於陶丘北者，入而復出也。溢為滎者，濟之別也。滎波既豬，障而東之也。《周官》又謂豫之川，河、洛，幽、兗之川，河、泲，則河南無濟矣。鄭曉曰：濟自滎澤伏地中，歷鄭州、中牟、祥符、杞縣、歸德，北抵山東，至定陶方出，去河數百里方能達河。

菏，即菏澤，見豫州。《水經》：濟水東至乘氏縣 注見青州。西，分為二，南為菏水，酈《注》：菏水又東與鉅野、黃水合。黃水上承鉅澤諸陂。北為濟瀆。濟瀆，濟故瀆也。酈《注》：濟水與濮水合，同入鉅野。《郡縣志》：兗州魚臺縣菏水，一名五丈溝，即五丈渠。東南流，合泗水。蔡《傳》：謂之至者，濟陰縣自有菏派，濟流其地耳。易氏曰：自入河至此，凡七百餘里。

汶，北汶也，見青州。《水經》：濟水故瀆又北右合洪水，酈《注》：水上承鉅野薛訓渚，歷澤西北，又北徑闞鄉城西，名曰洪水。《皇覽》：壽張縣有闞鄉城。又東北過壽張縣 注見徐州。西界安民亭南，汶水東北來注之。以下詳青州。蔡《傳》：至青州博興縣 注見青州。入海。唐李賢曰：濟自鄭以東貫滑、曹、鄆、濟、齊、青以入於海。方氏回曰：濟水絕於王莽時，今其源出河北溫州，猶經枯黃河中以入汶，而後趨海。清濟貫濁河，遂成虛論矣。黃承玄曰：漢元光中，武帝。河決瓠子，注鉅野，濟為河所淫。王莽之世，川澤枯竭。永平中，明帝。修汴渠，起自滎陽，東至千乘、大都，貫濟故瀆以行，後河徙益南，津渠勢改，即枯瀆亦不可尋。今惟東平以下，汶水支流時溢入故道，從利津入海，世謂之清河，而實非濟也。按：杜佑謂清河實菏澤、汶水合流，蓋菏水在唐時猶未涸絕。

《漢‧地理志》：沇水出河東垣縣東北王屋山，東南至河內武德縣入河，軼出滎陽北，又東至千乘、琅槐入海，過郡九，河東、河內、河南、陳留、濟陰、東郡、泰山、濟南、千乘。行千八百四十里。《初學記》：濟水自溫縣東南流入河，過成皋，溢出為滎水，東流過陽武封丘縣 今皆屬開封。北，又東過冤句縣 故城在今曹州界內。南，至定陶縣南，又東至乘氏縣 注見青州。西，分為二，其一東北流入鉅野澤，過壽張西，與汶水合，又北過穀城縣 故城在今東阿縣南。西，又東北過盧縣 今平陰縣。北，經齊郡、東萊郡而入海；按：濟水入海在青州，與東萊無涉。其一東南流，東過昌邑 後魏併入金鄉。金鄉縣南，至方與 今魚臺縣。為菏水，過浦縣 今屬徐州。東北，至下邳 今淮安府邳州。而入淮。

　　愚按：濟有二派，《水經》謂分自乘氏，一為菏水，則承鉅野之黃水；一為濟瀆，則承鉅野之洪水。是南北二流，皆由鉅野而別。郭緣生所云二濟南北異岸而相遠，亦踰千里是也。今濟枯菏涸，惟鉅野之區匯為巨浸，南北數百里如故。《水經》：自滎澤以下有南濟、北濟之目，《水經》：濟水東合滎澤，又東徑滎陽縣北，又東北流，南濟也。徑陽武縣故城南，又東過封丘縣北，北濟也。又東過平丘縣南，又東過濟陽縣，北濟也。又東過冤句縣南，又東過定陶縣南，南濟也。平丘，今并入封丘。濟陽故城在今兗州府曹縣。尋其津途，皆在陳留，不應頓有兩派。《兗志》以乘氏所分者皆出南濟，則北濟經流又當沿注何地？王隱謂河決為滎，濟水受焉，故有濟堤為北濟，則似滎澤以下皆北濟，菏澤在南，故相對為南北耳。大抵南北之濟當分自乘氏以下，而不當分自滎澤以下。又況經文曰溢、曰出，溢者，濟之衍為支流也；出者，濟之伏而顯發也。濟與河合，渾濤南湧，勢必浸淫，禹乃陂而障之，所謂禹塞淫水於滎陽者，此也。《水經注》：濟水又東南入陽武，蒗蕩渠出焉。此必後世河水東南決溢，濟乘之而濫流，非禹時故道矣。京相璠曰：滎澤在滎陽縣，東南與濟隧合。濟隧上承河水於卷縣地。濟隧，濟道也。酈道元曰：世或謂其故道為十字溝。東出陶丘，是濟水正流至此，穴地而出。東出之東，指其行於地下者而言之。古者水官能辨味與色，其伏其見，皆可別識，不獨濟水為然。若如桑氏所序，自滎澤至陶丘往復徑通如此，經何以不言東至而言東出耶？《水經注》：濟水東北右合河水於定陶縣北。此亦據周漢以後水道，禹時河行大伾之地，未嘗經流濟陰。或灉漯支津在曹、濮間者，則有之耳。至菏是南派，會汶是北派。

　　王樵曰：濟出王屋，本太行脊西之山，伏流東南入河，又橫而南出。至王莽末，不復南溢。河南無濟，瀆自受河為浚儀渠。然濟未嘗不伏流地中，今阿井煮膠，其性鎮墜，能清濁水，歷下發地皆泉，皆濟所過也。又大小清河、七十二泉，皆濟水也。或分流以濟運，或疏引以溉田，濟之隱功甚溥。

　　愚按：劉向稱濟能蕩滌垢濁，通百川於海，蕩出雲雨，其流甚細，而在四瀆非止，以其獨能赴海，蓋亦神異故也。酈道元、鄭樵皆言後世枯涸，今觀濟水性下勁疾，能穴地伏流，隱見無常，乃其本性，豈真涸竭耶？曾子固《齊州二堂記》言岱北與齊東南諸谷之水，西北匯於黑水栢崖之灣，至渴馬之崖，泊然而止。今黃山下。北至歷城西五十里有泉湧出，是為趵突泉。不明言為濟水，然實王屋派也。又衛輝府輝縣蘇門山出百泉，為衛河，李夢陽謂即濟水伏流見，此去王屋不遠。按：蔡《傳》引沈存中《筆談》，謂歷下發地皆泉，濟水經其下。《齊乘》又云古濟行清河，如在井底，南仰泉源，遠在山麓，豈能相及？蓋歷下眾泉皆岱陰伏流所發，西

則趵突為魁，東則百脈為冠，地勢使然，無關於濟。存中得之，《傳》聞後遂以濼為濟，誤矣。其說與沈不同。

王綱振曰：濟水無三伏三見，其云斷續伏見，蓋因一濟而前為沇，後為滎；既入河，又出河；既出河，又入海，不似他水行直，故云斷續伏見耳。況經文明言浮於汶，達於濟，浮於濟、漯，達於河，河、濟本通，而此曰流、曰溢、曰入、曰出、曰至、曰會，亦並無間斷，不知三伏三見何據？但沿襲既久，為之曲解，非本注也。

## 導淮自桐栢，東會於泗、沂，東入於海。

桐柏，見導山。《正義》：《地理志》云淮水出南陽平氏縣　故城在今南陽府唐縣東南。東南桐栢山。《水經》云：出胎簪山東北，過桐柏山。胎簪，蓋桐柏之旁小山。《說文》：淮源初則湧出，復潛流三十里，然後長騖。

愚按：《近志》：胎簪山在桐柏縣西三十里，淮源若井，方一丈，東伏地中二十五里復見。桐柏山在桐柏縣東一里。唐縣東南一百八十里，峯巒奇秀，淮水出其下。《風俗通》：唐州東二十里，淮廟在槐樹下，有一泉眼，淮水出焉。其源甚窄，可騫而踰，流至徐、揚間始大。胎簪去桐柏甚近，經不言胎簪而言桐柏，當以支岡在所略耳。

泗、沂，見徐州。《正義》：沂水南至下邳入泗，泗水至臨淮睢陵　今淮安府邳州睢寧縣。入淮，乃沂先入泗，泗入淮耳。沂水入泗處去淮已近，故連言之。吳氏澄曰：泗、沂二水均敵，不以沂既入泗而沒其名，如朝宗並稱江漢之例。蔡《傳》：入海在今淮浦。今淮安府海州。

愚按：長淮界南北而別江河，自淮以北為北條，自淮以南為南條。導河至此並結以入於海者，海受百川不窮，水所歸不止也。《古岳瀆經》：禹治水三至桐柏山，獲淮渦水神，名巫支祈。鎖於龜山之足，淮乃安流。

《漢·地理志》：淮水出南陽郡平氏縣東南大復山，桐柏山，一名大復山。東南至臨淮郡淮陵縣　王應麟曰：《地志》：淮陵縣，《禹貢集解》云：其地當在楚州界。考《宋·州郡志》，淮陵郡本淮陵縣。《輿地廣記》云：泗州招信縣，本淮陵縣，漢屬臨淮郡，宋曰睢陵，置濟陰郡。今按：漢、晉有淮陵、睢陵二縣，宋濟陰郡有睢陵縣，而淮陵郡無淮陵縣，蓋宋之睢陵即漢之淮陵也。《寰宇記》：古淮陵城在招信縣西北二十五里，然則《禹貢解》以淮陵在楚州，非也。按《一統志》，淮陵故城在今鳳陽府盱眙縣。伯厚此辨良是，但淮陵非淮水入海處。考《廣記》，漢睢陵故城在淮陽軍下邳縣。《一統志》在今邳州治東南，則淮陵乃睢陵之訛也，當改正。入海，過郡四，按《水經》：淮水徑南陽、汝南、廬江、九江、下邳，凡五郡。行

三千二百四十里。《水經》：淮水過桐柏山，東徑義陽、今汝寧府信陽縣。新息　今汝寧府息縣。縣南，又東過期思縣北、故城在今固始縣西北。原鹿縣　杜預曰：汝陰有原鹿縣。南，又東過廬江安豐縣　今廬州府六安州。北，又東北過九江壽春縣　今鳳陽府壽州。西北，又北徑下蔡縣　故城在今壽州北三十里。東，又東過當塗　故城在今懷遠縣。鍾離縣　今鳳陽府臨淮縣。北、夏丘縣　今鳳陽府虹縣。南，又東徑盱眙縣　今屬鳳陽。西，又東北至下邳淮陰縣　故城在淮安府城西四十里。西北，泗水西北來注之，酈《注》：淮、泗之會即角城，所謂泗口。《禹貢廣記》：今盱眙軍相對，即泗口也。自清河口而上者，呂梁；自渦口而上者，譙梁；自潁口而上者，蔡河。又東至淮浦縣入於海。

　　黃承玄曰：古淮水自桐柏而東徑信陽、新息、壽春、臨淮、泗州，盡攬南條諸山迤北之水，至淮陰而與泗水合。泗水自陪尾而西逗曲阜、嶧陽、魚臺，入彭城，至下邳合沂水，又南至宿遷東南入淮，二水合流，東入於海。今雲梯關海口，即大禹以來淮、泗入海之故道也。

　　愚按：淮水自鳳、泗來合阜城洪澤諸湖之水，稍北經清河縣南，又稍北經安東縣入海。泗、沂歷徐、邳至清口，自淮安府城出，淮名清口。清口十里至清河縣。而與淮會，謂之清河。《一統志》：大清河、小清河，俱泗水末流。《演繁露》曰：泗即今南清河。自宋神宗十年，河道南徙，東匯梁山泊，合泗、沂入淮。今泗水既分流濟寧，入漕渠，而沂自挾泇、武、祊、浚諸水至邳州，入黃河矣。

　　潘季馴曰：淮挾汝、潁、肥、濠等處七十二溪之水，至泗州下流，龜山橫截河中，故至泗則湧，譬咽喉間湯飲驟下，吞吐不及，一時咽塞，其勢然也。且淮漲於泗，即黃漲於河南，徐、邳每歲伏秋皆然。兩水發有先後，各有消長耳。

　　夏允彝曰：河與淮合，蓋河之利，而非淮之利也。河決善淤，今得全淮之水並力刷沙，是河利也。然河或有時而淤，則淮入海之道並為河塞，凡汝、潁、肥、濠之水皆無所泄，故於淮非利也。且今皆資之以漕，而閘禁不嚴，國初，平江伯陳瑄用水平法設五閘於清江口。致河、淮並趨南注運渠，即兩河無事之日，東流勢緩，海口淤洄。加於昔時，若淮水發，則盡入清口，洶湧濟湃，沖決不常。若河水發，西則注南河破運，東則薄北河破堤。至若兩河並溢，則民皆魚鱉矣。或謂黃河上流往自歸德出沛下徐，地勢不甚相遠，故泛濫可支。厥後河從蕭碭下徐、邳，地勢高猛，衝突新堤，下埽植椿，百計難就。即能束水在堤，其實水行地上，則故道宜講，此一說也。或謂清河縣北有老黃河，本沂、泗東趨合

淮入海故道，誠能又開此河，赴海必勇，雲梯關下淤塞葦場當自蕩滌，而海口廓矣。此又一說也。或謂邳州下流有鋤頭灣，河流二十餘里，行緩沙留，故邳、徐漲塞。今須從邳州以上力濬河身之積淤，河中必見老底，兩旁必見老岸，則水由地中而缺口自出。河岸既深，則老岸即堤，堤外即田矣。此又一說也。又曰：高家堰為兩河關鍵，堰當淮、泗合流之衝，在淮安郡城西南隅，去城四十里。史稱漢陳登築堰禦淮，登為廣陵太守時築。本朝平江伯復大葺之，淮揚恃以為安。自河由桃宿至清河奪淮入海之道，淮弱而不敢爭，始穿高堰入高寶湖，盈溢高泰、山寶、興鹽之間。河無淮水之刷，沙積而淤，桃源不能即流，遂由崔鎮四潰，國計民生胥病矣。必高堰堅而淮不能南溢，則清口積沙借淮以沖。或虞淮漲之浸泗，欲決堰瀉淮。不知堰決則淮盡趨於河，入海少而淮弱矣，淮弱則黃躡其後，而清口淤矣。清口一淤，高堰雖決，必不能盡泄淮漲。故淮但可導之以入海，而必不可使由河以入江。嘗譬之淮為泗患，淮即泗之賊也；黃為淮患，黃即淮之賊也。淮退則黃進，淮愈退則黃愈進。黃既侵淮而入，淮必不能敵黃而出，故必固守高堰，使全淮盡趨清口，而後黃、淮庶不為泗患矣。此主潘季馴說。袁黃云：全淮大患在高堰塞斷下流，自徐州以下，水不順行，其勢不得不趨於北。使稍疏此堰，則眾水皆沛然就下，而黃河亦不至於潰決。又云：白馬、氾光、寶應、邵伯諸湖，吞吐蓄泄，連亙數百里，乃淮之委也。隆慶間，王宗沐為總河，興築此堰，以斷淮流。癸酉五月，淮水驟溢三丈餘，祖陵受浸，始有分黃導淮之議，而河事益非。夫淮河由雲梯關至廟灣入海，而廟灣正在寶應、氾光之下。往時諸湖各有支湖，誠濬其淤滯，使五六道分行而又合之，同歸於海口。一分一合之間，其勢轉盛，可以滌河之濁，可以關海之沙，此至便者。其說與潘不同。

鄭曉曰：四瀆惟淮流不甚遠，河入海在兗州，江在揚州，濟在青州，淮在徐州。今江、淮入海之道，與《禹貢》同。河南徙而奪淮入海，濟因會通河借水通漕，而其流竟莫可考。

**導渭，自鳥鼠同穴，東會於灃，又東會於涇，又東過漆、沮，入於河。**

渭，詳雍州。孔《傳》：鳥鼠共為雌雄，同穴處，此山遂名曰鳥鼠，渭水出焉。《釋鳥》：鳥鼠同穴，其鳥為鵌，音途。鼠為鼵。音突。郭璞曰：鼵如家鼠而短尾。鵌似鵙而小，黃黑色。穴入地三四尺，鼠在內，鳥在外。

愚按：《山海經》《水經》《地理志》並云渭水出鳥鼠同穴山，酈道元則云出首陽縣南谷山，在鳥鼠山西北。三源合注，東北徑首陽縣西，與別源合。又云：鳥鼠山，同穴之枝榦也，渭水出其中，東北流過同穴枝間。蔡氏從酈說，

故言渭水出南谷，禹只自鳥鼠導之。考《近志》，鳥鼠同穴山在臨洮府渭源縣西二十五里，與南谷山相連，南谷在西。泉眼周七尺，四時流注，即渭河之源。是鳥鼠、南谷本一山，蔡《傳》之信酈誤也。鳥鼠共為一穴，岳正過莊浪親見之，鳥形色似雀稍大，頂出毛角，飛即厓穴，穴口有鼠，狀如常鼠，但缺唇似兔，蓬尾似鼬，與鳥偕入，彼此睥睨，有類雌雄。沈約《宋書》：沙州甘谷嶺北有雀鼠同穴，雀色白，鼠色黃。地生黃紫花草，便有雀鼠穴。《甘肅志》謂鼠名兀，鳥名本周兒，同穴而處。與古所傳鳥名鵀，鼠名鼮異。蓋物類相感之異，世固有之，非屬不經。蔡《傳》之疑孔又誤也。

灃、涇、漆、沮，俱見雍州。孔《傳》：灃水自南、涇水自北而合。漆沮亦曰洛水，出馮翊北。《疏》云：漆、沮在涇水之東，故孔以為洛水一名漆沮。以水土驗之，與《毛詩》「自土沮漆」者別也。按：洛水與漆、沮之辨，詳雍州。陳氏櫟曰：灃、涇大與渭並，故曰會。既得灃、涇，渭愈大，漆、沮皆小，故曰過。蘇《傳》：此言渭水自西而東之次。雍州散言境內諸水，非西東之次也。

程大昌曰：《詩》曰：豐水東注，惟禹之績。灃源發南，而其末流投北入渭，未嘗東也。其曰東注者，渭正流東，灃已入渭，則遂與之偕東也。《書》曰：涇屬渭汭，漆沮既從，灃水攸同。非漆、沮先已入渭而灃水始與之同也，皆要其首末而槩為若言。

**導洛，自熊耳，東北會於澗、瀍，又東會於伊，又東北入於河。**

洛，詳豫州。

愚按：《山海經》《水經》俱謂洛出京兆上洛縣讙舉山。郭璞云：洛水出上洛縣冢嶺山，又云：熊耳在上洛縣南。考《陝志》，讙舉一名冢嶺。今商州西五十里有熊耳山，西北一百二十里即讙舉山，洛水所出也。《陝西道志》：洛源出商州洛南縣冢嶺山。商州，漢上洛縣。洛南，亦上洛地。讙舉、熊耳同在上洛，故《淮南子》《博物志》俱云洛出熊耳。孔氏豫州傳云洛出上洛山，此又云在宜陽以西。宜陽以西則盧氏熊耳也。蔡氏前兩熊耳並注上洛，因言《地志》伊水出盧氏熊耳，非是。此乃云盧氏熊耳，蓋與孔氏合，但上洛、盧氏，《漢志》並屬弘農，《晉志》並屬上洛，其相去不甚遠，安知禹所導之熊耳，必非上洛熊耳耶？易氏曰：洛出上洛縣西冢嶺山，東流七十里至上洛，東北流九十里至洛南，在熊耳山之西，又四百六十里至盧氏縣熊耳山。據此，則兩熊耳皆洛所經，而所謂洛出熊耳者，殆未足信矣。按《河南志》：熊耳，一在盧氏縣西南五十里，《宋書》柳元景北伐，引軍出溫谷，入盧氏，度熊耳，是也；一在宜陽縣西百二十里，《後漢書》光武破

赤眉，積甲宜陽城，與熊耳山齊，是也；一在陝州東百五十里，乃達磨葬處，今塔尚存。或疑熊耳本一山，隨地得名，當更考。

澗、瀍、伊，並見豫州。澗、瀍先入洛，前先言伊水者，以水之大小為先後，此則以相入之先後次之。

王樵曰：北方諸水雖大，河亦冰，惟洛水不冰，所以謂之溫洛，一是天地之中，二是其北連山以障北風，三則前人謂其中有礜石。

夏允彝曰：四瀆之外，大水甚多，而獨言渭、洛者，雍水莫大於渭，豫水莫大於洛，而渭則與灃、涇、漆、沮散列，洛則與伊、瀍、澗並敘，不舉渭、洛，獨言之，不知二水為諸水之綱也。

茅瑞徵曰：四瀆以海為宗，渭、洛又以河為宗。《記》曰：三王之祭川也，皆先河而後海。河不擇細流而以海為壑，源委則有間矣。

《正義》：九水立義不同，漾、江先山後水，淮、渭、洛先水後山，皆是史文詳略，無義例也。又淮、渭、洛言自某山者，皆是發源此山，欲使異於導河，故加自耳。鄭玄謂凡言導者，發源於上，未成流；言自者，亦發源於上，未成流。必其俱未成流，何須別導歟？河出崑崙，發源甚遠，豈至積石猶未成流而曰導河也？王樵曰：蔡氏謂導河積石、導淮自桐柏、導渭自鳥鼠同穴、導洛自熊耳，皆非出於其山，特自其山以導之。然渭源縣之南谷山，實鳥鼠相連之枝山，胎簪亦桐柏旁之小山，而謂渭非出於鳥鼠，特自鳥鼠導之；淮出胎簪，特自桐柏導之，似俱未安。詳經文之例，凡言導某水自某山者，皆水出其山之名也。惟河不出積石，故但言導河積石。沇多伏流，故經不顯其所出，孔氏亦但以在溫縣平地者言之。蔡氏拘於先言山而後言水、先言水而後言山之說，則孔《疏》所云漾、江先山後水，淮、渭、洛先水後山，皆史文詳略，無義例，斯言足以斷之矣。按：王說最是，但洛出冢嶺，去熊耳頗遠，與南谷之於鳥鼠、胎簪之於桐柏，又不可以一例。

胡瓚曰：凡導山水，皆自西而東，自北而南。河伏不識其源，故不言自；且為四瀆之宗，故不言會。江、漢自其源導之，故先言山而後言水；淮、渭、洛自其盛處導之，故先言水而後言山。此主蔡說。沇水不言山者，流伏不可據也；黑、弱不言山者，地遠不必誌也。

羅泌曰：說者謂禹之治水自下之上，始於冀，次之兗、青、徐，而終於雍。雍最高，故治最後，是不然。夫上者，水之源，而下者，水之委也。上者既已懷襄，則下者淹沒而無餘矣。予求之導山之文，而知治水必自上流始。《書序》

曰：禹別九州，隨山濬川。禹曰：予隨山刊木。夫濬川刊木，必隨乎山者，上流始也。山豈可導哉？導山者，導水而已。是故四列之山，自正陰以至於正陽，自北而南也。中國七水，自河以及於江，亦自北而南也。導岍及岐，河之始功也；至於王屋，濟之始功也。渭自鳥鼠、洛自熊耳、淮自桐柏，此陰列之山也；漢自嶓冢、江起岷山，此陽列之山也。孰曰先後之不可見乎？抑又求之堯，水之害，盛者莫過於河、濟，短者極於渭、洛。河之害在冀、兗、雍，而濟之害在兗、青、徐，是故河、濟則治其近而不治其源。洛止於豫，渭止於雍，是故渭、洛則附於河而不待致力。蓋河一治而渭、洛自從也。治冀者，必首於雍；河。治青、徐者，必先於豫；濟、淮。治揚、荊者，必先於梁，江、漢。所謂水之道也。夫惟自上而之下，故揚州惟一敷淺原，而兗、青、徐則無山也。若夫九州之次，特鴻洞既平之後，別其疆界，陂其餘浸，作其平陸，以定賦之輕重焉。是則《禹貢》之書，實非治水作也，以定賦而附，見伯禹之功也。九川之列，非出治水時也，乃史官所條難易之次也。禹之治水，始於河而訖於河，首於雍而終於雍，徐、兗、梁、荊往來經略，皆非止於一，而曰雍土最高，治最後，豈理也哉？

禹貢長箋卷十一

# 禹貢長箋卷十二

　　九州攸同，四隩既宅，九山刊旅，九川滌源，九澤既陂，四海會同。

　　《正義》：堯遭洪水，道路阻絕，今水土既平，天下大同，故總敘之。孔《傳》：所同事在下。

　　愚按：顓頊至禹皆九州，禹州之與舜異者，禹主治水，幽、并、營皆北方廣莫之地，罹水患少，故幽、并統於冀，營統於青也。周時九州大約同禹，但淮與大野在《禹貢》為徐州之川澤，而《職方》青州之川淮、泗，兗州之澤大野，是以徐而入青兗矣。華陽、璆鐵砮磬在《禹貢》為梁州之山與貢，而《職方》豫州之山華、雍州之利玉石，是以梁而入雍、豫矣。《禹貢》豫州曰被孟豬，而《職方》以望諸隸青，是青之入豫。《禹貢》青州曰鹽絺海物，而《職方》兗州曰其利蒲魚，是兗之入青也。蓋周以禹之冀州分為三，餘八州分為六。秦制天下為三十六郡，漢興加置郡國，統以十三州，司隸、并、荊、兗、豫、揚、冀、幽、青、徐、益、涼、交。東漢略同，晉分天下為十九州，司隸改司州，別立梁、秦、寧、平、廣五州，餘仍《漢書》。唐因山河形便，分為十道，復為十五道，宋為十五路已，又增三路，又為二十三路，而古之州名並亡。州統縣始於周，郡統縣始於秦，州統郡、郡統州，始於漢，隋廢郡，以州治民，唐乃混州郡為一，宋始有府，猶與州並置，今則府益大而州益小，幾與縣等。

　　《爾雅疏》：崖內近水為隩。蔡《傳》：四海之隩，水涯之地，已可奠居。

　　愚按：孔《傳》作厥民隩之隩，故云四方之宅已可居。《疏》云：室隅為隩，隩是內，以隩表宅也。蘇氏云：隩，深也。四方深遠皆可居。說皆未安，從《爾雅》為當。

刊是治水之始，槎木通道。旅言治功畢。《正義》：往前大水，旅祭禮廢，言旅見已治也。山非水體，故以旅見治，其實水亦旅矣。發首云奠高山大川，但是定位，皆旅祭也。川言滌除，泉源從其所出，至其所入，皆蕩除之，無壅塞也。王樵曰：滌源二字，理最深微。聖人萬事無不從其本而治之，即鑿龍門、疏九河，有治其上流，有治其下流，其功非一處而總之，曰滌源，則皆舉之矣。《正義》：《詩傳》：陂，澤障也。作陂障之，使無決溢。袁黃曰：澤是止水，故當陂。川是行水，則當滌其原而安其流，不可陂也。

愚按：《國語》：陂唐 即塘。污庳，以鍾其美。又《考工記》：凡溝必因水勢，防必因地勢。防即陂障之謂也。陂以蓄水，即可灌溉。禹之治水，何嘗不用堤防哉？亦相其宜耳。又按：《周禮》所記九山為會稽、衡山、華山、沂山、岱山、嶽山、醫無閭、霍山、恒山，九川為江漢、滎、洛、淮泗、河濟、涇汭、漳、濾沱、嘔夷，九澤為具區、雲夢、圃田、孟豬、大野、弦蒲、貕養、陽紆、昭余祁，與《禹貢》所載異。《史記索隱》又以岍、壺口、底柱、太行、西傾、熊耳、嶓冢、內方、岐是九山，弱、黑、河、瀁、即漾。江、沇、淮、渭、洛是九川。然四隩既解作四方，則九山、九川、九澤亦當解作九州，況山川之見於《禹貢》者，實不止於九也。山凡四十有二，水凡四十有六。從《注》《疏》為是。孔《傳》：四海之內，會同於京師，九州同風，萬國共貫。蔡《傳》：四海之水，無不會同，而各有所歸。今按：《書》，禹所治水，惟黑水入南海，餘皆入東海，而言四海者，諸水總入於海，自海圜流，無不之也。陳氏大猷曰：上雖各載達河之道，而四方之趨帝都者，不止是也，故以四海會同總之。此主孔說。

林氏之奇曰：《周禮‧職方氏》辨九州之國，同其貫利，必先辨之於其始，乃可同之於其終。《禹貢》所分九州，別其山川貢賦者，所以立其辨也。九州攸同以下，又所以同之也。有以辨之，則廣谷大川異制，民生其間異俗，五味異和，器械異制，衣服異宜，各得其所而不亂；有以同之，則同軌、同文、同倫，各要其歸而不畸。先別而後同，此先王疆理天下之大要也。

古者之制，八家為鄰，三鄰為朋，三朋為里，五里為邑，十邑為都，十都為師，州有十二師。蓋州凡四十三萬二千家。禹平水土，九州之地，凡二千四百三十萬八千二百四頃定墾者，九百二十萬八千二十四頃不墾者，千五百萬二千頃民口，千三百五十五萬三千九百二十三人。見《帝王世紀》。

章潢曰：禹之治水，不但疏決江河，凡天下平土，皆制其井畝，疏為溝澮，以達於川。所謂畎澮，即田間之畝〈〈，即畝。一同之澮也。所謂溝洫者，即一

井之溝、一成之洫也。則是井田之制，自禹定之。《考工記》：二耜為耦，一耦之伐，廣尺、深尺，謂之畎。九夫為井，井間廣四尺、深四尺，謂之溝。方十里為成，成間廣八尺、深八尺，謂之洫。方百里為同，同間廣二尋、深二仞，謂之澮。

夏允彝曰：禹自言決九川，距四海，濬畎澮距川，孔子稱禹亦惟曰盡力溝洫。天下皆溝洫，則天下皆容水之地；天下皆修溝洫，則天下皆治水之人。小水有所疏分，大水始不至溢決。後世舉古溝洫封畛之法，而盡毀之水，何得不為害哉？

愚按：《考工記》有墾地之溝，有不墾地之溝。墾地之溝，是深廣四尺者；不墾地之溝，則三十里而廣倍，謂之梢溝，梢，鄭司農讀如桑螵蛸之蛸，謂水漱齧。所以行水。禹時當亦有之，盡力溝洫，不專是田間水道。

**六府孔修，庶土交正，底慎財賦，咸則三壤，成賦中邦。**

《正義》：府者，藏財之處。水、火、金、木、土、穀，貨財所聚，故稱六府。董氏鼎曰：五行，一曰水，水治則六府皆治。《淮南子》：以水和土，以土和火，以火化金，以金治木，木復反土，五行相治，所以成器用。張敦實曰：四時之次，皆相生以相繼。六府之修，皆相剋以相成。王綱振曰：孔修不專因水治，其實六府皆有事焉，如敷土而土可宅、可藝、可作，是修土也；刊木而木漸苞、惟條、惟喬，是修木也。土可作乂，而或賦總，或賦銍秸，或賦粟米，是修穀也。苟金不修，則揚、荊必無三品之入；若火不修，則雍、青安得鹽鐵之供。凡此皆所謂孔修也。

孔《傳》：交，俱也。眾土俱得其正，謂壤、墳、壚。《疏》云：謂壤、墳、壚還復其性也。諸州之土，青黎是色，塗泥是濕。土性之異，惟壤、墳、壚，故舉三者言之。蔡《傳》：謂之庶土，則非特穀土也。庶土有等，當以肥瘠高下，名物交相正焉，以任土事。

愚按：交正者，取墳、壤之類彼此質較而知其美惡，《左傳》：物土之宜，是也。蘇氏謂交通有無而平準之，不可從。

孔《傳》：致所慎者，財貨貢賦，言取之有節，不過度。蔡《傳》：因庶土所出之財而致謹其財賦之入，如《周·大司徒》以土宜之法辨十有二土之名物，以任土事之類。《正義》：土壤各有肥瘠，分為上中下法，則地之善惡以為賦入之差。

蔡《傳》：則，品節之也。九州穀土，皆品節之以上中下三等，如《周·大司徒》辨十有二壤之名物，以教稼穡之類。林氏之奇曰：三壤，即前九等之

田。三等言其略，九等言其詳也。蘇《傳》：中邦，諸夏也。貢篚或及外夷，而賦止於諸夏也。《鹽鐵論》：禹平水土，定九州，其時膏壤萬里，山川之利足以富百姓，不待蠻貊之地遠方之物而用足。秦繼宗曰：獨言賦者，天子畿內原有賦而無貢，外八州諸侯則賦於民而無貢。其貢於天子者，亦從賦出，故舉賦可以該貢也。

愚按：庶土四句，蔡《傳》分土貢、田賦。土貢曰慎，即惟服食器用也；田賦曰成，即以萬民惟正之供也。然庶土所包者廣，據蔡云非特穀土，則穀土已在其中，況經文賦字有二，本無異同，何得以財賦之賦專指貢言耶？蓋底慎是千古理財之本，義兼貢賦，特積貯為軍國之命，什一尤中正之經，故又庶土之中科穀土言之，則壤成賦，取民有制，是所謂底慎也。義正相足，非上言貢而下言賦之謂。姚舜牧《疑問》亦同予說。又按：王者不言有無，天子富以山海，經理財賦，末流必至管商。聖人豫以身救之，曰交正，有廣大公平之象焉；曰咸，則有謹嚴節制之義焉。夫欲國無貧，莫先劭農；欲民無貧，莫若均稅。皇甫湜所謂任土之貢，生產有常，履畝之收，等籍一定，人識所出，吏難為奸。後世之弊，禹固深慮之矣。若乃賦無定額而用，民日新疊徵，橫索之端紛紜不已，豈盛世所宜有耶？

陳祥道曰：冀州白而壤，雍州黃而壤，豫州厥土惟壤，則壤色非一。壤與墳埴、塗泥雖殊，而墳埴、塗泥亦壤中之小別耳。此《禹貢》總言三壤，而《周官》總言十二壤也。

愚按：三壤正庶土所有，鄭康成謂以萬物生焉則為土，以人所耕而樹藝則為壤。變文言壤者，耕作之土，以柔濡為貴，亦見泛濫息而灌溉勤，九州之田，皆進為上腴矣。

陳氏大猷曰：上各州惟舉一隅，至此總結之，以見九州之所同，如宅土、既宅，惟見於兗、雍，故以四隩既宅總之；旅山惟見於梁、雍，故以九山刊旅總之；各州所載川澤雖多，然九州川澤不止是也，故以九澤既陂總之；上雖各載達河之道，而四方之趨帝都者不止是也，故以四海會同總之。六府孔修，則非特水土之治而已；庶土交正，則山林、川澤、丘陵、墳衍、原隰之土無不正，非特墳、壤、壚之復其性而已。正庶土而慎財賦，所以總結九州所貢篚之物也，則三壤以成賦，所以總結九州九等之田與賦也。

**錫土姓，**

蔡《傳》：錫之土以立國，錫之姓以立宗。《左傳》所謂天子建德，因生以

賜姓，孔《傳》謂有德之人生此地，以此地名賜為姓，以顯之。《疏》云：《周語》稱帝嘉禹德，賜姓曰姒。胙四岳，賜姓曰姜。《左傳》稱賜陳胡公之姓曰媯，皆因生賜姓之事。胙之土而命之氏者也。如舜媯姓為有虞氏，禹姒姓為有夏氏，伯夷姜姓為有呂氏。羅泌曰：土立國，姓立宗。國立而民人有所依，宗立而族姓有所繫。方水土未平，諸侯固各有土社，百官亦各有族姓矣。如契封於商，賜姓子。稷封於邰，賜姓姬。至九州攸同，始得以徧錫之。孔氏謂賜與所生之土為姓，蔡氏土姓分說，其義本此。金氏履祥曰：封建以來，經洚洞之患，則限制多不明；有水土之功，則庸勞所宜賞。當時堯、舜在上，封建雖非禹所得專，而實出其經畫，所謂弼成五服也。

　　愚按：封建起於黃帝，唐、虞、夏建國五等，曰公、侯、伯、子、男。塗山之會，國號萬。其時海上有十里之邦，然萬特舉盈數耳。即使國皆十里，禹時提封，豈有十萬里之廓乎？王介父、洪容齋皆有辨。《路史》云：禹時七千國。未知何本。湯受命時，定公、侯、伯三等，凡三千國。周復五等之封，凡千七百七十三國。賈山至言作千八百國，蓋本《王制》。王制九州，州方千里，百里之國二十，七十里之國六十，五十里之國百有二十，總計之共千八百國，而天子之元士、諸侯之附庸不與焉。至春秋時，見於經者僅一百六十五國，而蠻夷戎狄亦在其中。葉水心謂井田、封建相待而行，自封建法壞而井田雖在，不得獨存，勢使然也。

　　古未有姓，若夷狄然。自炎帝之姜、姜水。黃帝之姬，姬水。始因所生地而為之姓。黃帝二十五子，而得姓者十四人，同姓二人，為十二姓。得姓，以德居官而賜之姓也。二人為姬，二人為已，故十二姓。德同者姓同，德異者姓異。其後或以官，太史、太師、司馬、司空，是也。或以國，宋公子朝在衛稱宋朝，衛公孫鞅在秦稱衛鞅，是也。或以地，《左傳》：東門襄仲為東門氏，桐門右師為桐門氏，是也。或以邑，甘原以周邑得氏，申鄧以楚邑得氏，是也。或以事，巫氏、卜氏、匠氏、陶氏之類。或以王父之字，始為賜族，久乃為姓。《左傳》：諸侯以字為諡，因以為族。朱子謂諡當作氏，孫以王父之字為氏，如魯有公子展，其孫曰展無駭、展禽；鄭公子騑字子駟，其孫曰駟帶、駟乞；宋公子目夷字子魚，其孫曰魚莒、魚石。天子之子亦然，王子狐之後為狐氏，王子朝之後為朝氏。又如魯公孫歸父字子家，其後為子家氏，父字為氏者也。季孫鉏字子彌，其後為公鉏氏，父名為氏者也。其以族為氏者，如孟氏、仲氏、祖氏、稱氏、丁氏、癸氏、第五氏、第八氏之類。降自周衰，姓族漸廣，列國既滅，其民各以舊國為之氏。輯覃書。

　　孔氏穎達曰：姓者，生也，以此為祖，令之相生，雖百世不改。族者，屬也，與其子孫共相連屬，其支庶則各自立氏。《禮記》繫之以姓而弗別，百世而婚姻不通，是言子孫當共姓也。其上文庶姓別於上，而戚單于下，是言子孫

當別氏也。氏、族，一也。別而稱之謂之氏，合而言之則曰族。《記》謂之庶姓者，以始祖為正姓，高祖為庶姓，亦氏旅之別名也。正姓為姓，庶姓為氏。姓則受之於天子，族則稟之於時君。《春秋注》：天子賜姓命氏，諸侯命族。

　　鄭樵曰：三代之前，姓氏分而為二，貴者有氏，賤者有名無氏。古諸侯詛辭曰：墜命亡氏，踣其國家。明無氏與奪爵失國同也。故姓可呼為氏，氏不可呼為姓也。氏同、姓不同者，婚姻可通；姓同、氏不同者，婚姻不可通。三代以後，姓氏合為一，皆所以別婚姻，而以地望明貴賤。唐時姓異而所出同者，尚禁不得為婚姻。又古男子稱氏，女子稱姓。於文，女生為姓，故姓多從女，曰姬、曰姜、曰嬀、曰姒、曰嬴、曰姞、曰姚、曰妘是也，所以為婦人之稱，如伯姬、季姬、孟姜、叔姜之類，並稱姓也。後世以氏為姓，故婦人一例稱氏。

　　王鏊曰：姓與氏不分久矣，今多以氏為姓。姓以繫百世之正統，氏以別子孫之旁出，族則氏之所聚而已。蓋別姓則為氏，別氏則為族，族無不同之氏，氏有不同之族，故八元、八凱生於高陽氏、高辛氏，而謂之十六族，是氏有不同之族也。宋華氏謂之戴族，向氏謂之桓族，是族無不同之氏也。太史公曰：自黃帝至舜、禹，皆同姓而異其國號。又曰：秦之先為嬴姓，其後分封，以國為姓，有十四氏。又如周本姬姓，其子孫如魯、衛、毛、聃、郜、雍、曹、滕、畢、原、酆、郇、邘、晉、應、韓、凡、蔣、邢、茅，各以國氏而皆姬姓也。後之文人，惟昌黎知之，故云韓姬姓，又云何與韓同姓為近。

　　鄭曉曰：姓，其本也；氏，其支也，故曰言姓必在上，言氏必在下，如稱周王則曰姓姬，不得曰姬氏；稱四岳則曰許氏，不得曰姓許。今人嘗書姓某氏，相襲誤耳。按：四岳舉伯夷，《典禮》伯夷、四岳皆姜姓，伯夷為呂氏，四嶽為許氏，氏有別耳。呂東萊云氏數世而一變，恐未然，如姜姓為許、呂二氏，至於今不變。

　　愚按：周小史定繫世，辨昭穆，故自黃帝至春秋，統系皆有可考。自秦毀典籍，《世本》廢而姓氏遂不辨。春秋諸國可以知其姓與爵者四十有六，晉、楚之類是也；知其姓而不可知其爵者一十有八，焦陽之類是也；知其爵而不可知其姓者一十有七，沈子之類是也；爵與姓皆不可知者三十有二，陸渾之戎是也。即知其姓者，亦難信，如一嬴姓，左氏謂伯翳後，班固謂伯益後，韋昭又以伯翳即益，孔穎達復以伯益為皋陶子。考《史記》，皋陶之後封蓼，伯翳之後封秦垂，伯益之後不知所封。又劉秀表校《山海經》云：夏禹治水，伯益與伯翳主驅禽獸。是則翳與益非一人，而益不得為皋陶子矣。《路史》云：伯翳者，少昊之後，皋陶之子，而伯益乃帝高陽之第三子，字隤敳，嬴姓之祖。

祇台德先，不距朕行。

王氏炎曰：台、朕，皆禹自言。或曰是史臣之詞，猶《春秋》指魯為我也。記此以見禹之經理有本。

**五百里甸服：百里賦納總，二百里納銍，三百里納秸服，四百里粟，五百里米。**

孔《傳》：規方千里之內謂之甸服，為天子治田事，《詩傳》：甸，治田也。去王城面五百里。王城之外，四面各五百里。張氏曰：服，服其事也。甸、侯、綏、要、荒，各服其事於天子，故曰服。陳氏大猷曰：禹之甸法達於天下，《詩》：奕奕梁山，維禹甸之，《春秋傳》：少康有田一成，皆甸法也。王圻獨以甸名服者，農事，國之本也；京師，聲名文物之所萃，四方百貨之所聚，其民易以棄本逐末，制名甸服示天下以務本重穀也。

愚按：夏、商通畿內為五服，周公則除畿內，更制天下為九服。千里之內謂之王畿，《周禮·大司馬》：九畿方千里曰國畿。《職方氏》：九服方千里曰王畿。王畿外為侯服，侯服外曰甸服。京師之地皆千里，而甸服有內外者。禹時水土方平，力田為急；周時商奄未靖，居重為尊，故其名制稍別耳。

孔《傳》：禾藁曰總。蔡《傳》：禾本全曰總。甸服內之百里近王城者，入之供飼國馬。《正義》：總者，總下銍秸禾穗與藁，總皆送之。《周禮》掌客待諸侯之禮，有芻、有禾，此總是也。蘇氏軾曰：獨言甸服之賦者，內詳王賦之法而諸侯可推。

孔《傳》：銍，謂刈禾穗。蔡《傳》：刈禾曰銍，半藁也。《正義》：《說文》：銍，刈禾短鎌也。《詩》：奄觀銍刈。禾穗用銍以刈，故以銍表禾穗也。《郊特牲》：莞簟之安而槀秸之設，秸亦藁也。秸本或作稭，馬云去其穎，蔡《傳》：半藁去皮曰秸。於此言服，舉中以明上下皆有所納之役。四百猶尚納粟，此當藁、粟別納，非是徒納藁也。《疏》解以服字貫總、銍、粟、米言之。馬氏廷鸞曰：先儒多以服字就秸字解，若去禾中之粟米而納空藁，惟使之服輸將之事，是其賦輕於四百里、五百里矣；若存禾中之粟米而又納藁，又服輸將之事，是其賦重於百里、二百里矣。惟蔡《傳》以服字總前二者言之為通。或云服如《周禮》國服之服，不但輸將。

《說文》：粟，嘉穀實也。金氏履祥曰：近者重而遠者輕，重者麤而輕者精。賦皆什一，力則以遠近為輕重耳。又曰：古人九數有粟米均輸二法，蓋本於此。然獨三百里之民納藁而不粟，視他處為甚輕，而有服役之事焉。服役獨

在三百里者,蓋酌五百里之中為轉輸粟米之賦也。四百里粟、五百里米不言賦納,蓋使三百里之民轉而輸之都耳。夫三百里之民受遠郊之粟米,代為轉輸,力若勞而賦則省,又以見古者賦役不兩重,此帝王之良法也。姚舜牧《疑問》亦主此說,當從之。袁黃曰:三百里內去王城為近,既自輸其總、銍、秸,而又為四百里、五百里之民遞送其粟、米於都下也。遞者,三百里交與二百里,二百里交與百里。此與金氏說又小別。朱子曰:近龥而遠精,近者易致,遠者難致也。畿內不封諸侯,故田賦入於天子。又曰:里者,道途遠近之數,非方井之里也。丘濬曰:虞夏之世,天子之田止於圻內,田賦之入止於粟米,近地則並其本藁取焉。蓋米以食人,藁以飼馬,無非為國用也。然其取之因地遠近,各有輕重之等、精粗之異,非若後世概無分別。

　　愚按:甸訓治田。古者兵寓於農,有計地出軍之法,則兵政即藏其中。《小司徒》:四井為邑,四邑為丘,十六井。四丘為甸。六十四井。鄭玄云:六十四井為甸,甸方八里,孔穎達曰:知方八里者,以《孟子》云方里而井,則邑方四井,丘方四里,甸方八里也。郎兆玉曰:甸凡六十四井,五百七十六夫,受田五萬七千六百畝。居一成之中,成方十里,出兵車一乘,以為賦法。《司馬法》有甸方八里,出長轂一乘。甸據實出稅而言,成據通治溝洫而言。章氏曰:三百五十家賦一乘。考《論語》千乘注,馬融引《司馬法》六尺為步,步百為畝,畝百為夫,夫三為屋,屋三為井,井十為通,通十為成,鄭云:井稅一夫,其田百畝;通稅十夫,其田千畝;成稅百夫,其田萬畝。成出革車一乘。馬云:千乘之賦,其地方三百十六里有奇。蓋以方里之里論。包咸又云:古井田方里為井,十井為乘。諸儒之說不同,大約王畿千里,提封當得百萬井,除山川、坑岸、城池、邑居、園圃、街路,實出賦六十四萬井,據馬說,當得百萬井;據包說,止得十萬井。出士卒七十五萬人,為萬乘。六十四井出車一乘,每一乘甲士三人,步卒七十二人。以杜氏法積算,當有戎馬四萬匹,牛十二萬頭,甲士三萬人,步卒七十二萬人。按《周官》,鄉遂之民以五起數,一家出一人為兵,萬二千五百家為鄉,故萬二千五百人為軍,六軍凡七萬五千人。都鄙之民以四起數,七家出一人為兵。王畿千里,六十四萬井,而出車萬乘,萬乘凡七十五萬人。牧野之師,紂眾七十萬人,是通畿皆發。自晉惠公作州兵,則二千五百家成一軍,而一鄉一軍之法壞矣。魯成公作丘甲,則一丘十六井出一乘,而一甸一乘之法亡矣。井邑丘甸雖出《周官》,然未必不沿禹制之舊。

　　《正義》:此序弼成五服之事。甸、侯、綏、要、荒,堯之舊制。洪水既平,禹乃為之節文,使賦役有恆,職掌分定。甸服去京師最近,賦稅尤多,故每於百里即為一節。侯服稍遠,近者供役,故二百里內各為一節,三百里外共

為一節。綏、要、荒三服，去京師益遠，每服分而為二，內三百里為一節，外二百里為一節，以遠近有較，故其任不等。甸服入穀，故發首言賦稅也。賦令自送入官，故三百內皆言納。四百里、五百里不言納者，從上省文也。侯服以外，貢不入穀。

鄭氏元珫曰：《禹貢》各州皆有貢篚，冀州獨不言，蓋畿甸之內，賦其總、銍、秸、粟、米也。總、銍、秸、粟、米者，倉廩之儲，餱糧之濟，是食為土貢之要也。兗州貢蠶絲，豫州貢絺紵，其地則密邇畿甸，是衣服亦土貢之要也。自服食外，器用次之，器用外，不過寶玉玩好而已。帝王建都，必擇衣食之地而謂之京師。京，大；師，眾也。天子之居，既眾且大，非衣食之豐不可以為國也。若夫大路南金、犀革、象齒、珠貝之類，非服食、器用，或貢於要、荒之服焉。苟帝王以為貢篚之要，國家所急，則堯、舜之都遷於荊、梁久矣。其肯以冀為都，區區禦大河之患，圖一日之安也耶？

呂氏祖謙曰：《禹貢》冀州在王畿甸服之內，全不敘土貢，正緣已輸粟米。蓋當時寓兵於農，所謂貢賦，不過郊廟賓客之奉，都無養兵之費，故取之畿內而足。自大略言之，三代皆沿此制。又曰：古者天子中千里而為都，諸侯中百里而為都。天子之都，東西南北所貢入不過五百里；諸侯之都，所貢入不過五十里，故挽輸不勞，漕運之法未備。春秋戰國，爭事攻戰，所論者尚止行運之漕。秦漢以後，漕法方詳。

愚按：禹制甸服，獨詳田賦。天子自贍其畿內，既可風天下以力田而京坻有備，亦足壯本根而消窺伺。若漕輓外郡以給中都，此後世之失，非先王法也。丘文莊謂秦致負海之粟，猶是資以行師。國都之漕，自漢都關中始。張良曰：關中阻三面，而守獨以一面，東制諸侯。諸侯安定，河、渭漕輓，天下西給京師。諸侯有變，順流而下，足以委輸。

**五百里侯服：百里采，二百里男邦，三百里諸侯。**男邦，《史記》作任國。

孔《傳》：侯，候也。甸服外之五百里，斥候而服事。《左傳》：晉人伐齊，使司馬斥山澤之險。斥，檢行之也。斥候，謂檢行險阻，伺候盜賊。《爾雅注》：侯者，候也。候，逆順也。蔡《傳》：采，卿大夫食邑。《公羊傳注》：采者，不得有其土地人民采之取其租稅耳。顏師古曰：采，官也。因官食地，故曰采地。呂氏曰：采邑，如今之職田。張氏載曰：埰地所得，亦什一之法，其餘歸諸天子，所謂貢也。諸侯、卿大夫埰地必有貢，貢者必於時享，天子皆廟受之，此所謂幣餘之賦也。

愚按：采，孔訓供王事，《疏》云事，謂役也。有役則供，不主於一，故

但言采。作埰地解，亦是。然周制，家削、邦縣俱在王畿之內，《周禮》：家邑之田，大夫埰地，所謂家削之賦也，去國三百里。小都之田，卿采地，所謂邦縣之賦也，去國四百里。大都之田，公采地，王子弟所食邑，所謂邦都之賦也，去國五百里。夏制雖不可考，不應寰內諸侯乃食采於畿外。《周書》侯、甸、男、采、衛為五服，又《周禮》九畿有采畿，九服有彩服，此采義與彼同。

孔《傳》：男，任也，任王者事。《正義》：言邦者，見上下皆是諸侯之國。茅瑞徵曰：《記》稱殷因夏爵三等，公、侯、伯也。周更立五等之爵，增以子、男。此曰男邦，則夏時固有男爵矣。

諸侯，大國、次國也。《正義》：三百里外同是王者斥候，故合三為一名。自下皆先言三百里而後二百里，舉大率為差等也。朱子曰：三百里，謂自三至五為百里者三，隨文生例。蘇《傳》：小國在內依天子而國，大國在外以禦侮也。言男以兼子，言侯以兼公與伯。

陳氏傳良曰：古者率小大相維，其邊國皆大國也，故寰內則以家邑、小都、大都為中外之差，寰外則以諸男、諸子、諸伯、諸侯、諸公為中外之差。

羅泌曰：神農之國，彌近彌大，彌遠彌小，而唐虞之制，必近小而遠大。夫大國使處內則近大，常稟京師之制，而遠小自無雄大之侵；小國使居內，則小國易獲神都之蔽，而王圻亦蔑強鷙之迫。唐虞、神農，豈故殊哉？勢有變易故耳。抑周之五服，男列侯外，而晉、鄭、宋、衛棊布近甸，萊、牟、耿、弦、星分遠服，固非小必近而大必遠也。然則神農之國，亦豈必近大而遠小哉？夫封建之君於此，必有擇矣。

《白虎通》：京師千里，像日月之徑千里也。諸侯之封不過百里，像雷震百里，所潤雨同也。雷者，陰中之陽也，諸侯像也。諸侯比王者為陰，南面賞罰為陽，法雷也。七十里、五十里，差德功也。

**五百里綏服：三百里揆文教，二百里奮武衛。**

孔《傳》：綏，安也。侯服外之五百里，安服王者之政教。《正義》：王者有文教，此服諸侯，揆度王者政教而行之，內文而外武，故先揆文教，後言奮武衛。奮者，在國習學兵武，有事則征討夷狄。陳氏大猷曰：綏服，內安中國，外安邊疆也。內三百里非全無武衛，文所重；外二百里非全無文教，武所急。文教以善其生，武衛以護其生，民斯安矣。又曰：武以衛言，保護而已。治世武事易弛，故奮以修之。聖人不黷武，亦不廢武也。

《正義》：《周語》：先王之制，邦內甸服，邦外侯服。侯衛賓服，蠻夷要

服，戎狄荒服。彼賓服，當此綏服。韋昭云：以文武教衛為安王賓之，因以名服。然則綏者，據諸侯安王為名；賓者，據王敬諸侯為名。彼云先王之制，則此服舊有二名。

林氏之奇曰：漢魏使外夷入居中國障塞之地，至西晉有劉石之禍；石晉以盧龍賂契丹，至重貴有北遷之難。綏服嚴要荒之辨，萬世不易之法也。

### 五百里要服：三百里夷，二百里蔡。音煞。

孔《傳》：綏服外之五百里，要束以文教。《正義》：上言揆文教，知要者，要束以文教也。韋昭曰：要者，要結好信而服從之。蔡《傳》：要服去王畿已遠，皆夷狄之地，其文法略於中國。要，取要約之義，特羈縻之而已。或曰：要，徼也，邊徼也。又如裳之有要，所以綱統四裔也。王氏炎曰：夷，易也。《說文》：侇，平易也。通作夷。無中國禮法，易而已。蘇《傳》：夷，雜夷俗也。孔《傳》：蔡，法也。法三百里而差簡。鄭玄曰：蔡之言殺，減殺其賦。蘇《傳》：放有罪曰蔡。《春秋傳》：殺管叔而蔡蔡叔。蔡，《說文》本作㪔。㪔㪉，散之也。從米殺聲。徐曰：《左傳》：殺管叔而㪔蔡叔。言放之，若散米，今作蔡。按：蘇《傳》勝《注》《疏》，故蔡氏用之。

### 五百里荒服：三百里蠻，二百里流。

《正義》：服名荒者，王肅云：政教荒忽，因其故俗而治之，簡略於要服之蔡也。蠻，慢也，禮儀簡慢。鄭玄云：蠻者，聽從其俗，羈縻其人。蠻之言緡也。蠻是緡，緡是繩。蠻者，以繩束物之名。甸、侯、綏、要四服，俱有三日之役，十一而稅，但二百蔡稅徵差簡，其荒服則力役，田稅並無。

流，如水流。其俗流移無常，政教隨其俗。馬氏曰：流行無城郭常居。蔡《傳》：流，流放罪人之地。蔡與流皆所以處罪人，罪有輕重，故地有遠近之別也。林氏之奇曰：《記》以東夷、西戎、南蠻、北狄相對而言，則有四名。舉一二言者，如四夷來王，蠻夷率服是也。此處不必拘東夷、南蠻之名。夏允彝曰：蔡與流並存，夷蠻之外，則帝王之擯小人，嚴於防夷狄矣。苟徒驅之出境，使雜居戎狄中，猶懼其相誘為非，故更驅而外之也。

馬氏子嚴曰：甸、侯、綏為中國，要、荒已為蠻夷。聖人之治，詳內略外，即五服名義可見。治中國，則法度宜詳，治以必治也；治蠻夷，則法度宜略，治以不治也。觀至於五千，見德化之遠；及觀要、荒二服，見法度之不妄及。聖人之不務廣地而勤遠略，蓋如此。

陳氏埴曰：《禹貢》分州為貢賦設，建服為諸侯朝見設，蓋古以封建治天下，分州以為經，分服以為緯。每州為二百一十國，有方伯連帥以統之，此其

經也。至其朝,則不論州而論服,各隨道里遠近為疏數之限,因四方而分四時,此其緯也。經緯分錯,所以相維而法難壞。

《正義》:凡五服之別各五百里,是王城四面面別二千五百里,四面相距為方五千里也。鄭玄以為五服服別五百里是堯之舊制,及禹弼之,每服之間更增五百里,面別至於五千里,相距為方萬里。禹之功在平治山川,不在拓境廣土。土地之廣三倍於堯,而《書》傳無稱也,則鄭玄創造,難可據信。《周禮》王畿之外別有九服,服別五百里,是為方萬里。又《地理志》言漢之土境東西九千三百二里,南北萬三千三百六十八里。驗其所言,山川不出《禹貢》之域,而里數異者,《尚書》所言據其虛空鳥路方直而計之,《漢書》所言乃謂著地人跡屈曲而量之,所以數不同也。王者革易,變其法,不變其地。《王制》云:西不盡流沙,東不盡東海,南不盡衡山,北不盡恒山。四海之內斷長補短,方三千里者。彼自言不盡,明未至遠界,且《王制》漢世為之,不可以經合也。

蔡《傳》:每服五百里,五服則二千五百里,東西南北相距五千里,故言弼成五服,至於五千。然堯都冀州,冀之北境並雲中、涿、易,亦恐無二千五百里。藉使有之,亦皆沙漠不毛之地,而東南財賦所出則反棄於要荒,以地勢考之,殊未可曉。意古今土地盛衰不同,當舜之時,冀北之地未必荒落如後世。亦猶閩浙之地,舊為蠻夷淵藪,而今富庶繁衍,遂為上國。土地興廢,不可以一時槩也。周制九畿,曰侯、甸、男、采、衛、蠻、夷、鎮、蕃,每畿亦五百里,而王畿不在其中,並之則一方五千里,四方相距為萬里。《漢·地志》亦言東西九千里,南北一萬二千里。先儒皆疑禹服之狹而周、漢地廣,或以周服里數皆以方言,或以古今尺有長短,或以禹直方計,而後世以人跡屈曲取之。要之,皆非的論。蓋禹聲教所及,地盡四海,而其疆理則止以五千為制。至荒服之外,又別為區畫,如所謂咸建五長是已。若周、漢,則盡其地之所至而疆畫之也。

愚按:《周禮·大司馬》有九畿,言其有期限也;《大行人》有九服,言其服事上也。曾氏謂王畿即禹之甸服,侯服、甸服即禹之侯服,男服、采服即禹之綏服,衛服介於其中,即綏服之奮武衛,蠻服、夷服即禹之要服,鎮服、蕃服即禹之荒服也。侯、甸、男、采、衛、要 即蠻服。為中國,夷、鎮、蕃為夷狄。內六服去王城三千五百里,相距七千里,與禹服不同。然周地幅員蓋不廣於禹,《立政》言方行天下,陟禹之跡,則亦以禹跡為極。特禹時四方有不盡之地,聽四夷居之,不勞中國以事外,故五服止於五千耳。

《王制》：自恒山至於南河，千里而近；自南河至於江，千里而近。自江至於衡山，千里而遙；自東河至於東海，千里而遙。自東河至於西河，千里而近；自西河至於流沙，千里而遙。西不盡流沙，南不盡衡山，東不盡東海，北不盡恒山。應氏鏞曰：獨言東海者，東海在中國封疆內，西、南、北海則遠在夷徼之外也。南獨以江與衡山為限，百粵未盡開也。惟河舉東西南北，河流縈帶中國也。自秦而上，西北袤而東南蹙；自秦而下，東南展而西北縮。

易氏曰：禹之五服，計其一面之數；周之九服，計其兩面之數。禹之甸服千里，而止言五百里，是計其一面也；周之王畿與禹甸服同，不言五百里而兼言千里，是計其兩面之相距也。禹五服總二千五百里，兩面相距凡五千里；周九服每面各二百五十里，通為二千二百五十里，兩面相距則四千五百里，並王畿千里，則通為五千五百里。其增於禹者，五百里之蕃服耳。然周之蕃服雖不列於《禹貢》九州之外，而《禹貢》九州之外，咸建五長，東漸西被，即成周蕃服之域。是周之蕃服，其名雖增於禹，而其地未嘗增也。

唐仲友曰：《周禮》言九服，祭公謀父又言五服，蓋九服、五服一也。自鎮畿而內，二畿而當一服，與弼成五服，至於五千，無少牴牾者，惟商制不可考。然《頌》曰：邦畿千里，惟民所止。肇域彼四海，自邦畿至四海，知其與《禹貢》《周禮》合也。又曰：自彼氐羌莫敢不來享，莫敢不來王，中舉來享，外舉來王，知其與祭公之言合也。況作《康誥》之初，《周禮》未制，已言侯、甸、男、邦、采、衛，則周之因商可知矣。

吳萊曰：《王制》四海之內，截長補短，方三千里，是天子壤地之實，故《周禮》雖稱九服，《周官》止言六服，羣辟又曰六年五服一朝，是則采、衛以降，聖人雖制之服，而不必其來。若《職方氏》掌天下之圖，辨其邦國都鄙，必兼夷。衛之初封，人民氏族、土田分器，至詳至悉，未有一言及附庸者，然又有一說焉。夫冀，禹之所都。冀之北境，自云中、九原二千五百里且至於沙漠。周之東遷洛陽，為中土；曹去王城八百里，猶在甸服；鄭在河南密縣百七十里，已為男服。蓋曹順流極便，而鄭則成皋、虎牢之險，夫豈五服之制，非若畫棋局，然以定遠邇也。是故幽州邇於碣石而共工流，蒼梧遠於衡山而虞帝狩。

章俊卿曰：先儒鳥道之說，竊以為不然。嘗討之《王制》，古者百里，當今百有二十一里。今謂漢也，是《禹貢》五千里，即漢之六千里也。況五服之制，合以東西四正為據。當時堯都平陽，正東至東萊之海才二千八百里，正西

至張掖之流沙才三千三百里，是僅可以滿五服之制也。兩漢九千里，則以遼東之海與燉煌之流沙而言，遼東在東北隅，燉煌在西南隅，按：燉煌實在西北。非其正也。夫正方一尺者，袤之而度其兩隅，則為尺有四寸而贏。五服之制，舉其隅而度之，宜其九千里也。漢制南北萬五千里者，舉朔方日南而言。《禹貢》所屆正南止於衡山之陽，而日南又在衡山之南八千餘里，非禹跡所及也。至平陽之北，不盈千里，已為戎狄之地，是五服之制，惟東、西、南三方為然。北方僅滿二服而已，尚何鳥道之云乎？九州四正雖近，四隅實遙。五服之制乃舉其近，蓋不欲以一時廣大之名啟後世無厭之禍也。

羅泌曰：虞夏之前，四正疆理，東止琅琊之海，西積石之河，五千而縮；南至衡山，北泊單于府，五千而贏。使皆封建百里之國，惟堪二千五百。縱並遼東、渤海、長城外，盡契丹、高句驪，積石塞黑水、靺鞨流沙之地，亦不能五千國。況古百里當今百二十一里六十步，烏有所謂萬區百里國哉？蓋古嘗有萬國之制，而非皆百里也。《呂覽》言神農封建，彌近彌大，彌遠彌小。海上乃有十里之邦，以大運小，使臂使指之道也。孟子曰：海內之地方千里者九。古之天下方三千里止矣，此據《王制》。五千里者，古今盛衰，山川萊藪之通數也。周世九服號七千里，而《職方》蕃畿為方萬里，斯亦末記之敝，王畿所止亦曷嘗千里哉？宗周八百，成周六百，此以百同度計言之。古五服之制，王城之外，甸、侯、綏面千五百里，已盡九州三千里地；要、荒二服綴九州外，其數然也。而況九州面距不齊，自恒山距南河，東河抵西河，為各千里，此則圻內甸服所建。然自東河至東海，西河至流沙，南河至江，亦各千里，南、西二方，侯、綏所建，外為要、荒可矣，而東距海，要、荒已無容繫；北距恒山，直接邊陲，雖侯、綏有不得而立。惟南自江至於衡山，更越千里，則要、荒二服亦並在九州內，而自衡山南盡揚域，且復千里，未訖南海，悉為荒外。南太贏，北太縮，則先王之制必有圓法，豈至說者之拘哉？周之西都，今之關中，而東都則洛陽也。二都地據南山之陰、北山之陽，東西長，南北短，短長相補，猶不能以千里。今古不變，而《禮》王畿四方相距為地方千里，遠郊近郊、甸地稍地、小都大都，率相距為百里，豈能容哉？固知畿服諸說，上世必有除補相乘之道，為疆理之定制者。

**東漸於海，西被於流沙，朔南暨，聲教訖於四海。禹錫玄圭，告厥成功。**《注》《疏》聲教二字連朔南暨讀，鄭曉曰：朔南暨斷。

孔《傳》：此言五服之外，皆與王者聲教而朝見。《正義》：海多邪曲，故

言漸入；流沙長遠，故言被及，皆是過之意也。林氏之奇曰：漸如水之漸漬，被如衣之被覆。南北不言所至，以下文四海見之。王樵曰：聲教至於海濱則止，何以言漸？蓋海島之夷與流沙以西之羌戎，咸賓貢於中國，是以有虞之聲教東不止於海，且漸入於海中；西不止於流沙，又蒙被流沙之外。漸深於被，被遠於曁。朔，朔方。南，交趾也。以《堯典》宅朔方、宅南交證之可見。或言古時百粵未盡開，南不至交趾，非也。五服之境固南盡衡山之陽，聲教則固訖於四海矣，何得云不至交趾耶？丘濬曰：東西皆指地言，南北則止曰曁，見聖人向明之治。自北而南，日拓而遠，不可限量也。然其所以漸、被、曁及者，風聞之聲，神化之教，使之聞而震動，未嘗體國經野，以內治治之也。羅苹曰：南亦海，不言漸；北亦沙，不言被，有不盡也，聲教及之而已。吳氏澄曰：訖者，地之盡處也。《爾雅》七戎、六蠻、九夷、八狄，謂之四海，言皆近於海也。胡瓚曰：《禹貢》四海止就禹所及言之，河、濟入北海，江、淮入東海，黑水入南海，弱水入西海。

《格古要論》：圭，瑞玉，上圓下方，以象天地，以封諸侯。蔡《傳》：水土既平，禹以玄圭為贄而告成功於舜。水色黑，故圭以玄雲。王樵曰：上與下為錫，禹奉玄圭而曰錫者，為舜成萬世之功，不可常辭，《書》猶之舉舜而曰師錫，蓋為天下得人，亦非常之事也。

愚按：孔《傳》：堯錫禹玄圭以彰顯其功，《史記本紀》同。詳經文之義，從蔡說為長。但圭是諸侯所執以合符於天子者，當時禹必膺三等之封，子、男不執圭，故知是三等。考《路史》，禹封高密曰夏伯。《輿地志》：堯封夏禹為伯邑虹，則禹固伯爵也。伯執躬圭，象人形少俯，長七寸。則玄圭即是瑞玉，舜錫之以象水德，適為禹受命之符耳。漢儒五德之說，自不可廢。

程大昌曰：海之邊中國者，在山東為東海，在廣南為南海。禹跡所及，西至流沙而不言西海，東北至碣石，而北海之名不著於經。漢武帝事遠西北，二海遂有身歷之者。條支之西有海焉，漢使嘗及之而入史。後漢班超遣甘英輩親至其地，至於西海之西。又有大秦國 即波斯。夷人之與海商，皆嘗往來。若北海，則又甚遠。霍去病封狼居胥山，其山實臨瀚海，即北海也。蘇武、郭吉皆為匈奴所幽，實之北海之上，而唐史載突厥部北海之北更有所謂骨利幹之國在海北岸。然則《詩》《書》所稱四海，實皆環夷夏而四之，非寓言也。若夫西北二邊有柏海、青海、蒲類海、蒲昌海、居延海、白亭海、鮮水海，皆並海立稱，其實眾水鍾為大澤，如洞庭、彭蠡之類，借海名之，非真海也。李吉甫謂

河北得水便名為河，塞外有水便名為海，其言當矣。見《北邊備對》。朱子曰：自古無人窮至北海，緣北邊地長。其實北海不甚闊。地之下與地之四邊皆海水周流，地浮水上，與天接，天包水與地。

洪邁曰：海一而已。地勢西北高而東南下，所謂東、北、南三海，其實一也。北至於青滄則曰北海，南至於交廣則曰南海，東漸吳越則曰東海，無由有所謂西海者，《詩》《書》《禮經》所載四海，蓋引類而言之。《漢·西域傳》所云蒲昌海，疑亦停居一澤耳。班超遣甘英往條支臨大海，蓋即南海之西云。

丘濬曰：國家祀東海於登州，祀南海於廣州，皆臨海而祭。西海則望祀於蒲州，北海則望祀於懷慶。志載以濟水源通北海，故祭於此。今建都於燕，往南而祭北海，豈天子宅中之義哉？古謂青州為北海郡，青去登不遠，猶以是名。今京師東北乃古碣石淪海之處，於此立祠，就海而祭為宜。況今北鎮醫無閭山在於遼海，山既可以為北鎮，川獨不可以為北海乎？若夫中國之正西在於秦隴，西南則蜀，稍南則滇也。滇之極西，百夷之外，聞有大海通西南島夷，此地在前代未入中國，今既為羈縻之地，則王化所及也，宜於雲南望祀之。楊慎亦云今滇西百夷之外有大海，在阿瓦地，即西海無疑。又云：東海之別有渤海，南海之別有漲海，西海之別有青海，北海之別有瀚海，猶五岳之外有五鎮。

禹貢長箋卷十二